EISENHOWER

传奇五星上将

艾森豪威尔

◎公晓燕 编译

中国铁道出版社有限公司
CHINA RAILWAY PUBLISHING HOUSE CO., LTD.

图书在版编目（CIP）数据

艾森豪威尔/公晓燕编译.—北京：中国铁道出版社
有限公司，2019.10
（二战名人录）
ISBN 978-7-113-25876-4

Ⅰ.①艾… Ⅱ.①公… Ⅲ.①艾森豪威尔（Eisenhower,
Dwight David 1890-1969）- 生平事迹 Ⅳ.① K837.127=5

中国版本图书馆 CIP 数据核字（2019）第 111304 号

书　　名：艾森豪威尔
编　　译：公晓燕

责任编辑：马真真　　　　　　　　　电　　话：（010）51873005
封面设计：刘　莎
责任校对：王　杰
责任印制：赵星辰

出版发行：中国铁道出版社有限公司（100054，北京市西城区右安门西街 8 号）
印　　刷：三河市航远印刷有限公司
版　　次：2019 年 10 月第 1 版　2019 年 10 月第 1 次印刷
开　　本：787 mm × 1 092 mm　1/16　印张：22.25　字数：442 千
书　　号：ISBN 978-7-113-25876-4
定　　价：59.80 元

名将剪影

艾森豪威尔作为"二战"时期欧洲盟军的最高统帅，成功地指挥了诺曼底登陆，扭转欧洲战场的局势，为最终取得反法西斯战争的胜利做出了重大贡献，并因此声名远扬。

然而，更吸引人们注意力的应该是他那近乎传奇的经历。

首先，艾森豪威尔并无显赫的家世，双亲也并非出自名门望族，他的童年和20世纪初左右成长起来的孩子完全一样。

其次，艾森豪威尔在知天命之前的大部分经历都非常平淡，即使他是同年西点军校毕业生中第一个获得中校军衔的人，但如果他在50岁之前退休或者在1941年之前因某种原因去世的话，那么他将终生默默无闻。但是，他在51岁时开始飞黄腾达，其职位由欧洲战区美军总司令至北非盟军总司令、欧洲盟军最高统帅，其军衔也在短短的10个月中连升三级，由少将晋升为中将，再至上将，最终成为五星上将，可谓一帆风顺。其升迁之快，在美国历史上也是空前绝后、独一无二的。

最后，作为一名"二战"英雄，在战后短短的几年间，他就完成了由军事家到学者、政治家的转变，速度之快、领域跨越之大也令人咋舌。虽然他在就任总统时已经61岁，但仍被后人认为是20世纪政绩最辉煌的美国总统之一。

1890-1969

> 美国五星上将艾森豪威尔。

艾森豪威尔 档案

Dwight D. Eisenhower ⊙→

1890

10 月 14 日，出生于美国得克萨斯州的丹尼森，在堪萨斯州的阿比林长大。

1900~ 1904

在阿比林小学读书。

1904~ 1909

在阿比林中学读书。

1911~ 1915

在西点军校学习。

1915

9 月，被派往得克萨斯州圣安东尼奥的休斯敦萨姆堡军营服役，任 19 步兵师少尉。

1916

被派往陆军第 57 步兵团任军需官，晋升中尉。
7 月 1 日，在丹佛市与玛丽·吉尼瓦·杜德（梅蜜）结婚。

1917

9 月 24 日，长子诞生。
12 月，调任堪萨斯的利文沃思堡训练营。

1918

2 月，调往第 65 工兵大队。该部队是第 301 坦克营的前身，并内定于春季开赴欧洲战场。
10 月 14 日，晋升为临时中校。

1919

秋，同巴顿协助筹建步兵坦克学校。两人分别指挥一个坦克营，成为"莫逆之交"。

1920

7月30日，艾森豪威尔恢复正式军阶上尉。

8月2日，晋升为少校。他此后保持这个军衔达16年之久。

1921

1月2日，长子死于猩红热。

1922

1月，前往巴拿马美驻军第20旅任主任参谋。
8月8日，次子约翰·艾森豪威尔诞生。

1925~
1926

在利文沃思参谋学院学习，在全班275人中以第一名
的成绩毕业。

1928

1月，保送华盛顿陆军学院进修深造。

1929~
1933

任美国陆军部副部长办公室助理。负责制订下一场战争中美国工业人员的动员计划以及其他专题研究工作。

Dwight D. Eisenhower

1933~
1935

任参谋长麦克阿瑟办公室助理。为麦克阿瑟起草演讲稿
和信件，并帮助准备参谋长的年度报告。

1935~
1939

随麦克阿瑟前往菲律宾，任美驻菲军事顾问团助理。
初为少校，后晋升为中校。

1939

9月1日，希特勒入侵波兰。
9月3日，英法对德宣战，第二次世界大战爆发。
12月18日，由菲律宾回美国。临行前受到麦克阿瑟
和菲律宾总统奎松的表彰。

★★★★★

Dwight D. Eisenhower

→

1940

7 月 11 日，任第 3 师第 15 步兵团副团长。

1941

3 月 11 日，晋升为上校。
9 月 29 日，任第 3 集团军参谋长，并晋升为准将。
12 月 14 日，调总参谋部工作，任作战处远东科科长。

1942

3 月 10 日，艾森豪威尔的父亲戴维·艾森豪威尔去世。

3 月 9 日，总参谋部作战处和计划处合并为作战处，艾森豪威尔任处长，晋升为少将，直接领导作战处 107 名军官的工作。

5 月 23 日，赴英国考察，返回华盛顿后将"对欧洲战区司令的指示"草稿上交总参谋长马歇尔。

6 月 11 日，任命为美国驻欧洲战区司令。

6 月 24 日，抵达伦敦上任。

1942

7 月，晋升为中将。

8 月 14 日，盟军参谋长联席会议发布命令，任命艾森豪威尔为盟军总司令，指挥"火炬"计划。

11 月 8 日，统率美英远征军，在卡萨布兰卡、奥兰、阿尔及尔登陆，开始实施"火炬"作战行动。该役参战的美英军队共有 13 个师，650 艘军舰和运输船，首批登陆兵力 11 万人，使用飞机 1700 架。

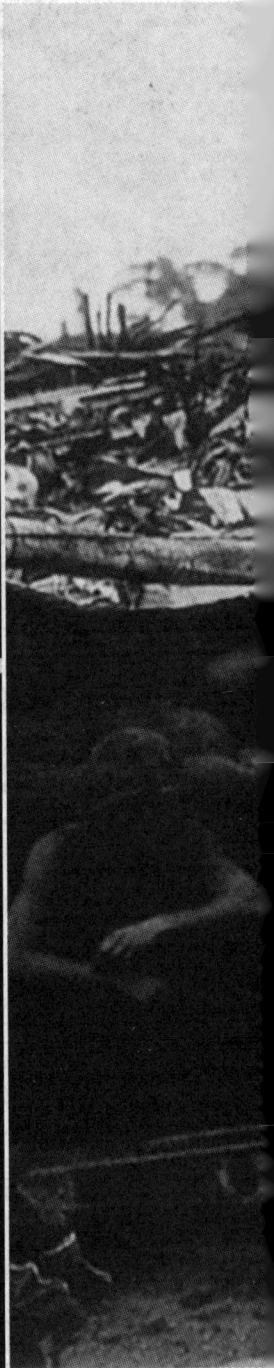

Dwight D. Eisenhower →

1943

1月14日，罗斯福、丘吉尔在卡萨布兰卡会晤，商谈联合作战和日后德、意无条件投降等问题。

1月20日，晋升为上将。

3月20日，盟军发动突尼斯战役，对德意法西斯军队展开进攻。5月7日，分别攻占突尼斯城和比塞大港。25万德军于5月13日宣告投降。至此，盟军在北非肃清全部德意军队。

7月10日，盟军在西西里岛登陆。参加这一战役的盟军总兵力达47万多人，作战飞机4000余架，各种战斗舰艇和辅助船只共约3200艘。经过38天的战斗，共歼德意军167000人，其中德军37000人，缴获飞机1000多架。

9月3日，意大利政府签订停战协定。

9月8日，巴多里奥政府向盟军无条件投降。

11月20日，丘吉尔、罗斯福、斯大林在德黑兰举行英美苏三巨头会议，发表《德黑兰宣言》。

12月7日，任命为指挥"霸王"行动的盟军远征军最高统帅。

1944

6月6日，指挥盟军在法国北部实施诺曼底登陆战役，开辟第二战场。

7月21日，飞往诺曼底视察"眼镜蛇"战役的筹备工作。

7月25日，"眼镜蛇"战役揭开序幕。

8月1日，新组建的巴顿将军的第3集团军横扫布列塔尼。

8月7日，在诺曼底设立了前进指挥所。

9月2日，艾森豪威尔座机被迫降落，膝盖扭伤。

9月20日，晋升为五星上将。

1945

3月23日，美英军向鲁尔地区发起进攻。
4月11日，美军辛普森的第9集团军的先头部队在马格德堡抵达易北河畔。
4月25日，美苏军队在德累斯顿西北的托尔高会师。
4月25日，51国代表在美国旧金山召开联合制宪会议，签署了联合国宪章。
6月12日，伦敦举行庆祝反法西斯战争胜利大会，应邀参加并发表讲话。
11月20日，杜鲁门总统接受马歇尔参谋长的辞呈，任命艾森豪威尔接替参谋长一职。
12月3日，走马上任，接替总参谋长一职。

1948

2月7日，辞去总参谋长职务，并自军中退役。
6月7日，出任哥伦比亚大学校长。
12月，回忆录《远征欧陆》一书出版。

1950

12月16日，暂离哥伦比亚大学校长职务，恢复军职，应杜鲁门总统的要求，受命于北大西洋公约组织欧洲盟军总司令。

1951

1月1日，前往巴黎，担任北大西洋公约组织武装部队总司令一职。

1952

5月30日，交卸军职，回国参加总统竞选。
7月11日，被共和党提名为总统候选人。
9月2日，赴南方开始竞选活动，访问了除密西西比以外的其余各州。在八个星期的竞选活动中，行程83000公里，走遍45个州，在小市镇和城市发表了232次演说。
11月4日，艾森豪威尔在大选中获胜。
11月19日，为了解朝鲜战争情况，艾森豪威尔飞抵韩国。

1953

1月10日，正式辞去哥伦比亚大学校长职位。

1月20日，就任美国第34届总统。

8月22日，美国在伊朗策动武装政变，逮捕总理摩萨台。为此，9月28日，艾森豪威尔在一次秘密会上授予特工人员金·罗斯福一枚"国家安全奖章"。

12月8日，在联合国大会上发表"和平利用原子能"的演说。

Dwight D. Eisenhower ⊙

1955

1月24日，向国会提出咨文，要求国会通过决议"明确地和公开地授予总统，作为总司令，在他认为必要时迅速和有效地为前述目的而使用本国武装力量的权力"。

4月1日，美国参议院批准了重新武装西德的协定。这样，艾森豪威尔把西德牢固地与美国和北大西洋公约组织联结在一起。

7月15日，艾森豪威尔前赴日内瓦，与苏联领导人举行会谈。未取得实质性进展，军备竞赛继续升级。

9月24日，在科罗拉多州的丹佛度假时心脏病突发。

1956

2月29日，宣布竞选连任总统。
11月6日，以压倒多数的优势当选总统。

1957

3月9日，国会通过艾森豪威尔的建议，授权总统在中东地区使用美国军队及经济援助，"艾森豪威尔主义"出台。

1959

9月，赫鲁晓夫访美，同艾森豪威尔会谈。

1961

1月末，艾森豪威尔离开白宫，回到他的葛底斯堡农场安度晚年。他在这里读书、绘画、撰写回忆录。离开白宫前，他极力主张必须保持军事力量。只是，他又告诫道："大量的和长期不断的军费开支，会对我们的生活方式产生潜在的危险。"

1963

11月9日，艾森豪威尔的《白宫岁月》第一卷《授权改革》出版。1965年出版第二卷，题为《开展和平运动》。此后，他还写了一部自传体《悠闲的话》，比《白宫岁月》发行量还大。

1969

3月28日，艾森豪威尔因心脏病发作与世长辞，终年79岁。

美第1集团军
（布莱德雷）

美第7军

美第5军

距蒙堡
20公里

瓦洛涅

蒙特堡

第709步兵师

美第4步兵师

美第1步兵师

预定登陆海岸

第1058连

第919连

美第12连

美第82
空降师

瓦梅尔–埃格利斯

第91步兵师

美第22连

美第8连

第115连队战斗团

第116连队战斗团

马德伦

犹

他

美第2别动营

奥

滨海维耶维尔

格朗康

马

哈

滩

第1057连

第914连的一部

第6
伞降大队

美第101空降师

福米尼

第916连

庄弗河

第914连的一部

卡朗坦

伊西尼

贡比涅

距来塞
15公里

第352步兵师

布雷

托特河

德第84军

圣让特达伊

距瑟洛
3公里

塞里西森林

巴莱鲁瓦

空降部队预定着陆地点

犹他 攻击地区

第一次攻击波

英军第6空降师的攻击

D日24:00盟军占领的地带

D日24:00盟军预定的进攻线

第709步兵连D日开始行动前的德军军队位置

D日24:00德军占领的地带

第21装甲师的反击

德军主炮台

沼泽地带

0　　　　　　　　　　　　　　　15公里

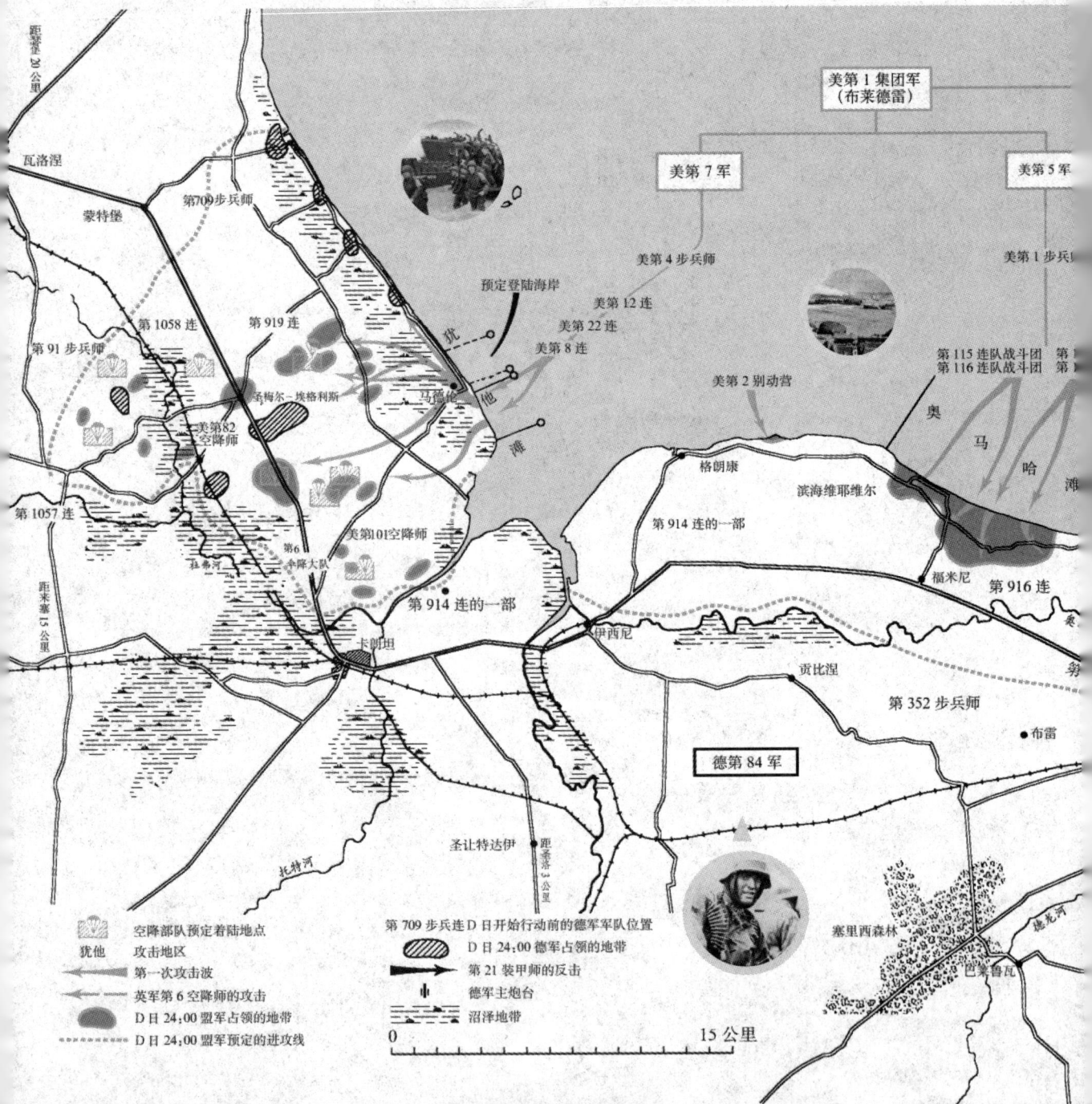

1944年6月6日（D日）
盟军"霸王"作战行动在法国诺曼底地区实施及德军
在诺曼底地区兵力部署示意图。

英第2集团军
（登普西）

英第30军

英第1军

塞纳湾

英第50步兵师
英第8装甲旅

第3加拿大步兵师
第2加拿大装甲旅

英第3步兵师
英第27装甲旅

第9加拿大旅

第4特别任务旅

第9旅

第7加拿大旅
第8加拿大旅

第48海军陆战队突击连
第41海军陆战队突击连

第1特别任务旅
第185旅
第4突击连

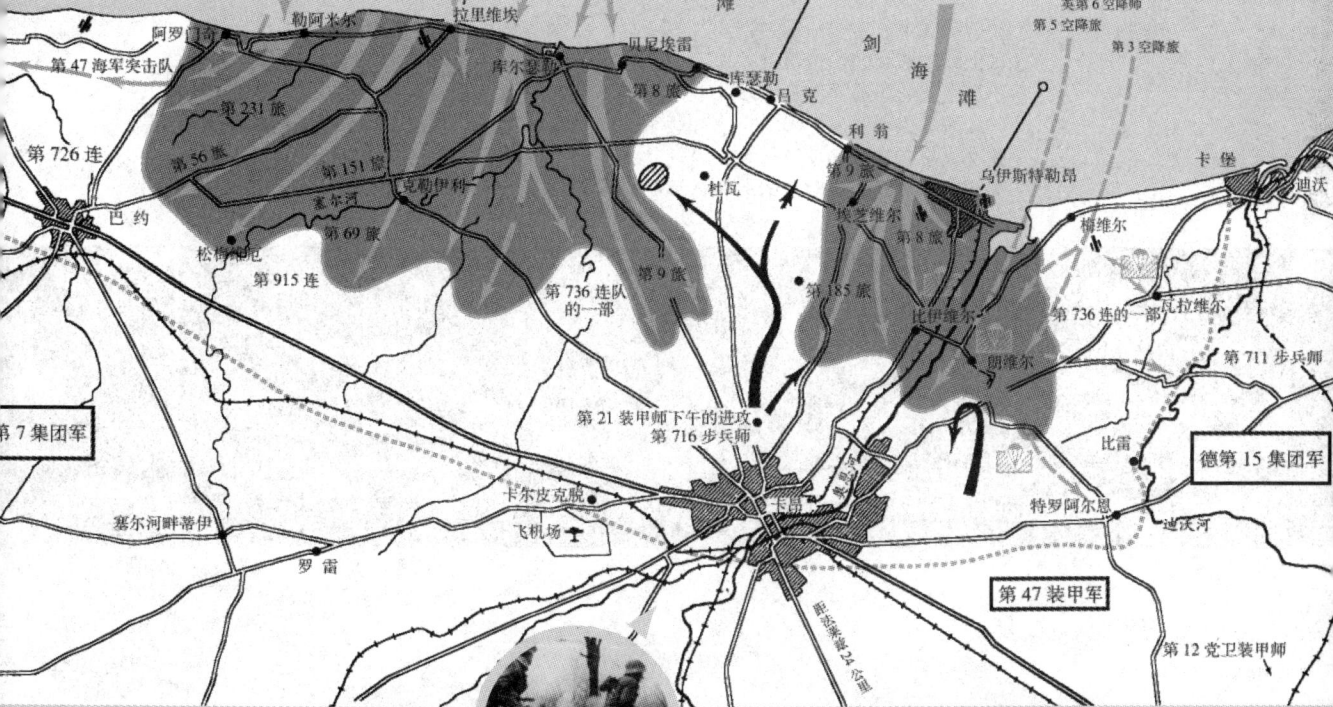

金海滩

朱 诺 滩

剑 海 滩

第8旅

英第6空降师
第5空降旅
第3空降旅

辛港
阿罗曼什
第47海军突击队
勒阿米尔
拉里维埃
凯尼埃雷
库尔瑟勒
昌克
库瑟勒
利翁
乌伊斯特勒昂
卡堡
迪沃

第726连
第231旅
第56旅
第151旅
塞尔河
克勒伊利
第8旅
第9旅
第8旅
第185旅
比伊维尔
朗维尔
榭维尔
瓦拉维尔
第736连的一部
第711步兵师

巴约
松梅尔维
第915连
第69旅
第736连队
的一部
第9旅
杜瓦
第185旅

第21装甲师下午的进攻
第716步兵师

比雷
德第15集团军

第7集团军

卡尔皮克脱
飞机场
塞尔河畔蒂伊
罗雷
距海岸24公里

特罗阿尔恩
迪沃河
第47装甲军

第12党卫装甲师

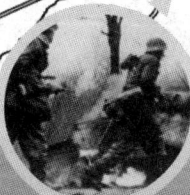

目录
contents

第一章

50 岁之前的艾森豪威尔，人生并不得意：出生于贫寒家庭；以操作课位居第 125 名的成绩从西点军校毕业；希望投入第一次世界大战的沙场却屡屡不能如愿；差一点以欺骗罪遭到军事法庭的起诉；少校的军衔牌整整挂了 16 年；几乎被所有的上级赏识却只能当一名参谋军官……

第二章

艾森豪威尔的希望是退休前提升为上校，然而战争年代的脚步改变了他的人生，一年之内他从中校晋升准将，并对美国在第二次世界大战中的全球战略决策提出建言。随后，奇迹在他的生命历程中接连出现……

就任欧洲战区美军总司令的艾森豪威尔，很快就展示出他作为统帅的才华，成为美军的四星上将，率领美英大军直捣北非，将德军赶走，牢牢地控制了这一战略区域，为挥师南欧建立起进攻出发地……

第三章

英美两国经常发生战略分歧，丘吉尔深夜登门拜访盟军总司令。艾森豪威尔政治上交流沟通，军事上合作协力，制订"哈斯基"计划，攻取西西里岛，墨索里尼法西斯政权几乎一夜之间土崩瓦解，意大利南部战役大败德军，罗马解放……

战神对他的骄子总是偏爱有加，艾森豪威尔稳居了盟军总司令之位，立即着手盟军重返欧洲的"霸王行动"。精心策划的军事欺骗令希特勒与德军将领产生疑惑，冲破恶劣气候的艰难出发，让诺曼底海滩一夜闻名天下，成为意志与荣誉的象征……

遭到当头棒击的德军统帅部虽然仍处于恍惚之中，登陆场却因卡昂这颗钢钉迟迟难以扩大，艾森豪威尔再三命令英军加快进攻节奏，我行我素的蒙哥马利步履蹒跚，进展缓慢，盟军总司令亲赴诺曼底，僵局出现转机，受伤的隆美尔名正言顺地逃离了战场……

第六章

诺曼底的僵局由"眼镜蛇"作战计划全面突破，成为此战的转折点。随后艾森豪威尔将虎将巴顿调上前线，挥出这只攒足力量的重拳，横扫布列塔尼半岛，在法莱兹击垮德军的反扑，席卷法国，解放巴黎，并在这场战争的第三年成为美军五星上将……

英美两国之间必然存在不同的政治、经济、军事利益，分歧一再发生。盟军总司令不仅需要高超的军事才干，也必须具备优秀的政治智慧，居中协调是他在考虑战争问题的同时，经常要做的工作。但妥协不可能是无原则的，无限度的，艾森豪威尔也会雷霆大震，针锋相向……

阿登森林再次成为希特勒的希望所在，德军在盟军的眼皮下完成了西线所剩力量的最大集结，突然杀将过来，一时陷英美军队于混乱之中，艾森豪威尔临危不乱，调整部署回马一锤，战局得以扭转。盟军将士们用生命和鲜血换来大捷，希特勒在西线的最后孤注一掷输得血本尽光……

第九章

艾森豪威尔决定发起"莱茵兰"战役，这一次是最不走样地按照制定方案的盟军总司令的计划执行，完全按照他原先判断的进程发展的作战过程，唯一的一个小小例外就是巴顿抢在蒙哥马利之前渡过莱茵河。至此，德军的西线战场已面临全部崩溃……

攻克柏林是反法西斯各国军队在欧洲战场最大的梦想，艾森豪威尔却把这个伟大的光荣送给了苏联红军，而实际上他的这个战略思想是理智而高明的，他要求德国人必须无条件地全面投降，绝不容许敌人的任何阴谋得逞，盟军总司令的任务完成了……

伟大的军事家同时必然具备政治家的潜在素质，盟军总司令的巨大光环自然是他攀登美国政治权力顶峰的扶梯，而谋略能力则更是他的所长，艾森豪威尔不但成为美国总统，并且连任成功。他处处得意，却最终回归于平凡……

第十二章

∧ 少年时代的艾森豪威尔与朋友们在一起。

第一章

传奇生命的磨砺

1890-1969 艾森豪威尔

50岁之前的艾森豪威尔，人生并不得意：出生于贫寒家庭；以操作课位居第125名的成绩从西点军校毕业；希望投入第一次世界大战的沙场却屡屡不能如愿；差一点以欺骗罪遭到军事法庭的起诉；少校的军衔牌整整挂了16年；几乎被所有的上级赏识却只能当一名参谋军官……

< 1909 年，艾森豪威尔（后中）与
父母及两个哥哥合影。

>> 出身贫寒之家的平凡少年

1890 年 10 月 14 日艾森豪威尔出生时，父亲戴维·雅科布·艾森豪威尔微不足道的工资已经很难维持全家人的生计。因为艾森豪威尔前面已经有了两个哥哥，一个是 1886 年 11 月 11 日出生的阿瑟，一个是 1889 年 1 月 18 日出生的埃德加。艾森豪威尔的降生，并没有给这个贫困的家庭带来多大的欣喜。一方面是由于经济原因，另一方面，更重要的是已经有了两个儿子的父母想要一个女儿，却再次因"又生了儿子"而大失所望。据说，当父亲听说又有一个儿子后，在初冬寒意料峭的夜晚，在外面徘徊久久不愿回家，并失望地直揪自己的头发。而想要一个女儿的愿望，艾森豪威尔的父母一辈子也没有实现。当然，那个时候，父亲并没有想到这个儿子后来会成为"二战"的杰出将帅和美国的第 34 任总统。

其实，艾森豪威尔本人也没有想到，他对未来从来没有什么奢望。在老年的回忆录中，他曾经写过，"少年时代，我同许多孩子一样，认为生活单调乏味，一成不变，一切该做的事早已命中注定。对我来说，最大的成功莫过于升入八年级读书，或者成为学校棒球队的一名身手不凡的队员，因为这可使我声名显赫。当然，我也曾有过远大的抱负，那不过是梦想到有朝一日当一名火车司机，驾驶列车横跨美洲大陆，在蒸汽机的嘶嘶声和汽笛长鸣声中远行，去那遥远神秘的地方，可我却从未想过自己或身边的人会在历史上有所建树"。

的确，艾森豪威尔想不到的事情很多。在他 50 岁之前，他最大的愿望是能够获得上校军衔。而当他出任欧洲盟军最高司令时，他也没有想到德国人会在他的身世上做文章。1942 年 6 月 25 日，在艾森豪威尔被任命为欧洲盟军总司令的当天，德国无线电台立即广播，称盟军任命德国人担任最高军事职务。尽管德国的用意非常明显，无非是想挑拨起盟军官兵对这位在短短的两年之内由少将晋升为五星上将的美国将军的不信任。但是，德国广播也并非空穴来风，艾森豪威尔的德国姓氏，显示了他无法抹掉的德国血统，这位以率领盟军打败了德国法西斯而声名远扬的将军，血管中确实流着德国人的血液。

说起这件事情，要追溯到 18 世纪初。艾森豪威尔的父系祖先是德国人，居住在德国莱茵河地区，他们属于门诺教派。门诺教派是 16 世纪中叶由荷兰神学家门诺西门斯创建，由于该教派坚持认为，《圣经》是宗教信仰的唯一根源，并排斥基督教的许多教义以及传教士的特权地位，主张每一个人"直接回应天主"，因此到 17、18 世纪期间，门诺教派被视为异教邪说，受到排挤和迫害。正是为了摆脱当时欧洲的宗教迫害，艾森豪威尔的祖先才开始了流浪的生涯。先是移居到瑞士，然后在 1741 年移居到北美洲的宾夕法尼亚。那时，美国尚未建国，仍是英属殖民地。从那个时候起，艾森豪威尔的祖先就一直生活在美洲大陆。艾森豪威尔一家原先姓"艾森豪尔"，后来在当局进行户口统计的时候，由于抄写员马虎大意，写成了"艾森豪威尔"。于是，这个本意为"身披甲胄的骑士"的词"艾森豪威尔"就成了艾森豪威尔一家的姓，并一直沿用了下来。

艾森豪威尔出生之后，他的名字颇费了一番周折。最初，艾森豪威尔的全名为戴维·德怀特·艾森豪威尔。但是，很快，母亲艾达就遇到了问题。由于父亲叫戴维·雅科布·艾森豪威尔，昵称是"戴维"，因此叫一声戴维，就会有两个人答应。于是，艾达就指定艾森豪威尔的名字叫德怀特。同时，艾达又给了艾森豪威尔一个昵称，也就是艾森豪威尔这个姓名的缩写——艾克，从此，这个昵称伴随了艾森豪威尔的一生。

艾森豪威尔的童年是从西部城市阿比林开始的。尽管父亲在油坊担任了机械技术员，一家的生活因为需要供养的人口越来越多而没有得到改善。1892 年母亲生下了弟弟罗伊，1894 年又添了波尔，1898 年生了厄尔，1899 年生下了弥尔顿。7 个兄弟中，除了波尔夭折于猩红热，其他的几个都长得结实、健壮，并且胃口出奇的好。供养这样一个大家庭的吃、喝、拉、撒确实是一个大问题。直到 1898 年之前，艾森豪威尔一家一直在阿比林城南部的简陋住所里为生计而苦苦挣扎着。1898 年，艾森豪威尔叔父阿弗拉姆因业务需要迁出阿比林城，将阿比林南部的一幢两层住宅留给了艾森豪威尔一家。迁入新居在一定程度上改变了艾森豪威尔一家的物质条件，但他们仍过着非常俭朴的生活。

阿比林是一个有着西部"牛仔"传统的城市，而按照西部的传统，强壮和勇敢是任何一个真正的男子汉所必须具备的品质。但是，随着岁月的推移，传统的舞刀弄剑式的决斗开始被富有对抗性的体育比赛所代替。

由于兄弟众多，在成长的过程中，难免会用拳头解决纠纷。而艾森豪威尔更是兄弟几个中精力最充沛、好斗和最难以照看的。他常常与某个孩子打架后，带着浑身的青紫和疙瘩回家。

在艾森豪威尔的记忆中，有三次值得回忆的"拳击比赛"，而且每一次，他都能从中学到或者感悟到许多东西。

对于第一次比赛发生的具体时间，艾森豪威尔已经记不清了。尽管那场比赛从严格意义上来说，并不算一场真正的比赛，但当时的情景，他却一直记忆犹新。

那是一天下午，傍晚的太阳懒洋洋地靠在远处的山脊上。艾森豪威尔从学校放学回家，被一个同他年龄相仿的男孩一路追打到家门口。由于那个男孩粗壮结实，艾森豪威尔不敢迎战，只是一味地逃跑。

当他跑进家门，远远地看到父亲的身影时，艾森豪威尔长长地出了一口气，终于看到了"保护神"，可以摆脱那个讨厌家伙的纠缠了。于是，艾森豪威尔不由加快了脚步。

突然，他听到了父亲生气的叫喊声："你为什么被那小子追得满街跑？你这个胆小鬼！"

艾森豪威尔愣了一下，勇气上来了。他猛地转过身去，扔下书包，握紧拳头，向追赶他的男孩冲了过去。

也许是看到了艾森豪威尔的父亲，也许是想不到艾森豪威尔会突然反击，那个男孩慌忙夺路而逃。

但是，艾森豪威尔很快就追上了他，并一把抓住了他的领子，抡圆了胳膊，朝着那张已经被吓得变形的胖脸结结实实地打了一拳。只听到一声惨叫，那个男孩没有任何还手的表示就被放翻在地上。

艾森豪威尔没有想到那个男孩是如此的外强中干，他放开手，俯视着那个男孩，不屑地说："要是你再找麻烦，我就每天揍你一顿！"说完，艾森豪威尔扔下躺在地上的失败者，带着胜利者的微笑朝家里走去。

看到父亲严肃的面孔下面透出来的几分赞许，艾森豪威尔明白了一个道理：那些平日里惯于称王称霸、耀武扬威的人，其实不过是耍弄唬人的把戏，外强中干。只要敢于斗争，就一定能取得胜利。

第二次比赛发生在1903年。当时，13岁的艾森豪威尔考入了阿比林中学。这所学校有一个传统，每年入学的新生都要举行一次拳击比赛，由来自南部和北部的学生分别推选出一名代表参加。艾森豪威尔由于在体育方面特别是拳击方面有比较好的表现，被确定为参加南部比赛的选手，与北方的代表韦斯利·梅里菲尔德进行比赛。这时，对艾森豪威尔来说，捍卫南部荣誉的时刻到来了。

韦斯利·梅里菲尔德身体强壮结实，反应灵敏，出拳准确，并曾获北部拳击冠军，而艾森豪威尔却显得相对较矮、身材瘦弱。因此，大家都普遍认为艾森豪威尔获胜的希望不大。但是，比赛开始后，却完全是

∧ 艾森豪威尔在阿比林的卧室。

另外一种情况。

　　一开始，在观众的呐喊声中，艾森豪威尔频频出拳，但都被韦斯利·梅里菲尔德准确地挡了回来，并以重拳回击。韦斯利·梅里菲尔德的拳头力量很大，打在艾森豪威尔身上发出"砰"的一声闷响，艾森豪威尔被震得左右摇晃，五脏六腑似乎都被打移了位。

　　但艾森豪威尔并没有泄气，他咬紧牙关，仍竭力进攻。半个小时过去了，双方不分胜负；一个小时过去了，两个人仍势均力敌。突然，韦斯利·梅里菲尔德的一记重拳打在艾森豪威尔的脸上，艾森豪威尔在观众的惊呼声中蹲了下去。当他咬着牙站起来的时候，眼睛青紫，并且高高地肿了起来，一缕鼻血也流了出来。一直喧闹的人群突然静了下来，每个人都在想这个南部的选手要放弃了。然而，艾森豪威尔却只是冷静了一会，便又重新挥拳投入了战斗。

　　"哗——"人群中爆发了雷鸣般的掌声，人们都为这个倔强的小个子叫好。一开始，只有来自南部的同学喊："艾克，加油！艾克，加油！"后来，越来越多的人开始为艾森豪威尔加油，"艾克，加油！艾克，加油！"

　　比赛继续异常艰苦地进行着，两位拳击手气喘吁吁、嗓音嘶哑、鼻青脸肿，但双方都没有认输。即使周围的观众劝解，要求他们停止打斗，也没有人肯退出比赛。

　　激战持续到天黑仍没有结束。两个人已经筋疲力尽，几乎无法动弹，但仍用双臂紧紧抱住对方。

　　天色渐渐地暗下来了，观战的人群开始散了。筋疲力尽的两名拳击手觉得比赛也该结束了。韦斯利·梅里菲尔德对艾森豪威尔小声说："艾克，我打不赢你！"

艾森豪威尔说："我也赢不了你！"

于是，这场历时一天的比赛终于以平局收场。

小艾森豪威尔被打得很厉害，以致在家里躺着休息了三天，并且旷了课，但他没有掉一滴眼泪。这件事，使他懂得了生活中应该需要不屈不挠的精神，并为此付出代价。

第三场比赛发生在10年之后，已经考入西点军校的艾森豪威尔回到阿比林休假，又遇到了韦斯利·梅里菲尔德，双方愉快地回忆起那次难忘的比赛。从韦斯利·梅里菲尔德那里，艾森豪威尔听到了德克·蒂勒的情况。德克·蒂勒是当地一家理发店的黑人门卫，身体壮硕有力，是一个十分出色的拳击手，曾几次去得克萨斯参加职业拳击比赛。德克·蒂勒听说艾森豪威尔回来休假，当即表示要与他较量一番。在身体条件并不好的情况下，艾森豪威尔勇敢地接受了这一挑战。

也许是10年前那场惊心动魄的拳击比赛使人们记忆犹新，也许是德克·蒂勒在当地的名声太大，艾森豪威尔与德克·蒂勒的较量立即招来了一大群拳击爱好者。观众中既有成年人也有孩子，既有男人也有姑娘，甚至还有脸上擦满肥皂的理发店顾客，每一个人都生怕错过了这个激动人心的场面。

德克·蒂勒的确实力很强，他不仅身材高大，而且出拳极为凶猛、刁钻。带伤上阵的艾森豪威尔就像当年与韦斯利·梅里菲尔德的比赛一样，毫不退缩。尽管第一个回合德克·蒂勒凭借着娴熟的拳法与充沛的体力获得了胜利，但一向不服输的艾森豪威尔并没有言败，经过奋力拼搏，终于赢得了第二个回合。最后，两人不相上下，不分胜负，握手言欢。

阿比林是艾森豪威尔一生挚爱的城市。在这里，有许多对他的性格特别是爱好的形成具有重要影响的人。

其中，有一位老人叫鲍勃·戴维斯，被艾森豪威尔称为"真正的老师"。老人年轻时曾从事过向导、猎人、渔夫等多种职业。除了教艾森豪威尔驾驶小船、撒网捕鱼外，他还教会了艾森豪威尔打扑克。尽管鲍勃·戴维斯目不识丁，但却精通牌技。他把浑身解数都教给了这个机灵、聪明的"学生"。

艾森豪威尔很快就掌握了玩牌的全部技巧，牌技达到炉火纯青的地步。尽管后来酷爱玩牌成为艾森豪威尔的政敌攻击他的理由之一，说他常常把打扑克、玩桥牌、打高尔夫球看得比处理政务还重要，但艾森豪威尔一生都没有放弃这一爱好。对艾森豪威尔来说，打牌除了是一种消遭外，还可以锻炼审时度势、随机应变的思维能力，而他在"二战"中的出色表现似乎已经证实了这一点。

在学习方面，艾森豪威尔绝对算不上好学生。从在林肯小学念1至6年级，到在加菲尔德学校念7至8年级，再到阿比林中学，他的学习成绩一直非常平庸。因为他兴趣广泛，除了历史和数学，他在其他科目上并没有花费太多的心思。

∧ 1909年，艾森豪威尔（后排右一）从
阿比林中学毕业时与同学合影。

从很小的时候开始，艾森豪威尔就对军事和历史书籍怀有浓厚的兴趣，尽管坚持"河上兄弟"教派教义的母亲是一个十足的和平主义者，并试图把艾森豪威尔的兴趣转移到其他方面，但她没有成功。艾森豪威尔经常不顾母亲的警告，把有关拿破仑和美国国内战争的书籍带回家阅读。

为了防止读这些书对艾森豪威尔的功课产生影响，艾达把所有的军事和历史书统统锁进了一个壁橱里。

艾森豪威尔因此而寝食难安、心急如焚，多次央求艾达没有效果之后，艾森豪威尔就设法弄到了壁橱的钥匙。每当母亲有事外出的时候，他就打开壁橱，把书拿出来津津有味地阅读。

直到有一天，沉浸于阅读的艾森豪威尔没有发现外出归来的母亲，钥匙的事情才算暴露。当艾森豪威尔惴惴不安地等着母亲的训斥时，却听见母亲轻声叹了一口气，说："既然你喜欢，那你就继续看吧。"

艾森豪威尔惊喜地抬起头，不相信地看着母亲。

< 艾森豪威尔与其兄长们在家外合影。

"不过，"艾达补充说，"有一个条件，不能影响功课。"

艾森豪威尔拼命地点头，心里一阵狂喜，他从母亲手中接过钥匙，小心地放在口袋里。从今以后，他可以自由自在、无拘无束地在史籍中徜徉了。

在所有的历史人物中，艾森豪威尔最崇拜的是汉尼拔，因为汉尼拔及其率领军队的一切事迹都是由他的敌人记述的。艾森豪威尔认为，被敌人叹服而留名千古的人才是真正的英雄。

同时，艾森豪威尔还阅读了大量关于华盛顿、弗雷德里克、拿破仑、古斯塔夫斯·阿道弗斯等名将的书籍，由于具有良好的记忆力，他甚至可以终生记得读过的一些战役的细节，这使他日后的同僚感到大为惊讶。

时间飞逝，少年时代很快就过去了，艾森豪威尔即将中学毕业。这个时候，随着毕业的临近，艾森豪威尔开始对学习表现了相当浓厚的兴趣。中学毕业时，他的成绩比平时有了很大的进步，并取得了相当好的分数。由于数学、历史和英语特别好，他的总成绩在当年31名毕业生中，名列第三。

那时，少不更事的鲁莽已经逐渐从艾森豪威尔身上远去了，随着日渐成熟，他变成了一名富有魅力的男子，以特有的爽朗的笑容感染着周围的每一个人，并成了阿比林城最受欢迎的青年。姑娘们认为他很可爱，因为他彬彬有礼，诚实正直，举止稳重。小伙子们喜欢他，因为他是一位优秀的组织者，优秀的射手，光明磊落的对手，热心运动并且性格和善，易于接近。

当然，这一阶段，对艾森豪威尔影响最大的是当地一名医生的儿子——斯维德·赫兹利特，这也是艾森豪威尔所结交的第一个不像他一样爱好体育运动的朋友。当时，斯维德·赫兹利特正在准备参加1911年6月的安纳波利斯海军军官学校的考试。由于斯维德·赫兹利特为人敦厚，不好打架，因此难免有人会欺负他，艾森豪威尔就充当了他的保护者，并成了莫逆之交。两个人终生保持着这种友谊。

在斯维德·赫兹利特的鼓励下，艾森豪威尔决定也报考安纳波利斯海军军官学校。其中，可以获得免费教育是一部分原因，但更为重要的是，在那里可以继续从事艾森豪威尔

★西点军校

即美国陆军学院，因其校址位于纽约附近的西点而得名。该校成立于1802年7月4日，是美国第一所军事学院。该校曾为美军培养了大批陆军中高级指挥官。这些毕业生依照西点军校"国家、荣誉、责任"的校训，在"二战"中勇猛作战，表现十分出色。艾森豪威尔、麦克阿瑟、巴顿、史迪威等著名将领均毕业于该校，这些将领成为战后西点军校学员崇拜的偶像。西点军校因对"二战"盟国胜利进程所做的贡献而使自己的名望达到顶峰。

喜欢的足球和橄榄球运动，而且艾森豪威尔在此之前从来没有见过大海。为了获得报考的提名，他在征得阿比林的知名人士的许可和推荐后，给布里斯托议员写了一封信，信的内容是这样的：

我是中学毕业生，今秋年满十九岁。我很希望能进安纳波利斯或西点军校。我急切希望能在上述任何一处得到提名，特函相求，以遂夙愿。若阁下能提名我进上述两校之一，将不胜感激。

烦劳赐复，并候佳音。

德怀特·艾森豪威尔敬上

信中之所以加上西点军校★，主要因为艾森豪威尔担心报考安纳波利斯海军军官学校的人太多，而可能得不到名额。但艾森豪威尔当时心中想的一直是安纳波利斯海军军官学校。这样，他就可以和斯维德·赫兹利特同学了。

由于要求布里斯托议员提名的人太多，议员没有直接决定给谁提名，而是于1910年10月4日和5日在托皮卡的堪萨斯州公共教育督察办公室举行了一次报考军校的预选考试。艾森豪威尔参加了考试，并取得了优秀的成绩。其中，语法99分、代数94分、算术96分、地理90分、拼写90分、几何77分、美国历史73分、通史79分，以平均87.5分的成绩，名列8名竞争者的第二，从而获得了提名。同样，在1911年1月份的入校考试中，艾森豪威尔也顺利地通过了。

然而，事情并没有预想得那样顺利，艾森豪威尔当时已经21岁，超过了安纳波利斯海军军官学校入校的年龄要求。而他又不想撒谎，隐瞒年龄入校，于是他选择了进入西点军校。当然，历史证明，艾森豪威尔的选择是正确的！

又一个孩子在生活中找到了应有的位置，但这并没有让艾森豪威尔的父母感到非常开心。信奉门诺教派的艾森豪威尔家族中400多年里没有出过一个军人！但是，母亲对于儿子选择了一条与她的和平主义观点和宗教观念相对立的职业，并没有说一句指责的话。

西点军校的录取通知书规定，艾森豪威尔必须在1911年6月14日报到。于是，6月初，艾森豪威尔就告别了阿比林。

当时，母亲艾达与家人把艾森豪威尔送出了家门，艾达平静地与艾森豪威尔拥抱，目送他拎着衣箱朝火车站走去，直到看不到他的背影。然而，在艾森豪威尔离开后，艾达回到自己的房间，关上门哭了。据弟弟弥尔顿后来说，这是他第一次看到母亲流泪。

∧ 1911 年时的西点军校。

>> 从西点军校的人生起步

从一定程度上讲，进入西点军校是艾森豪威尔的被迫选择。尽管他知道必须面对和承受可能出现的一切，但是对于未来，他的心里也没有底。

西点军校是一所拥有悠久历史的军校，它的正式名称为"美国陆军军官学校"，因其位于纽约东部奥兰治的哈得逊河西岸，纽约市以北80公里的西点镇而得名。

1911年的西点军校已经进入成年时期。一座全新的体育馆即将落成，世界上最大的跑马场也在修建之中。不久前刚刚竣工的灰色学员大教堂高高地矗立在山上，镶着彩色玻璃的窗户在阳光下闪闪发光，坚厚的大理石拱门显示出古朴典雅的建筑风格。色彩斑斓的战旗迎风招展。

学校秀丽的风光、雄伟有气势的建筑，曾一度使艾森豪威尔心潮澎湃，但很快，他就开始沮丧了。

要知道，进入西点的学生大多数都与艾森豪威尔一样，在本地要么是出色的运动员，要么是尖子学生，或者两者都是，他们都自视清高。为了打消他们的傲气，从一入校开始，西点军校就故意用粗暴生硬的态度打击他们。

1911年6月14日中午，军校的新学员开始汇集报到。当新学员们奔跑穿梭于各座大楼之间，缴完费，领完被褥，搬进比斯特兵营的卧室后，他们发现，自己彻底地向平民生活告别了，连同他们的名字也一起告别了。在教官以及高年级同学们的口里，他们都成了"混蛋约翰先生"或者"混蛋克格特先生"或者"混蛋加德先生"。

入校前三周的训练十分艰苦，教官们像训练野兽一样对待新学员。

于是，在炎热的阳光下，他们汗如雨下地进行方队操练，还要忍受教官的苛刻要求和大声训斥，"挺胸！收腹！再挺一些！再挺一些！头抬高！下巴往里收！听见了吗？下巴往里收！动作要快！动作要快！再快一点！"

同时，他们还发现自己的运动天赋对操练似乎没有起任何作用，尽管在球场和运动场上他们个个生龙活虎、步伐敏捷、技术高超，但现在却都令人难以置信地笨拙，连走步都走不齐。他们已经不是原先当地的明星或风云人物，他们只是西点军校最底层、最被人看不起的小弟弟而已！

除此之外，几点起床、几点睡觉、几点运动都被规定得死死的。甚至连上楼梯，学校也规定必须一步迈两级台阶。

烈日炎炎下的紧张军校生活，使一部分人打了退堂鼓。尽管艾森豪威尔挺了过来，但并不是每个人都能容忍这种落差，能够忍受这种单调的生活、艰苦的训练、教官的轻视以及学长的捉弄。

艾森豪威尔寝室有一位学员来自堪萨斯，当时17岁，他离开家乡到西点上学时，是由当地的乐队吹吹打打送上火车的。然而，到了比斯特兵营，他才发现事情完全是另外一回事。入校的第一天晚上，他就开始哭个不停，以后几乎每天都这样。尽管艾森豪威尔曾不止一次地劝他，说其他的人能够经受考验，他也一样能渡过难关。但艾森豪威尔的劝说没有奏效，那位同学呜咽着说："你是没有什么，但我再也受不了了！"不久，他便离开了西点军校。

说实话，艾森豪威尔也并非十分满意西点军校的生活，但是，获得免费高等教育的信念支撑着他渡过了最初的艰难时期。

当时，地方普通大学正在摆脱19世纪各种清规戒律的束缚，但西点军校仍沿袭自1817年建校开始的模式。学校对学生培养的目标首先是要养成军人品质，一切行动都要循规蹈矩。从清晨吹响起床号到晚上闭上眼睛进入梦乡，一天的活动都排得满满的。即使是功课，也只需要学生背诵已有的答案和解题步骤。对于这一点，当时的学监休·斯科特曾解释："西点不是改革的对象……西点在它的壮丽的道路上前进……安全地向前进……不需要剧烈的变革。"

尽管艾森豪威尔能够忍受斯巴达式的生活，忍受冬天像冰窖、夏天像火炉的住房，忍受粗糙无味的饮食和无休止的操练，但生性自由的他实在无法严格遵守各项规章制度。对他来说，违反规定似乎是家常便饭。而对于自己在西点军校干的一些胡闹事，艾森豪威尔年老的时候还津津乐道。

有一次，艾森豪威尔在舞会上遇到一位姑娘，两个人都喜欢快速旋转。结果，姑娘的长裙在旋转的时候露出了小腿，被校领导视为"有伤风化"，并警告艾森豪威尔不许再这样跳舞。

然而，几个月后，艾森豪威尔在另外一次舞会上又遇到了那位姑娘，便把前次警告忘得精光。这一次艾森豪威尔可没有上一次那么幸运，被校长劈头盖脸地骂了一顿，斥责他不但舞姿放肆，而且无视训诫。同时，把艾森豪威尔由中士降为二等兵，还要求艾森豪威尔"在军营中禁闭一个月，此期间每周三、日下午罚做正步操练"。

总的说来，在四年军校生活中，艾森豪威尔非常自由散漫，他经常排队吃早饭时迟到、在上午8点钟例行检查时坐在椅子上睡着了、在队列中顶撞教官、违纪抽烟等。

学校规定，学员每个月违犯规定的次数超过了一定限制，就要在课余时间进行正步操练，以示惩戒。在同学们进行课外活动时，常会看到艾森豪威尔被罚来回地走正步，就像小鸡在田间来回走动一样。于是，同学们就送给了他"操场上的小鸡"这一绰号。

然而，这只淘气的"小鸡"很快就找到了发泄多余精力和逃避枯燥生活的方法，就是使自己置身于体育运动中。艾森豪威尔在进入西点军校时身高达1.82米，是当时最魁梧的年轻人之一，他也因此被编进身材最高的士官生才得以编入的F连队，这使他自尊心得到满足。而投身体育活动，在拳击、摔跤、击剑、游泳等项目上有良好成绩，更令当时的同学对他的评价是"如果有必要的话，他可以泅水渡过英吉利海峡，与敌人进行短兵相接的搏斗"。

但是，足球才是艾森豪威尔成绩最好也是最喜欢的运动项目。少年时期的良好基础，使他在校园足球场上出尽了风头。

1912年足球赛季开始了，艾森豪威尔参加了第一场热身赛，并且踢得相当出色。

比赛结束之后，他和其他队员一起冲向更衣室，突然有人叫住了他：

"艾森豪威尔，你从哪里弄来的运动服？"

艾森豪威尔一愣，停住脚步，扭过头来，原来是教练格雷夫上尉和管理员。

"艾森豪威尔，你从哪里弄来的运动服？"见他没有回答，格雷夫上尉继续问道。

艾森豪威尔低下头，瞅了一眼自己的运动服。运动服非常肥大，特别是运动短裤，显得非常不雅观。

"报告上尉先生，是从管理员那里领来的。"

于是，格雷夫上尉转身对管理员说："还是给这家伙拿一套合体的服装吧。"他笑着说，"否则，再跑快一点，他可能要光屁股了。"

艾森豪威尔很高兴，格雷夫上尉的话意味着他可以加入校足球队了。于是很快，他便因技术全面、得分能力强而顺利进入第一校队，担任左中卫。

由于艾森豪威尔拥有出众的个人技术水平和多种得分手段与技巧，既善于判断，又善于观察，因此，他很快就成为球场上全队的核心。

艾森豪威尔的出色表现使他在同学中享有威望，但更重要的是他以其良好的体育道德广受好评。他的不少队友回忆说，每次比赛，艾森豪威尔都是严于律己，宽以待人。每当球队输球时，他总是引咎自责，从自己这方面找原因；而赢球时，他则赞扬全体队员，而很少提到自己。在球场之外，他那特有的笑容、平易近人的性格，又使周围的人对他产生好感，使他与很多观念、志趣和性格大相径庭的人都能保持良好的关系。

然而，这颗新星没有闪耀多长时间，倒霉的事就接踵而来。在一场比赛中，艾森豪威尔的膝盖受了重伤，被抬下球场，不得不在医院躺了30天。出院时，西点军队的外科大夫塞勒警告他以后必须小心，要时刻记住膝部受过伤，并特别提醒艾森豪威尔，在参加骑术训练时，一定不能进行下马练习。

过分相信自己的艾森豪威尔并没有把腿伤当成一回事，依然参加骑术训练。然而，正是因为如此，艾森豪威尔不得不告别他心爱的球场。

据一位名叫海德的同学回忆说："艾森豪威尔坚持骑术训练的情景是这样的。当时，他的腿上还打着石膏。他说教官同意他不参加行进间训练，但没有说不参加骑术训练的事。"于是，他像其他同学一样进行了骑术训练。训练时，教官要求特别严厉，由于不知道艾森豪威尔行动不便的原因，教官要求艾森豪威尔参加包括下马在内的全部训练内容。艾森豪威尔一不求助医生证明，二不做任何解释，坚持完成训练任务，整整一个下午，反复地练习上下马动作，"他膝盖的疼痛，随着每一次运动而加剧，但他都咬紧牙关，一声不吭，直到他眼睛发黑，什么都看不见为止"。

就这样，艾森豪威尔再次住进了医院。而这次，他没有上一次那么幸运。这不仅仅是艾森豪威尔球员职业的终结，并且几乎断送了他的军人前途。两年半后，在进行毕业前体检时，塞勒大夫对于艾森豪威尔能否适合继续服兵役还表示过十分担心。

DWIGHT DAVID EISENHOWER
ABILENE, KANSAS

Senatorial Appointee, Kansas
"Ike"

Corporal, Sergeant, Color Sergeant; A.B.,
B.A., Sharpshooter; Football Squad (3, 2),
"A" in Football; Baseball Squad (4); Cheer
Leader; Indoor Meet (4, 3).

"Now, fellers, it's just like this. I've been asked
to say a few words this evening about this business.
Now, me and Walter Camp, we think—
—Himself

< 1915年，艾森豪威尔给同为西点军校校友的布莱德雷的评价。
> 1915年，从西点军校毕业时的艾森豪威尔少尉。

　　膝部的重伤使他终身落下病根，不时需要使用绷带。尽管他无法再上球场，但他并没有放弃从事体育活动，如棒球、游泳、体操。据他的儿子约翰·艾森豪威尔后来回忆，艾森豪威尔在中年时仍能在双杠上轻松自如地做只有专业运动员才能做的复杂动作，在50岁后仍能打一手好网球。

　　几十年后，在一次官方宴会上，几个与艾森豪威尔年纪相仿的西点老人争先恐后地对他说："将军，1912年是我撞坏了您的膝盖。我真悔恨自己当时太鲁莽。"让艾森豪威尔感到好笑的是，他不止一次地听到这种道歉，这使他非常奇怪，当时对方球场上到底有多少名队员？

　　光阴似箭，转眼间，四年的西点军校生活就要结束了。回忆这四年的生活，艾森豪威尔曾思绪万千。

　　他还能清楚地回忆起1911年6月14日，也就是他们入校第一天的情景。而如今，同年入伍的265名学员，在毕业时只剩下了164名。正如艾森豪威尔想不到自己日后的辉煌一样，他也没有想到自己所在的班级，后来成为历史上最有名的"将星辈出的班级"。在这164人中，有59名获得准将或准将以上军衔，3名获上将军衔，2名获得五星上将军衔。在这些将军中，包括弗农·普里查德、乔治·斯特拉特迈耶、查尔斯·里德、斯塔福德·欧文、约瑟夫·麦克纳尼、詹姆士·范·弗利特、休伯特·哈蒙以及奥马尔·布莱德雷等。艾森豪威尔为自己以及这些同学经受住了这4年的考验感到自豪。他特别看好知己、后来当上美国陆军总参谋长的奥马尔·布莱德雷。他在1915年的《榴弹炮》年鉴上对布莱德雷有过高度的评价："布莱德雷最重要的特点就是'曾获成功'。如果他保持开始时的速度，我们中间总有些人会夸耀说，'当然，布莱德雷曾是我的同班同学'"。

　　也就是在这个时候，艾森豪威尔终于明白，支撑自己度过这4年艰苦生活的原因，除了获得免费高等教育的吸引、体育活动的寄托以及同学的关心和支持外，更重要的是一人学西

Hours of Instruction

点军校灌输给他的为祖国服务的意识。

的确，西点崇尚其过去的历史，并从一年级开始就全力对新学员进行爱军爱校的教育。为此，西点修建了由西点毕业的著名将领的纪念室。其中包括担任美国南北战争北军总司令、后任美国第18任总统的格兰特将军，美国南北战争南方军队司令罗伯特·李将军以及北方军队西线总指挥谢尔曼将军。此外，校园内还有名将温菲尔德·斯科特的坟墓。

凭借扎实的军事历史知识，艾森豪威尔对这些名将感到非常亲切。当然，他不可能想到自己今后会成为西点军校博物馆中最著名的4个人物之一，他只是本能地觉得这些人就是他学习的榜样。于是，在课余的闲暇时间，艾森豪威尔在密西西比河两边的大草原漫步，或在攀登峭壁，或俯瞰赫熔逊河时，他就一直在思考着西点在美国革命中所起的关键作用，设想如果是他，他将怎样指挥那些战役。

艾森豪威尔的毕业成绩并不是很出色，在班上164名毕业生中只占第61名，至于操作课成绩，更是位居125名。当然，纯军事的科目，像工程训练、炮兵学等的成绩要好一些。

可以说，西点军校4年的训练，并没有改变艾森豪威尔那由美国西部传统塑造出来的倔强性格、顽强品质以及对成规的蔑视。他的同学也承认，艾森豪威尔是一个具有独立见解的人，对西点军校的领导持独行其是的态度。

1915年6月12日，是西点军校的毕业典礼。按照惯例，艾森豪威尔的双亲被邀请参加毕业典礼。于是，艾达和戴维从遥远的阿比林来到了西点军校。也是这一天，西点军校考试委员会做出决定，授予艾森豪威尔美国少尉军官军衔。

然而，艾森豪威尔在军队的前途并不十分乐观，因为一方面他的学习成绩与其他同学相比似乎显得非常可怜，另一方面他受伤的膝盖也被医生怀疑能否适应继续服役。

当时，美国的军队并不庞大，兵员总数只有12万人，西点以及其他军校每年的毕业生大大超过部队需要的军官人数。考虑到一旦因病提前退役就要领取抚恤金，给政府带来负担，美国政府非常慎重，不愿意把身有残疾的人委派下去。

临近毕业的时候，西点军校的医务所所长肖上校把艾森豪威尔叫去，进行了一次谈话。

"艾森豪威尔同学，我不得不告诉你，由于你的腿伤，即使你取得毕业文凭，也不适宜在军队服役。"肖上校非常坦率地对艾森豪威尔说。

"当然，如果这件事真的发生了，将是非常遗憾的，"肖上校想安慰他，"但你也知道，目前我们的军队无法提供更多的职位。"

肖上校没有想到的是，艾森豪威尔对这些话并不十分惊讶，他耸了耸肩膀，平静地说："谢谢上校先生，对此，我的确也感到非常遗憾。"

但他接着说："不过，我觉得我还可以做很多事情。"

"噢？"肖上校抬起头，凝视着这位乐观的学生，"那你准备干什么呢？"他鼓励艾森豪威尔说出自己的想法。

"我一直对阿根廷很感兴趣，我觉得它像美国古老的西部一样神秘莫测。如果有机会的话，我倒很乐意到那里见识一下。如果有可能的话，我希望能够在那里住上几年。"艾森豪威尔说道，"在那里当一名20世纪的牛仔，也不错嘛。"

肖上校被这位乐观而又勇敢的学生感动了，他立刻有了帮助艾森豪威尔的想法。"艾森豪威尔同学，如果你同意不申报骑兵，我非常乐意向校方建议派你下部队。"

就这样，在得知无法参加骑兵后，艾森豪威尔被迫选择了步兵。

但是，生性乐观的艾森豪威尔并没有放弃对美好未来的憧憬，他坚信自己会被委派到菲律宾，甚至会得到去热带服务所需的白色制服。当时，选择菲律宾作为服役的地点，在全班只有他一个人。这倒不是因为在菲律宾可以得到较快的晋升，而是因为他喜欢那里的异国情调，并能够给他提供观察世界的机会。但最后，他的愿望还是落空了，他被派到了距圣安尼奥（堪萨斯州）不远的山姆休斯敦港口服役，而不是遥远的菲律宾。

>> 屡屡与战争失之交臂

1915年，艾森豪威尔从西点军校毕业时，第一次世界大战已经开始一年了。尽管此次世界大战为美国展示了一幅全面实现霸权计划的美好前景，使美国意识到主宰世界的机会来了。但是，"聪明"的美国人却没有急于参与这场战争。当然，条件不成熟、准备不充分是一个原因，但更重要的是美国人打算先坐山观虎斗，利用中立大发战争横财。然后，在时机差不多的时候，再大喊一声"我来了"，顺利地摘到胜利果实。

1915年9月15日，美国陆军军官艾森豪威尔少尉抵达到任职地点时，休斯敦的萨姆堡是最令人羡慕的地方。

在那里，部队的生活从容悠闲，服役意味着享福。任何有较强能力的军官在中午前或中午之后，就可以把当天的任务完成。而对艾森豪威尔来说，回到了他的出生地、熟悉的西部草原，更是几乎像在家里一样。工作之余，他可以在广阔的草原上骑马奔驰，继续着从小就

★约翰·J·潘兴（1860~1948年）

潘兴将军是美国历史上第一位五星上将。生于密苏里州，毕业于西点军校。第一次世界大战前，曾参加过美国与西班牙的战争，在古巴作战，后在菲律宾服役，参加了对墨西哥的武装入侵。第一次世界大战中任美国驻欧洲远征军司令，指挥美军功勋卓著，1924年退役。第二次世界大战时期，在南美和欧洲一些国家执行美国政府委托的使命，是美国战略决策的重要参谋人物。

非常喜欢的打猎活动，暂时忘掉了毕业时的不快。

　　当然，生活并非固定不变，有时也会有一点小插曲。1915年冬天，美国和墨西哥的边境发生了军事冲突，墨西哥的农民起义领袖潘乔·维拉带领一批非正规军袭击了美国新墨西哥州的哥伦布。为了平息叛乱，美国政府派出了由约翰·J·潘兴★将军率领的远征军。潘兴将军与艾森豪威尔一样，也是西点军校毕业，后来由于参加第一次世界大战，指挥美军功勋卓著，成为美国历史上第一位五星上将。

　　与大多数新毕业的西点军校生一样，艾森豪威尔也曾把能够参加远征军作为获得晋升的好机会，但是，他的申请遭到了拒绝。相反，陆军部把他派到国民警卫队在边境的一个团去担任训练工作。由于该团为预备役部队，是战时动员的援助力量，因此训练工作对艾森豪威尔来说，依然很轻松。但是，艾森豪威尔在组织才能得到上级首肯的同时，心里却一直非常惋惜失去了一次参加实战的机会。

　　1917年4月3日，艾森豪威尔被任命为新成立的陆军第57步兵团的军需官。当时，有大约3000名新兵要到萨姆堡边上的威尔逊军营，但上级却只给了他三天的准备时间。好在艾森豪威尔懂得在军队里办事的最基本的诀窍，他很快与军需主任交上朋友，于是成功地领到了更多的帐篷、步枪、军鞋、军服等。此外，为了使上级高兴，他和团里的副官沃尔顿·沃克上尉早上四点钟就起身，骑马到营房边打野鸽子给上级做早餐，并在早上8点钟准时端

∧ 1916年，艾森豪威尔与梅蜜在一起。

上餐桌。当然，对艾森豪威尔来说，做这件情，更主要的是为了散散心，因为他虽然在美国4月6日对德宣战后的几天得到了上尉军衔，但又一次失去了跟随潘兴将军作战的机会。

1917年9月20日，艾森豪威尔突然被派往佐治亚奥格尔索普港的军官训练营担任教官，工作一段时间后能去欧洲战场的希望又一次破灭了。

三个月之后，艾森豪威尔又一次接到调令，到教导营培训陆军后备军官。艾森豪威尔在这方面表现出来的才能，又一次使他离战场越来越远。但这一次，他不想再沉默了，他更加频繁地一次又一次地向陆军部打报告，请求去海外服役。

很快，艾森豪威尔的请求便有了答复，但并不是同意派他去海外服役，而是责备他屡次要求调动。

这一天，训练基地的指挥官米勒上校对艾森豪威尔宣读了一封信，这封信是陆军部副官署署长亲自写的，责怪艾森豪威尔对工作挑三拣四。

读完信后，米勒上校开始训斥他："艾森豪威尔先生，难道你不明白军人就意味着服从吗？你这样多次申请出国参战的举动非常出格，要知道，陆军部不允许军官自己挑选岗位的。"

接着，米勒上校又说道："如果你继续这样的话，我将考虑给你处分。"

一听这些话，艾森豪威尔怒火中烧，气愤地反驳说："长官，除了想上战场外，我并没有别的要求。如果我的申请算是违反纪律，需要惩罚的话，也应该由陆军部来执行，而不需要您妄加指责。"

米勒上校觉得艾森豪威尔说得很有道理，便决定委派他去执行一项"特殊的训练任务"，监督部队进行体育锻炼——刺杀、体操等。尽管艾森豪威尔对此感到很失望，但他还是认真地履行了自己的义务，并得到了上级和受训者的好评。之后，艾森豪威尔参加了组建第一批坦克部队的工作。

当时，坦克对大多数人来说，还是新鲜事物。

对于这一工作，艾森豪威尔认识到了担负的责任，表现出了极大的兴趣和热情，并全身心地投入工作中。正如他自己所说的："作为美国第一支坦克部队的组织者，要在机械化战争的新时代条件下表现出自己的才能来。"

然而，工作条件之差却是艾森豪威尔所没有想到的。位于宾夕法尼亚州葛底斯堡的米德军营是南北战争的遗址，已经弃置不用多年，营房也破烂不堪，更主要的是，所谓的坦克训练营却没有一辆真正的坦克，更不用说训练手册和有经验的训练军官了。

为了完成上级赋予的任务，一切必须白手起家。尽管艾森豪威尔后来也承认说："我当时的心情是焦急的，暗淡的"。但他还是利用所能弄到的一切材料，把这片南北战争时期皮克特将军发起冲锋的古战场，从麦地变成了第一流的兵营。

不过，一直到1918年6月中旬以前，尽管艾森豪威尔手下已经有万余名士兵和600名军官，但仍然没有一辆坦克。为了提高训练质量，艾森豪威尔跑到华盛顿的陆军部纠缠，要求拨给几门老式的海军加农炮，以供士兵们操练。同时，他又设法搞到一些机枪，安装在平板卡车上，让士兵们练习在活动的平台上进行射击。后来，陆军部终于弄来了3辆老旧的"雷诺"坦克，坦克训练营才算真正的名副其实了。

就像所有的指挥官一样，艾森豪威尔手下也有一些违反军令的士兵，特别是有些士兵经常偷偷去喝酒。艾森豪威尔一再警告酒店老板不要卖酒给士兵，但老板却阳奉阴违。最后，当老板又一次违反禁令的时候，艾森豪威尔派卫兵包围了酒店。老板第二天带着当地的议员来到艾森豪威尔的办公室，要求他立即撤兵。那位议员还威胁说："如果你一意孤行的话，我们可以到陆军部，并不得不考虑撤换你的问题了。"

然而，艾森豪威尔却针锋相对地反唇相讥，说："悉听尊便。把我撤掉是最好不过的事了。那样，说不定我还可以去海外呢！"

事件处理的结果令艾森豪威尔没有想到，不久，艾森豪威尔收到了陆军部部长助理写来的一封信，表扬他为军队的利益所做出的不懈努力。

艾森豪威尔训练坦克部队卓有成效的工作，引起了上级的注意。1918年6月17日，他被授予少校军衔，同年10月14日，他晋升为坦克团团长，授予中校军衔。同时，为了表彰他的工作，陆军部还奖给艾森豪威尔一枚奖章。在表彰令中指出："艾森豪威尔中校表现出了苦心孤诣、预见的才能以及对远涉重洋作战的坦克军团全体人员进行组织、教学和训练方面的行政管理能力。"表彰令还确认了艾森豪威尔的确胜任教官的职责："他训练的部队以美军中最优秀的一支队伍而闻名。"

在坦克训练部队，艾森豪威尔遇到了后来的巴顿将军。当时巴顿与艾森豪威尔一样，也是陆军少校。尽管巴顿与艾森豪威尔在很多地方大相径庭，例如巴顿明显的粗线条作风，经常腰里缠着一条子弹带，插着两把象牙柄手枪，而且动辄对士兵大声训斥。同时，巴顿的性格比较孤僻，喜欢我行我素。但是，两人之间也有相同之处，足以克服性格差异。首先，两人都毕业于西点军校，只是巴顿比艾森豪威尔提前六年毕业。其次，两人都喜欢体育运动，

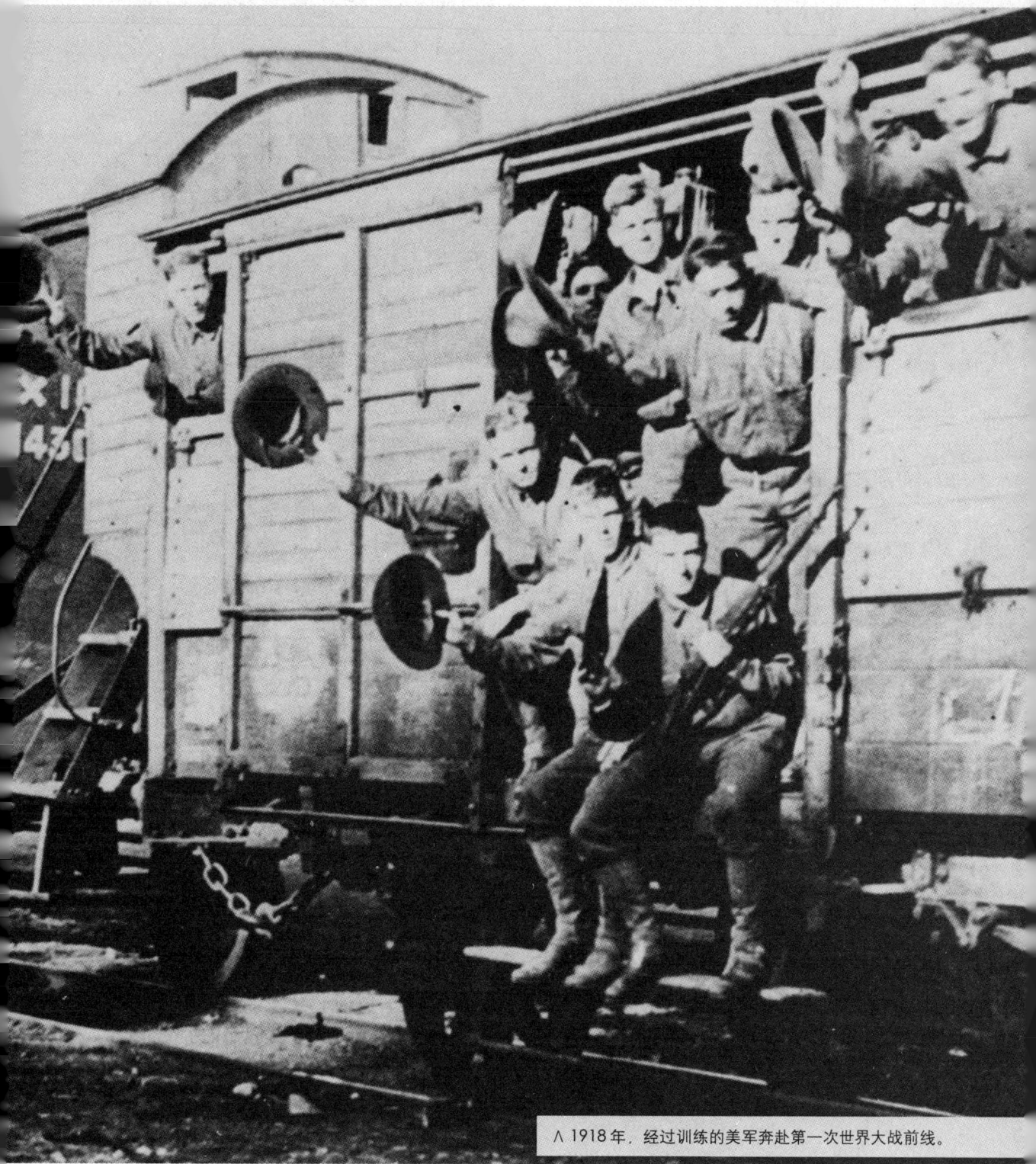

∧ 1918 年，经过训练的美军奔赴第一次世界大战前线。

巴顿喜欢打马球,而且也参加了足球队。最后,两人都对军事历史感兴趣。更令人想不到的是,两人对坦克在未来作战中的作用以及机械化战争有着惊人的一致看法。于是,两个人变成了好朋友,并为以后的配合奠定了良好的基础。

尽管工作成绩受到肯定,令艾森豪威尔感到欣慰,但是他还是渴望上战场一展身手,于是不时向陆军部递上一份又一份的报告,要求到作战部队。

终于,艾森豪威尔的愿望实现了。1918年10月14日,这一天正好是艾森豪威尔28岁生日,陆军部命令他于11月18日启程去法国指挥一支装甲部队。

艾森豪威尔的心情一下子晴朗起来,他终于盼到了这一天!他甚至想象到自己坐在第一辆坦克上,率领士兵冲向敌人阵地的情景。

然而,艾森豪威尔注定要远离第一次世界大战了。

其实,早在10月1日,鲁登道夫就任命了一个停战委员会,要求外交部尽快向美国发出和平建议的确切时间,并声称德国陆军已经连48个小时也坚持不了了。

艾森豪威尔接到作战命令之际,第一次世界大战已经接近尾声。很快,11月11日,也就是艾森豪威尔原计划启程的前一周,德国人签署了停战协定。

消息传来时,艾森豪威尔非常沮丧,情绪十分低落。他几乎不相信自己遇上了这种事,在历史上规模最大的一次战争中,作为职业军人,作为一名向往战场的职业军人,他却失去作战的机会!他甚至从未听到过来自战场的枪炮声!

战争结束了,在战争年代组建的庞大军队要复员回家。大批士兵们匆忙地脱下戎装,速度之快使内战结束时的退伍工作也相形见绌。在不到六个月的时间里,总共有260多万名士兵和12.8余万名军官收到了退伍证明书。到1920年1月1日,美国军队的服现役人数只有13万,并且仍在继续缩减。直到1935年,军队中已没有一支任何规模的、能立即投入战斗的部队,军队人数在世界上名列第十六位。

★巴顿 (1885～1945 年)

美国陆军上将，英勇善战、作风顽强，又称"血胆将军"。生于军人家庭。1909 年毕业于美国西点军校。第一次世界大战期间在美国坦克兵团服役。"二战"期间在欧洲和地中海地区作战。1942 年任盟军战役集群司令。1943 年任美国第 7 集团军司令，参加了西西里岛之战。1944 年任美国第 3 集团军司令。法西斯德国投降之后，先后任巴伐利亚总督和美国第 15 集团军司令。1945 年 12 月遭遇车祸，死于海德堡医院。

  数以万计的军官奉命解甲，艾森豪威尔却依然留在了军队里。这并不是说艾森豪威尔有多么的热爱军队，而是自他从西点军校毕业后，陆军部的人事档案中，他所服务过的上级对他的评语保护了他。

  于是，过去整天忙于紧张的备战和训练的艾森豪威尔，如今却忙于复员和善后的工作了。他烦躁地处理着数千名士兵的遣散工作，拆毁米德兵营，把坦克部队剩余的一切，其中包括那三辆"雷诺"坦克，运到佐治亚州的本宁堡。

  按照美国军队的规定，在战争年代获得的临时军衔，在和平时期将予取消。艾森豪威尔也同样经历了这个不愉快的过程。他担任坦克团团长获得的中校临时军衔被取消，于 1920 年 7 月 2 日重新成了少校。之后，他保持这个军衔达 16 年之久。

  接着，在随后的几年中，艾森豪威尔所受的打击一个接一个，真是应了"福无双至、祸不单行"的那句老话。

  没想到的是，最先给艾森豪威尔带来打击的是他在坦克作用方面的一些论述。从某种意义上说，艾森豪威尔与巴顿★属于装甲兵的开拓者。他们俩很早就认识到摩托化和机械化部队的巨大潜力，并共同提出了装甲部队作战的新原则："我们认为，坦克应当是高速的，密集使用。只要事先侦察好地形，它们就可以突破敌人的防御阵地，制造混乱，然后从背后包抄敌人。这样不仅可以帮助步兵进攻，而且可以包围敌人的整个防御阵地。"

  为了阐述自己的观点，艾森豪威尔不断地发表文章，论述现代战场上坦克的重要作用，他曾在 1920 年的《步兵杂志》上写道，"坦克尚处于幼年阶段，但它们已经在技术改进方面向前迈出了一大步。它们在这方面还可以做更多的改进。需要把动作迟钝、拙劣的战车忘掉，应有快速的、可靠的、具有强大杀伤力的坦克取而代之"。与此同时，艾森豪威尔还指出现行坦克战术的不当之处，要求步兵军官去学习有关坦克作战的知识。

  艾森豪威尔的这些全新的观点激怒了当时负责制定装甲兵战术的弗兰克·席茨少将。后者召见了他，命令他立即停止传播他的观点，否则上军事法庭。作为一名下级军官，艾森豪威尔服从了席茨的命令。后来，艾森豪威尔回忆说："当时有人吩咐我，说我那些观念不但错误而且危险。因此，我只能把想法藏在心里，特别是我不能写任何与步兵战术相悖的文字。要不的话，我就会被送到军事法庭了。"

但是，席茨少将还不算是艾森豪威尔最大的麻烦。1921年，在米德兵营任职的时候，艾森豪威尔因经济问题受到了陆军总检察官的一次调查，他的前程也几乎因此而毁于一旦。因为，如果这次调查中他所受到的指控成立的话，那么不仅会使他被开除军籍，还可能坐牢。

事情是这样的：艾森豪威尔和梅蜜住着米德兵营的公房，却仍然每月领取国家对住私房的军官的住房补贴250.67美元，这违反了制度。艾森豪威尔声称他事先不知道，但陆军副总检察官海姆里克准将却认定他是明知故犯。尽管艾森豪威尔立即退还了所有多领的钱，但海姆里克认为还不够，坚持要以欺骗罪起诉他。这件事从1921年12月起一直延续到1922年6月，弄得艾森豪威尔心力交瘁。

然而，就在这时，对艾森豪威尔来说简直就是"幸运之神"化身的福克斯·康纳少将出现了。当时，他正在去巴拿马任职第20步兵旅的途中，他选中了艾森豪威尔作为他的助手。潘兴很快批准了康纳的要求，并颁发了委任状。

这份委任状结束了艾森豪威尔的麻烦。他的违纪行为仅收到一封正式的批评信了事，而免于被起诉。从此，命运对艾森豪威尔来说似乎已经开始悄悄地发生变化了。

>> 在将星的辉芒照耀下

自1922年起，艾森豪威尔便开始了他的追"星"之路。他先后在福克斯·康纳、约翰·J·潘兴、道格拉斯·麦克阿瑟和乔治·C·马歇尔将军麾下供职。其中，除了福克斯·康纳之外，另外三位都是赫赫有名的五星上将。生活在这些将军的身影背后，对艾森豪威尔的生活、思想，甚至性格，都产生了巨大的影响。当然，更为重要的是，正是在他们的赏识和提拔下，艾森豪威尔才可能顺应历史潮流，把握历史机遇，在第二次世界大战期间，犹如一缕轻烟，凭借东风，扶摇直上。

EISENHOWER

> 艾森豪威尔与妻子梅蜜。

　　尽管在艾森豪威尔的军事和政治生涯中，与许多声名显赫、才华横溢的军事家和政治家有过密切的工作关系，但直到他1964年卸任总统，他仍坚持说，"福克斯·康纳是我所认识的最有才干的人"。

　　艾森豪威尔第一次遇见康纳将军是在米德兵营巴顿住处的一次宴会上，那是1920年秋季一个星期日的下午。

　　康纳将军和夫人都是温文尔雅、说话轻声细语的南方人，风度翩翩，彬彬有礼，而且很喜欢与年轻的军官和他们的夫人们在一起。艾森豪威尔和太太梅蜜立即被康纳将军及夫人所吸引，并对彼此都留下很好的印象。

　　宴会之后，康纳将军让巴顿和艾森豪威尔带他观看一下坦克，并向他介绍他们对这种未来的武器的看法。这是巴顿和艾森豪威尔第一次从上级军官那里得到鼓励，也是唯一的一次鼓励。在参观米德兵营的过程中，康纳将军在听取巴顿和艾森豪威尔的看法时，也提出了很有见地的问题。而当康纳将军启程回华盛顿时，他再次称赞了巴顿和艾森豪威尔的工作，并鼓励他们继续干下去。

　　之后，康纳将军在得知艾森豪威尔因坦克战的看法而遭受不公正的待遇时，便告诉他自己已经被任命去巴拿马指挥一个步兵旅，问艾森豪威尔是否愿意到他那里担任主任参谋。于是，艾森豪威尔开始了他的第一次在国外服役的生活。他和梅蜜于1922年1月抵达巴拿马。与此同时，他和康纳将军之间建立了一种近似师生的关系。

由于工作任务不重，艾森豪威尔与康纳将军有了更多在一起的时间。他们经常一起骑马穿越丛林，晚上打开铺盖席地而卧，围着篝火闲谈。周末，再一起出去钓鱼。

艾森豪威尔的心情一天比一天好起来，但更让他感到获益匪浅的是，康纳将军对他的要求非常严格，不仅要求他阅读大量的军事文献，还要求他在阅读后提出探索性的问题。

每当艾森豪威尔读完一本军事著作后，康纳将军总是会问："艾克，你已经完全了解了作品中描写的军队是怎样战斗的吗？"

起初，艾森豪威尔不能完全满足他的要求，但很快，艾森豪威尔便可以自豪地说："是的，将军，我已经完全了解了。"

这样，在康纳将军的严格要求下，艾森豪威尔读了大量的内战时期将军们的回忆录，并与康纳讨论过格兰特和谢尔曼以及其他将领所做的决策。甚至还把克劳塞维茨的《战争论》通读了三遍。

此外，对于未来的世界格局，康纳将军坚持认为，由于《凡尔赛条约》★的缺点，三十年后，或者不出二十年，战争将会再度爆发，这将是一次世界大战，届时美国将与盟国一起作战。为了证明自己的观点，康纳将军引用了许多经济、政治和军事方面的论据，并劝艾森

< 各国代表在巴黎和会上。
> 19 世纪 20 年代时的艾森豪威尔。

★《凡尔赛条约》

即《凡尔赛对德和约》。1919 年 6 月 28 日，在巴黎和会上，由英国、法国、美国、日本、意大利等国与德国在巴黎西南凡尔赛宫签订。1920 年 1 月 20 日正式生效。和约共包括 15 部分 440 条。以《凡尔赛条约》为主体的战胜国对战败国所签署的和约，构成了战后欧洲国际关系的新格局，它曾在战后的 20 年间影响欧洲国际关系的发展和变化。但是，由这一系列和约构筑的"凡尔赛体系"，仅仅是暂时缓和了帝国主义的矛盾，它不仅没有消除这种矛盾，反而还为下一次世界大战埋下了种子。

豪威尔最好对此有所准备。康纳将军的信心也影响了艾森豪威尔，使他觉得既然战争不可避免，那么在军队服役也就有特殊的意义，退出部队的念头打消了。

对于艾森豪威尔今后的发展方向，康纳将军建议艾森豪威尔应该设法去马歇尔手下工作。由于曾和马歇尔一起在潘兴的司令部工作过，康纳将军认为，马歇尔"比我所知道的任何人都更精于安排盟军部队的技术"。

康纳将军还预言："在未来的战争中，我们将同协约国共同作战，而据我所了解的人中，只有马歇尔具有指挥协调未来战争的艺术。他是个出类拔萃的军事天才。"

同时，为了鼓励艾森豪威尔，康纳将军也对他说："你指挥起来也会和马歇尔一样的。"康纳将军在1924年的艾森豪威尔考绩报告中写道，艾森豪威尔是"我所见过的最能干、效率最高、最忠诚的军官之一"。

而艾森豪威尔的好朋友斯维德·赫兹利特也证明了这一点。当时，斯维德·赫兹利特指挥的一艘潜艇要在巴拿马的船坞修理，于是他顺便拜访了艾森豪威尔。他发现艾森豪威尔工作和学习都很努力，特别是"驻扎在炎热和与外界隔绝的地方，大多数军官都去纳凉散心，这就显得特别不寻常"。斯维德·赫兹利特回忆说，艾森豪威尔"把二楼的门廊隔开，布置成一间简陋的书房。就在这里，他用制图板，根据教材在业余时间把古代将军指挥的战斗重演出来"。

转眼间，已经是1924年的秋天了。在获悉即将被调任时，艾森豪威尔非常高兴。尽管艾森豪威尔夫妇与康纳夫妇相处得非常融洽，他自己也从康纳将军那里学到了很多东西，但想到要告别酷热的运河区，回到离开三年的祖国，见到以前的老朋友，艾森豪威尔恨不得一下就能飞回去。

然而，回到本土，当艾森豪威尔打开命令之后，却大失所望。因为陆军部仍把他派回米德兵营，并担任橄榄球教练，他的整个心都凉了。

好在这次任务是暂时性的，在他指导的球队打完最后一场比赛后，艾森豪威尔被任命去指挥一个坦克营。而此时，他已经不再满足于从事以前的工作了，他向华盛顿的步兵司令建议，要求改变任命，能够让他进步兵学校深造，以开阔眼界，却遭到了断然拒绝。

这时，康纳将军给艾森豪威尔发去一封秘密电报，要求无论陆军部给他下达什么命令，都不要提出异议，一声不响地接受下来。没几天，对密电感到困惑不解的艾森豪威尔接到了解除他在步兵中的职务，暂时调入副官署署长办公室的命令，派他到科罗拉多去招募新兵。由于有了康纳的电报指示，艾森豪威尔压住了怒火，走马上任，在科罗拉多度过了1924年的冬季和1925年的春天和初夏。

终于，康纳将军利用在陆军部的种种关系，说服副官署长把艾森豪威尔又派往利文沃思堡的参谋学院。

听到这个消息时，对艾森豪威尔来说，不啻为天上掉馅饼，用他自己的话来说，就是"准备飞上天了——而且不需要乘飞机！"

但几乎是马上，艾森豪威尔就犹豫了。自己没有上过步兵学校，而这一点又被认为是进指挥参谋学院的先决条件。利文沃思堡参谋学院是一所竞争性很强的学院，学习成绩优良的有希望在军队中得到提升，成绩差的就注定失去任何希望。而且，有人写信劝他不要进这个学院，因为"你可能会失败，而失败将使你不能再当一名步兵军官，就此终身只能当一个训练蹩脚球员的足球教练"。

康纳将军的来信及时地消除了艾森豪威尔的顾虑，他的信中写道："你自己可能不知道，但是因为你在巴拿马的三年工作，你远比我所知道的任何人都具有资格和适合到利文沃思去。"他还说，艾森豪威尔在巴拿马每天都要写份野战命令，这样，起草作战计划和作战命令对艾森豪威尔来说再自然不过，"以至于它们成为你的第一本性"。

艾森豪威尔还是没有完全放心，他向巴顿借了在利文沃思参谋学院的笔记，仔细钻研，又弄到几本习题，做完了所有的题目。做完后，通过对答案，艾森豪威尔有信心了，因为康纳说得对，参谋工作对他来说很容易，而且他也喜欢这份工作。

于是，1925年8月，艾森豪威尔胸有成竹地到利文沃思参谋学院报到。

与西点军校不同，利文沃思参谋学院的竞争异常激烈。同一年入校的275名学员，都是来自各个单位的佼佼者，个个都是上级亲手挑选的，并且代表着各军种的荣誉。进利文沃思参谋学院对学员来说，是一种奖励，同时更是一种鞭策。

学院的培养目标不是拿破仑式的将军，而是能胜任各种工作、帮助司令官做决定的参谋军官。对于这一点，学院的手册中明确写道："大家要了解：当战争到来时，向司令官提出的关于战争的问题应当只有一个，这个问题不是他攻击了哪一翼，不是他如何使用预备队，不是他如何保护自己的两翼，而是他作战了吗？"

为了达到这一目的，利文沃思参谋学院尽一切可能创造接近实战的条件，使学员能在复杂多变的战场环境、在巨大的压力面前，克服身体的疲惫和精神的紧张，迅速而准确地做出反应，并且将学员的成绩与他们之后的前途挂钩。因此，利文沃思学院以其对学员施加压力

∧ 1926年，艾森豪威尔与家人合影。

而闻名，学员经常要学习到半夜，以至于偶尔会有人承受不了压力而自杀。

尽管艾森豪威尔并不同意利文沃思参谋学院关于参谋工作的定位，他更倾向于参谋人员应当有能力向司令官提供决策选择，如利用坦克的机动性从侧翼包围敌人，而非仅仅敦促司令官"他作战了吗"？但是，他还是愉快地投入竞争中，因为西点军校毕业后10年的阅历已经使他明白，他到利文沃思参谋学院的目的，不是提出批评，而是证明自己是上司能依靠来实现其想法的人。

凭借在巴拿马工作三年奠定的扎实基础以及得当的学习方法和刻苦的精神，当艾森豪威尔1926年从利文沃思参谋学院毕业时，他在全部275名学员中取得了第一名的好成绩。这对一位在西点毕业时成绩中等的学生以及未曾上过所属兵种学校的军官来说，确实算得上是惊人的成绩。随之而来的，是亲朋好友雪片似的祝贺电函。康纳将军为他感到高兴，艾森豪威尔的岳母也非常兴奋，来电说："孩子，我真为你高兴，现在我可以逢人便夸奖你了。"而哥哥阿瑟·艾森豪威尔甚至在堪萨斯城的米尔巴哈饭店设宴庆祝。

在这些祝贺的电文当中，巴顿的信给艾森豪威尔留下了最深刻的印象。巴顿对他的成绩表示祝贺，说，"如果一个人长久地考虑战争问题，必然能够得益；而你的脱颖而出，表明利文沃思是一所好学校"。

当然，以第一名的成绩从利文沃思参谋学院毕业，并不意味着立即就能得到晋升，特别是当上面挤满了高级军官的时候。摆在艾森豪威尔面前的选择有两个：一个是去西北地区的一所大学当后备役训练教官，工作中还包括当大学足球队教练，额外薪水为每年3500美元；另一个是到佐治亚的本宁堡去指挥一个营。由于渴望部队生活、渴望能够参加战斗，艾森豪威尔毫不犹豫地选择了本宁堡。

但是，当他到达本宁堡的时候，他才发现对他的任命是出任本宁堡的足球队教练。艾森豪威尔感到十分愤怒，他不明白为什么上级领导竟然置他在各方面的才能于不见，却只把目光盯在他执教足球队上。他强压住怒火，对司令官说他费了好大的劲，刚拒绝了3500美元的教练收入，最后的结果还是足球教练！

又是康纳将军帮助了艾森豪威尔。在赛季结束后，康纳将军把艾森豪威尔推荐给担任欧洲作战纪念委员会主任的潘兴将军。

潘兴将军具有敏锐的战略眼光。"一战"结束时，潘兴将军认为战争应以德国的无条件投降为最高目标，必须彻底消除这个战争策源地。为此，他曾致电协约国军事委员会说："从军事观点上看，是否同意德军的停战要求是一个大问题。在对协约国有利的军事条件下停火，宁愿接受一个谈判的和平的原则而不是一个强制的和平的原则，协约国将伤害他们所持的道义立场，并可能丧失机会来确保建立在持久基础上的世界和平。我认为，安全胜利只能靠继续战争直到我们迫使德国无条件投降才能得到。"但是，潘兴对德国实行全面军事占领的主张并没有被采纳。历史证明他的话是正确的。十多年后，德国果然再次成为战争策源地，并挑起了第二次世界大战。

当然，潘兴的战略眼光还表现在他对人才的挑选和重视上。他爱才，也会用才，在他手下，成长了一大批著名的将领，如马歇尔、麦克阿瑟、康纳、巴顿等都曾经是他的部下。

艾森豪威尔被叫到华盛顿，编写第一次世界大战美国在欧洲的战场手册。这不是一项挑战性十足的工作，材料是部队史、军事地图、作战报告、年表和图片，工作也无非是剪刀加糨糊。但因为要在6个月之内完成，还是有一些压力的。

编写欧洲战场手册的任务很快完成了，艾森豪威尔按时上交了欧洲战场手册。潘兴将军对此很高兴，他表扬艾森豪威尔说："不仅能够有效和及时地完成全部工作，而且在处理许多细节方面，都表现出卓越的才能，他所取得的成绩完全是运用非凡的智慧和恪尽职守所致。"

尽管潘兴将军对战场手册表示赞许，艾森豪威尔的办公室也靠近潘兴将军的办公室，但两人并没有建立起像他与康纳将军之间的那种亲密关系。也许，一方面是由于潘兴将军的性格，他是一个冷淡和一本正经的人；另一方面，两人的年龄和军衔差距太大，两人相差30岁，艾森豪威尔不可能越过众多比他军衔高的军官与潘兴将军有更多的单独接触机会。

但是，两人还是保持了良好的工作关系。艾森豪威尔非常尊敬潘兴将军，每逢他的生日，艾森豪威尔总是不忘发一份祝贺电。在潘兴将军病逝的前几年，艾森豪威尔也经常到病房探望他。

1948年，潘兴将军去世，艾森豪威尔也去华盛顿参加了葬礼。然而，葬礼还没有结束，就突然天降大雨。等候在路旁的汽车纷纷开到送葬队伍的前面，打算接走高级官员。但是，艾森豪威尔却拒绝上车，坚持到葬礼结束，因为他认为这是最后一次与潘兴将军同行。

当然，另一方面，潘兴将军也很欣赏艾森豪威尔的才能，并非常信任他。特别是当潘兴在撰写回忆录方面遇到困难时，他第一个想到的人就是艾森豪威尔。他让艾森豪威尔阅读他的手稿后再提出建议。由于潘兴将军的回忆录只是将日记加以扩充，因此无法按时间先后连续介绍历时很长的战役。对此，艾森豪威尔建议采用叙述的方式进行，并按照潘兴的要求改写了几章。潘兴将军读完之后，感到很高兴，并说他喜欢这样写。但是，潘兴将军对艾森豪威尔说，这种事情他总是要征求马歇尔的最后意见，并要把艾森豪威尔写的那几章拿给马歇尔看。

马歇尔看了改写的回忆录几天后，来到了艾森豪威尔的办公室，这也是两人的第一次见面。马歇尔像潘兴将军一样，态度生硬，一本正经。他对艾森豪威尔说，尽管他认为艾森豪威尔写得很有意思，但他认为采用日记的形式会让潘兴将军更高兴。由于马歇尔坚持己见，艾森豪威尔的解释没起什么作用。最后，潘兴将军的回忆录还是以日记的形式完成了，但由于内容不连贯，很多读者无法理解。

作为对艾森豪威尔工作的奖赏，潘兴将军推荐他进麦克奈尔陆军大学深造。麦克奈尔陆军大学是军官毕业后进修的最高学府，任务是培养高级指挥人才。实际上，与利文沃思参谋学院不同，能进麦克奈尔陆军大学更多是一种奖励。因为学员既不考试，也不评分，主要活动是听政府官员和军队领导们做关于世界形势的报告，以扩大学员们的眼界，因为这些学员将来大多要从事高级指挥工作。

1928年6月，艾森豪威尔从麦克奈尔陆军大学毕业。至此，他完成了陆军一系列的所有正规教育。

这时，又有两条道路摆在面前供他选择：一是进参谋部，二是作为欧洲作战纪念委员会

< 艾森豪威尔夫妇与爱子约翰在巴拿马。

EISENHOWER

的成员在法国修订那本欧洲战场手册。考虑到进参谋部对他今后的发展有很大好处，艾森豪威尔想选择参谋部。但是，太太梅蜜这次却坚持要去巴黎，她渴望能在充满浪漫气息和异国情调的巴黎待上一年。

于是，艾森豪威尔让步了。

在法国的 15 个月很快就过去了。1929 年 11 月，艾森豪威尔一家又回到华盛顿，他被派到陆军部助理部长办公室工作。

之前一个月，美国的证券交易所倒闭，经济危机爆发。而太平洋的复杂局面加剧了世界经济危机。国际舞台上的政治力量越来越清楚地形成新的对比。事态的发展对已经建立的集团和联盟产生了新的变动。有一点必须明确，即如果发生世界性的冲突和美国参战的话，那么美国必须解决动员美国的军事经济资源这一复杂问题。陆军部助理部长办公室的任务就是负责制订下一场战争中美国工业和人员的动员计划。这是一项与时代很不合拍的工作，因为经济危机的爆发导致了美国经济历史上最萧条的三个年头。

艾森豪威尔花了很多时间同各方面的大企业家交换意见，但那些人几乎没有一个认真地对待艾森豪威尔少校。因为那些人认为现在他们需要的是集中力量对付经济危机，而不是讨论将来甚至不可能发生的战争。

与这些不顺心相比,更让艾森豪威尔感到不满的是当时的参谋长查尔斯·史沫莱尔将军对他们工作的蔑视。参谋长下令禁止任何人进入陆军部助理部长办公室,禁止与艾森豪威尔和乔治·范·霍恩·莫斯利少将接触。

莫斯利少将是艾森豪威尔在陆军部助理部长办公室里的顶头上司,曾当过潘兴将军的军需主任,并与麦克阿瑟是好朋友。尽管莫斯利少将是一个有着极右思想和极端反犹太主义思想的人,经常说一些激进的话,诸如由陆军部把所有的共产主义分子都抓起来送到苏联等,但艾森豪威尔与他相处得仍然非常好。艾森豪威尔知道如何在他谈起这些事情时,转换话题或不加评论。

生活与工作相比还是比较舒服的,尽管由于经济危机,艾森豪威尔的薪水确实减少了一些,但由于节俭,一家人的生活还是过得比较滋润的。

很快,一切有了转机。1930年秋季,麦克阿瑟接替史沫莱尔担任陆军参谋长。随着人事的变动,陆军部助理部长办公室恢复了生机。同年,美国国会成立了“战争政策委员会”,以研究“一旦发生战争时应遵循的政策”和“如何平均负责战争费用”。这时,陆军部的战时动员计划显然是该委员会关心的中心问题,麦克阿瑟得到通知,将由他负责制订这项计划。

自然,这项计划落到艾森豪威尔和莫斯利头上。年底,他们完成了计划,该计划包括很多内容,如物价控制、优先事项、对外贸易、征用工厂、建立专门的政府高级机构以及对工业、人力、征兵和公共关系实行集中领导这个最重要的问题等。麦克阿瑟在批阅这个计划时,非常满意,便很想知道作者是谁。于是,有人向总参谋长说出了艾森豪威尔的名字,这样,40岁的艾森豪威尔与50岁的麦克阿瑟第一次见面了。

>> 将近天命之年的中校

在陆军部的日子,艾森豪威尔接触到了对他今后影响最大的两个人——麦克阿瑟和马歇尔。

能认识这两位杰出的将军,并在他们手底下工作,是艾森豪威尔的幸运。

麦克阿瑟于1880年1月26日出生在阿肯色州小石城的一个将门之家,他的父亲老麦克阿瑟在美国与西班牙的战争中曾担任入侵菲律宾的美军司令,母亲是一名巨贾之女,一副贵族派头。从小麦克阿瑟就在母亲的教育下,树立了“命中注定”成为像父亲一样的伟人的坚定信念,有着很强的家庭观念和自尊心。麦克阿瑟13岁进入西得克萨斯军校,经过4年的学习,以优异的成绩毕业。两年之后,1899年6月又进入西点军校。1903年以全班第一名的成绩毕业后不久,被派往菲律宾,给当时任美国驻菲律宾军事长官的父亲老麦克阿瑟当随从参

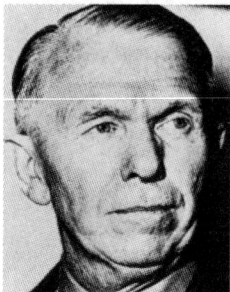

谋。1921 年，老麦克阿瑟去世后，他被调回华盛顿的陆军部。第一次世界大战后，麦克阿瑟很快便担任了第 42 师参谋长，晋升为上校，并于 1918 年 2 月，编入潘兴将军率领的美国远征军，开赴法国洛林南部参加世界大战。麦克阿瑟是第一次世界大战中涌现出来的受勋最多的军官之一，共获得两枚服务优异十字勋章、一枚服务优异勋章、七枚银星勋章、二枚紫心勋章以及数枚法国授予的勋章，是法国"尽人皆知的美国军人"。第一次世界大战后，麦克阿瑟被委任为西点军校最年轻的校长，因其对西点军校做了一番彻底的整顿改革，使西点军校开始了现代化军事教育，而被誉为"西点军校之父"。1925 年 2 月，他被提升为少将，是美国陆军中最年轻的将军。1928 年夏天，麦克阿瑟出任美国驻菲律宾部队总司令。1930 年 11 月 21 日，麦克阿瑟宣誓就任美国陆军参谋长，成为美国历史上最年轻的参谋长。

马歇尔于 1880 年 12 月 13 日出生在宾夕法尼亚州的一个采矿公司的业主家庭。由于儿时品性顽劣和学习上不求上进，吃了不少父亲的柳条棍，并在 17 岁时被父亲强迫送进了弗吉尼亚军事学院。毕业后，利用父亲的关系，被授予陆军少尉军衔，成为美国驻菲律宾总督老麦克阿瑟手下的一名陆军军官。尽管他为能在著名的老麦克阿瑟手下服役感到自豪，但日后，也正是老麦克阿瑟的儿子麦克阿瑟在他的晋升过程中，处处作梗，使他几乎无法实现成为将军的梦想。1932 年底，麦克阿瑟命令担任南卡罗来纳州莫尔特里堡驻军司令的马歇尔去指挥伊利诺斯州的国民警卫师。因为国民警卫师不是正规部队，一个正规军官去那里服役，是不在晋升考虑之列的。后来，在潘兴将军的四处游说之下，麦克阿瑟参谋长卸任之后，马歇尔才开始时来运转。1936 年 8 月 24 日，他终于戴上了渴望已久的准将军衔。1938 年夏，马歇尔被提升为陆军副参谋长，一年后担任陆军参谋长。而第二次世界大战爆发后，麦克阿瑟倒成了他手下的一名战区司令。

自然，除了出身和经历的差异外，麦克阿瑟和马歇尔在性格方面也是不一样的。麦克阿瑟夸夸其谈，服饰华丽，以自我为中心，有着强烈的党派观念，喜欢介入政治争论。而马歇尔则说话平稳，衣着保守，为人谦逊，不轻易表扬人，严格地超党派，不愿意介入政治纠纷。尽管两人都当过罗斯福的参谋长，但他们对军队首脑与总统的关系的看法，却大

∧ 出任美国陆军参谋长的麦克阿瑟。

相径庭。麦克阿瑟认为军队首脑与总统之间是对抗关系，而马歇尔则认为军队首脑对总统应持完全支持的态度。此外，他们还在欧洲和亚洲对美国的重要性问题上意见不一。其结果之一便是使军队和参谋部分成麦克阿瑟派和马歇尔派。前者主张"亚洲第一"，后者则相反。

不过，艾森豪威尔与麦克阿瑟的私人交往要比与马歇尔的关系亲密得多。艾森豪威尔和麦克阿瑟经常互相打趣，但同马歇尔却很少这样做。马歇尔是弗吉尼亚军事学院毕业的，对陆海军橄榄球比赛谁取得胜利并不十分关心。而艾森豪威尔和麦克阿瑟却因都毕业于西点军校，因此对西点橄榄球队的胜败异常关心，每年秋季他们都热烈讨论陆海空比赛的前景和结果。艾森豪威尔夫妇同马歇尔夫妇几乎没有什么社交往来，却经常和麦克阿瑟及其夫人琼一起参加舞会和宴会。

尽管艾森豪威尔与麦克阿瑟的意见经常不一致，并因此致使一些人猜想麦克阿瑟对艾森豪威尔很刻薄，但艾森豪威尔却对麦克阿瑟有着相当公正和客观的评价。在退休后的一次记者采访中，艾森豪威尔说他一直"对于在麦克阿瑟手下工作所获得的行政经验非常感激"，甚至说如果没有这种经验的话，他就不可能"去担负起战争时期的重大任务"。对于外界对两人关系不睦的猜测，他还指出"我们之间显而易见的对立情绪被夸大了，在密切地共事了7年之久的两个人之间，必然有着一条强有力的纽带"。

在回忆录中，艾森豪威尔把麦克阿瑟描绘成"果断、很有风度、知识极其渊博并有着非凡记忆力的人"，说马歇尔、麦克阿瑟和他三个人之间，只有麦克阿瑟能在演讲稿或报告读过一遍后，便能逐字逐句地背出来。当然，艾森豪威尔也承认麦克阿瑟是出名的自高自大，"绝不能见到天上还有另外一个太阳"。

不管怎么样，艾森豪威尔还是从麦克阿瑟那里学到了很多东西。特别是当麦克阿瑟在某个问题上采取了某种立场以后，他便固执地坚持这种立场。他掌握问题的全部细节，并采用合乎逻辑地摆出事实的方法来坚持自己的观点，因此谈起来就非常有权威。于是，自觉不自觉地，艾森豪威尔在战

∧ 1932 年时的麦克阿瑟。

时和担任总统时，在辩论中总是效法麦克阿瑟。

　　1932 发生的美国退伍军人退役金请愿事件，算得上是艾森豪威尔在陆军部期间所经历的最惊心动魄的事件，通过观察麦克阿瑟处理该事件的全过程，艾森豪威尔得到了卷入党派政治的危险的最生动的教训。

　　这年 7 月，第一次世界大战时期的老战士为要求改善物质条件状况举行了有名的游行进军。当时在华盛顿街头聚集了两万多人，他们都是失业的退伍军人，想提前领取答应在 1945 年才支付给他们的参战退役金。平均每份金额为 1000 美元。1931 年，国会不顾胡佛总统的否决，规定发放一半退役金。第二年，当国会考虑为发放另一半退役金订立法案时，退役金请愿者来到华盛顿，要求国会通过该立法。为此，请愿者住在宾夕法尼亚街上弃置不用的财政部楼房里和安纳科西亚沼泽地上"用捡来的材料、铅皮桶和旧木板搭成的可怜的小棚屋里"，希望法案通过后再回去。

　　在被包围的胡佛政府看来，这些退役金请愿者是"在国会所在地向政府发起进攻的布尔什维克主义的威胁"。麦克阿瑟更是认定，"这次运动的意义和危险性，实际上远远超过想从濒于枯竭的国库索取金钱的作为——红色组织者渗入了退伍军人组织，并立即从那些不了解情况的领导人手中，接过了指挥权""是共产党人煽动的革命行动"。然而，艾森豪威尔对此却有着不同的看法，"事实上"，他写道，"他们中间大多数人，尽管可能受到一些煽动者的蛊惑，但都是安分守己的，他们进行游行，都是为生活所迫。"

　　然而，麦克阿瑟还是想方设法证明请愿者与共产党有联系。他要求全国各地的高级军官向他提供与退役金请愿者一起进军华盛顿的、已知的共产党人的名单，但答复却是没有一个人知道。尽管缺乏证据，但是参谋长和胡佛政府还是从最坏的设想出发，仍决定用暴力把聚集在财政部楼房里的1100名左右的退伍军人赶走。

　　7月27日，政府对华盛顿警察局下达驱逐令，警察在第二天早晨9点开始了驱逐行动。于是，退伍军人与警察之间发生了暴力冲突。请愿者掷了砖头，警察开了枪，结果造成两名退伍军人死亡，三名警察受伤。

　　在这种情况下，胡佛政府召见了陆军部长赫尔利，要求军队支援。下午2点55分，赫尔利命令麦克阿瑟派遣军队"立即前往骚乱现场——包围骚乱地区，并毫不迟疑地平息骚乱"。

　　于是，早就对此跃跃欲试的麦克阿瑟立即整队出发，并要亲自随队前往。

　　艾森豪威尔却敏感地意识到，军队不应该参与这一行动，他提醒麦克阿瑟说："将军，我个人认为您没有必要亲自前往。"

　　"嗯？"麦克阿瑟很不耐烦，"艾森豪威尔先生，你又有什么高见？"

　　"将军，这次行动不但对改善老兵的境遇没有多大帮助，而且可能会有损政府和军队的威望。如果您亲自出马，恐怕……"

　　艾森豪威尔的话没有说完就被打断了。"你懂什么，马上就要爆发革命了，共和国处于危急之中，"麦克阿瑟的语调中掩盖不住将又一次成为新闻人物的兴奋，"这些老兵中肯定有共产党，我必须亲自去解决这一问题。"

　　同时，他还命令艾森豪威尔说："我命令你马上穿上制服，和我一起去。这是历史赋予我们的使命！"

　　当麦克阿瑟参谋长和艾森豪威尔少校等人出现在宾夕法尼亚街头时，形成了一幅引人注目的画面，几十个摄影记者都抓住了这个机会。艾森豪威尔和其他一些下级官，外套上都没有佩绶带和勋章；麦克阿瑟的胸前却挂满勋章，相比之下，显得特别神气。麦克阿瑟身穿礼服，腰系武装带，下穿马裤，足登锃亮的马靴。在所有拍摄的照片上，艾森豪威尔情绪沮丧，而麦克阿瑟则兴高采烈。

　　军队采取了连续行动，他们阻挡示威游行的人们，并向那群饥饿的、衣衫褴褛的、手无寸铁的老战士开枪。

　　这是美军史上的奇耻大辱，但麦克阿瑟却洋洋自得。他不顾胡佛总统的命令，一直把请愿者赶过了安纳科西亚河，并穷追不舍。

　　镇压结束后，艾森豪威尔再一次提醒麦克阿瑟，"如果不是为了显示勇气，回避记者是上策。因为这次军队的行动不是军界的决定，而是政界的命令，我认为只应该由政治官员向报界发表谈话"。

麦克阿瑟却不肯放弃这次出头露面的机会，他在晚上11点如期举行了记者招待会。会上，麦克阿瑟又肆无忌惮，信口开河，说："那班暴徒，看上去叫人讨厌，不安分的天性使军警激动起来。"

结果，美国军警对退伍军人的残酷镇压，受到国内外舆论的强烈谴责。而麦克阿瑟的表现又使人们认为是他个人做出决定把退伍军人赶出宾夕法尼亚街的，一时间，麦克阿瑟在大多数人心目中成为残暴的人。这次事件使艾森豪威尔更害怕极端主义，更本能地回避各种争论。

血洗老战士是艾森豪威尔在第二次世界大战开始前参加的唯一的"军事"行动，他因此被授予一枚奖章。对于他在这一事件中的表现，一位传记作者说："那时艾森豪威尔少校已经显示出逐渐成熟的品质。他曾多次劝说麦克阿瑟不要指挥这次镇压行动。事后，他又巧妙地躲避了记者对他的采访。"

7个月之后，1933年2月，麦克阿瑟调任艾森豪威尔做他的私人助理。艾森豪威尔给麦克阿瑟起草演讲稿和信件，并帮助他准备参谋长的年度报告。对艾森豪威尔在这方面的表现，麦克阿瑟非常满意，他在一份报告的批语中对这位助理倍加赞扬道："亲爱的艾森豪威尔，你完成的工作很出色，远比我本人写得精彩，深为感谢。"在艾森豪威尔的考绩报告中，麦克阿瑟写道："在军队中，该军官的同辈中，没有一个人能比得过他……在精力、判断能力和接受任务等方面尤为突出。"

为了实现参战的目的，艾森豪威尔曾多次要求离开华盛顿和参谋部，到部队去当一名战斗兵种的军官，但是麦克阿瑟就是不肯放他走。1935年，麦克阿瑟的参谋长任期届满了，艾森豪威尔看到了去野战部队服役的希望。然而，现实还是给了他当头一棒。

1935年，美国国会通过了泰丁斯—麦克达菲法案，批准1889年占领的菲律宾于1935年实行联邦政体，到1946年7月4日完全独立。美国打算在1945年美军全部撤出菲律宾之前，"援助"该国建立一支足以自卫的军事力量，使这块势力范围不至于落入敌人之手。这时，即将离任的陆军参谋长麦克阿瑟就成为最佳人选——麦克阿瑟曾经有过与父亲一起在菲律宾工作的经历，与菲律宾总统奎松是好朋友，更重要的是，他需要一条退路，他打算用"帮助缔造一个国家"的方式来度过他的最后10年的服役期，并坚持要艾森豪威尔一起去，当他的助理。

艾森豪威尔一想到又要干几年参谋工作就叹气，但他又"不便和参谋长争辩"。更倒霉的是，太太梅蜜讨厌炎热的天气，借口约翰要上完小学而没有随艾森豪威尔一起前往。于是，1935年10月，麦克阿瑟与独自一人的艾森豪威尔以及一名副官——艾森豪威尔西点军校的同学詹姆士·B·奥德少校一起，搭乘"胡佛总统"班船来到了菲律宾。

不过，艾森豪威尔生性是乐观的。想到自己毕业时曾渴望去菲律宾服役，这一愿望终于在20年后实现了，而且白手起家组建一支部队也是很有趣的工作，加上还有额外的薪水——

> 麦克阿瑟在街头处理退伍军人事件。
> 1935年，麦克阿瑟赴菲律宾履任时受到当地官员的欢迎。其身后左三为艾森豪威尔。

一菲律宾政府每月为麦克阿瑟提供3000美元的补助，艾森豪威尔980美元，外加一切开销费用。由于当地生活费用很低，这样，可以在马尼拉过一种比较豪华的生活，艾森豪威尔的心里稍微有些平衡。这一点，所有在菲律宾服过役的军官都有共识。当后来艾森豪威尔从菲律宾回到国内遇到马歇尔时，马歇尔的第一句话就是："艾森豪威尔，你回国后是否已经重新学会了系鞋？"艾森豪威尔咧开嘴笑着回答道："学会了，不管怎样，我会干那种活了。"

　　当然，更重要的是，麦克阿瑟认为离不开他，这一点让艾森豪威尔心里很高兴。麦克阿瑟在1935年9月30日给了他一封信，赞扬他"成功地完成了不少艰难的任务，而许多工作需要全面掌握军事知识，并需要逻辑分析能力和强有力的语言表达能力"，感谢他"愉快和有效地致力于许多困难重重、而且常常必须全力以赴的任务"。同时，麦克阿瑟认为艾森豪威尔已经完全具备指挥部队的能力和经验，并向他保证他的经历对他将来当司令官很有价值。

　　也许，麦克阿瑟说的没有错。然而，艾森豪威尔在陆军部的几年中，麦克阿瑟却从来没有给过他任何晋升，而且不止一次拒绝了其他部门的首长调用艾森豪威尔的请求，使他错过

< 艾森豪威尔夫妇与儿子约翰在一起。

了许多次晋升的机会。

在菲律宾，艾森豪威尔参加了建立军事学校、组建空军、组织城市居民进行军事训练和制订岛国的国防计划以防战争等工作。由于太平洋战争日益迫近，他们所进行的工作是具有重大意义的。

艾森豪威尔在工作之余能够挤出时间从事自己习惯了的娱乐活动——桥牌和高尔夫球。菲律宾总统曼努埃尔·奎松是个牌迷，于是，每个周末被总统邀请的人员名单中几乎总是有艾森豪威尔的名字。但是，除了牌局，艾森豪威尔吸引总统的是他谙熟军事，容易与人接近，为人坦诚，对这一点，奎松总统曾高度赞扬他说："在他的全部优秀品质中，我最称颂的是，我不论何时向艾克征求意见总会得到答复。回答可能会使我不高兴，也可能不是我乐意听到的，却始终是坦率的、诚心诚意的答复。"

1936年，约翰从8年制学校毕业，梅蜜和约翰终于乘船来到了马尼拉，一家人团聚了。还有一件令艾森豪威尔感到宽慰的事情。1936年7月1日，在他和梅蜜的20周年结婚纪念日，他也终于得到了中校军衔，这是他在得到少校军衔16年之后的首次晋升。

1939年1月，艾森豪威尔在日记中曾写下了他对幸福的见解："只有在工作中感到幸福的人，才能在家中、在朋友中感到幸福。所谓工作的幸福，是指工作的人必须知道工作是值得去做的，工作适合他的脾气，并最终适合他的年龄、经济和执行高要求任务的能力。"

以此标准衡量，在菲律宾的生活并不符合艾森豪威尔对幸福生活的要求。特别是当好朋友、与他一起来菲律宾的奥德中校于1938年1月30日因飞机坠毁而去世后，艾森豪威尔更感有些心灰意冷，他写道："从那以后，更多的工作计划落到我的肩上，但是我的朋友不在了，一切都变得索然无味。"更为重要的是，他与麦克阿瑟的分歧越来越明显，关系也开始变得疏远和冷淡，艾森豪威尔越来越难以容忍麦克阿瑟的坏脾气。

1939年9月1日，希特勒入侵波兰，英法对德宣战，第二次世界大战正式爆发。在菲律宾过着悠闲舒逸生活的艾森豪威尔深信，他的祖国不可避免地要卷入这场战争，他一定要回去报效祖国。为此，他积极争取确定了回国的日期，并向麦克阿瑟将军提出辞去菲律宾职务的请求。

"将军，"艾森豪威尔说，"我认为美国在这场战争中不会长期袖手旁观。为此我要求尽快返回美国。"

麦克阿瑟认为，艾森豪威尔已经在菲律宾干了4年，熟悉这里的情况，在这里工作比回国更有价值，开始是斥责艾森豪威尔在做蠢事，后来发现艾森豪威尔去意坚决时又想挽留他。但此时，麦克阿瑟已经无法再阻止艾森豪威尔了。

在1939年12月13日艾森豪威尔启程之前，奎松总统也曾试图说服艾森豪威尔留下来。奎松总统交给艾森豪威尔一张继续留下来工作的空白合同，并且说："我们将把旧的合同撕掉。这一张我已经签过字并且填好，只有你留下来工作的酬金没有填，至于酬金的多少，你可以自己填进去。"

但这一切都没有使艾森豪威尔改变主意，他谢绝了奎松总统的盛情，解释说："钱再多也不能使我改变主意，我已把整个一生献给我的国家和我的职业。如果我担心的事显然发生了，我要在那里。"

12月12日，在马拉卡尼扬宫，奎松总统为艾森豪威尔举行了盛大的欢送宴会，并授予艾森豪威尔菲律宾卓越功绩星勋章，以表彰他的"非凡才能、专业造诣、广博见识、热忱以及具有吸引力的领导才能"。

第二天，在码头上，麦克阿瑟和夫人亲自到码头送行，并送给艾森豪威尔一瓶威士忌，两人之间的争执结束了。以后几年他们两人还不时交换信件，直到艾森豪威尔职位的升迁，两人之间才出现了不服气的话语。这次分别之后，至1946年，他们才再次会面。但那时，艾森豪威尔已经是参谋长了，不习惯的新关系使会面显得冷淡、生硬和拘谨。

邮轮开动了，艾森豪威尔长出一口气，在菲律宾四年的折磨结束了！有一个光辉前程固然好，但更好的是他终于有机会回到祖国一展身手了。想到这里，他伸手搂住了由于回家而感到高兴的梅蜜。但他自己也不知道，当他挥手告别时，他今后的前途会达到什么程度。

∧ 艾森豪威尔在菲律宾。

第二章

奠定胜利的建言

1890-1969 艾森豪威尔

艾森豪威尔的希望是退休前提升为上校，然而战争年代的脚步改变了他的人生，

一年之内他从中校晋升准将，并对美国在第二次世界大战中的全球战略决策提出

建言。随后，奇迹在他的生命历程中接连出现……

>> 战争的脚步改变着一切

在返回美国的途中，儿子约翰向艾森豪威尔谈到了他的未来。当时约翰已经17岁了，他打算像父亲一样进西点军校。

对于儿子的选择，艾森豪威尔的感情很复杂。一方面，他为儿子的选择感到高兴。另一方面，他不清楚儿子是否真正了解自己所从事的职业，而且他个人也觉得如果约翰能成为律师、医生或者商人的话，可能会得到更大的发展。为此，他结合自己的经历，向约翰讲述了如果进入军界他可能遇到的问题。

"在军队中，事情的安排与地方不大一样，"艾森豪威尔说，"一个军官不管他多优秀，也不管他的工作多么努力、多么好，他的提升受到资历的严格限制。"

以自己为例，艾森豪威尔指出，从1911年起，他一直在军队内，在过去的29年期间，尽管他一直受上级的表扬，并且被认为是像他这样年龄和级别的军官中最优秀的一类。他进过部队的初级指挥学院，以优异的成绩毕业于指挥参谋学院，并到高级指挥学院深造过。但这些对他的提升却不起丝毫作用，资历限制着他的晋升。以此速度发展下去，艾森豪威尔可能要到1950年才能获得上校军衔，那时，他已经60岁了，陆军部是不会把那些离规定退休年限很短时间的上校提升为将军的。艾森豪威尔非常坦率地告诉儿子，他获得星级军官的可能性"等于零"。

然而，对于约翰提出的问题，为什么他还能继续待在军队中，艾森豪威尔解释说，他发现军队中的生活"非常有趣……它使我能与有能力的人、高尚的人和对祖国有高度献身精神的人接触"。艾森豪威尔说，他不为提升问题而苦恼自己，尽管他确实曾经为提升问题而对陆军的晋升制度不满。但在儿子面前，他显得很豁达，他说"尽自己最大努力去做的人才会得到真正的满足。我在军队里的愿望是，使每一个我为他工作的人在我被调动工作时感到遗憾"。

当然，艾森豪威尔还是强调了与西点严格的军校纪律相比，其他学校相对来说比较轻松。

回到美国后，艾森豪威尔的哥哥埃德加向约翰许诺："我出钱送你上大学读四年书，毕业后再修三年法律，学成之后，到我的律师事务所工作。我保证付给你至少两倍于一个军官所能得的工资。"同时，埃德加还补充说："如果你有能力另辟生路，我还可以全力支持你创办自己的事务所。"

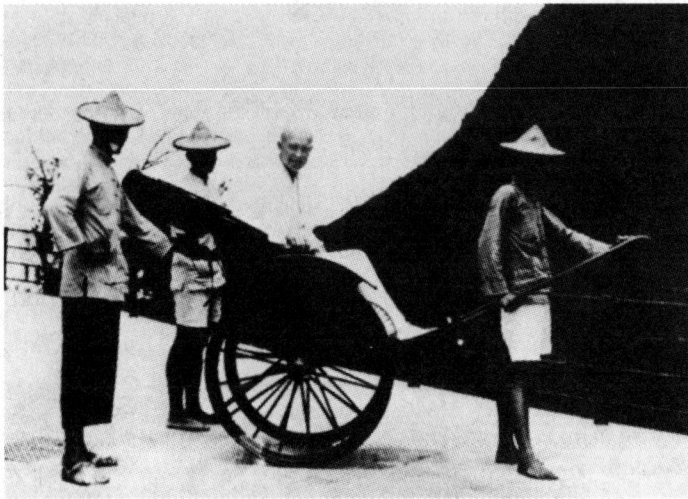

∧ 1938 年，艾森豪威尔在中国香港。
> 在国内积极备战的美国军人。

　　约翰这时候已经不需要像父亲艾森豪威尔那样为获得免费的高等教育而被迫选择军校了，他前面的选择可谓多姿多彩。但是伯父的建议并没有让他心动，约翰谢绝了伯父的好意，他去西点军校的决心并没有因为父亲和伯父的劝说而有一丁点儿动摇。

　　约翰调皮地耸了耸肩膀，说："埃德加伯伯，感谢您的一片好心，我决定到西点军校碰碰运气。"

　　事后，约翰向艾森豪威尔解释说："亲爱的爸爸，每当您谈起自己的军旅生涯，您总是流露出满意的神色来，并且为自己能够同高尚杰出的人物交往而自豪。我的选择就是受您的影响，您的所作所为使我下定了决心。"

　　约翰顿了顿，接着说："如果我在解甲归田之日能够像您这样指点江山的话，那我就没有什么可后悔的了。我和您一样，绝不会为职位的升降变迁而苦恼。"

　　听到这些话，艾森豪威尔的眼角有些湿润了。约翰的决定不仅仅是他自己的选择，而且进一步证明了艾森豪威尔对事业的选择是正确的。尽管艾森豪威尔并不需要别人为他证明什么。约翰选择军队，不仅仅是因为在军营中长大，也绝不是一时的感情冲动，而是对他29年部队生活的理解。尽管到现在为止，他还没有实现自己的理想，他在为麦克阿瑟工作时受到许多挫折，但他仍对未来寄予希望，而希望又从下一代茁壮成长起来。

　　艾森豪威尔告诉约翰，他期待着能够提升为上校后退休，他接着说，"当然，出现紧急情况时，什么事情都可能发生的——但是我们在谈事业，而不是在谈奇迹"。

1940年，第二次世界大战已经进入第二年，紧急情况出现了，也许奇迹即将发生。

　　的确，当时的美国正处在做出重大军事和政治决定的前夕，美国参与战争的迹象越来越明显，各地都在积极训练后备军。1940年2月，艾森豪威尔被委派到驻加利福尼亚的第15步兵团担任副团长，并兼第1营营长。

　　此时，艾森豪威尔可谓如愿以偿。他正式摆脱了长达8年的坐办公室做参谋或助理的工作，不用再从事军事计划的制订和答辩，而是投身部队，与士兵和武器这两个基本要素打交道。他认为，正当世界大部分地区已经发生革命，并且美国越来越可能卷入这场战争的时候，再没有一个职业军人能寻找到比他更好的职务了。他有一种兴奋感，称1940年是他参军以来"最称心如意的一年"。尽管他已经50岁了，身体还非常健康结实。大多数人认为，他看上去比他的实际年龄要年轻10岁。部队工作和野外生活，使他恢复了旺盛的精力。他有着宽阔的胸脯和肩膀，运动员一样的健美体形。他全身都生气蓬勃，行走时步履轻松，双目炯炯有神。唯一的美中不足是他的头顶差不多全秃了，只有几缕浅棕色的头发披在后脑勺和脑袋两侧。有人说艾森豪威尔秃顶反使他的相貌显得更英俊，也许是因为他大而多变的嘴起陪衬作用。他仍旧保持着富有感染力的开怀大笑，思想活跃，思路敏捷，说话滔滔不绝，表现出充分自信。

　　艾森豪威尔的工作是帮助训练美军部队，要求这支部队在战争一旦爆发之后，既能够承担防御敌人袭击的任务，也可以作为回击的先锋力量。当时，训练部队和扩充部队这项任务正在参谋长马歇尔将军的领导下进行。计划在1939年至1942年，把军队的数量由19万扩充到500多万。同时，采用全新的武器装备系统，并进行彻底的组织、纪律和战术方面的改革。

　　在组建新军中，艾森豪威尔恪尽职守，每天工作18个小时。他制定出训练时间表，进行视察，给新任命的下级军官上课，领导野外演习，研究欧洲战争的经验教训，并以此改进部队的装备和战略战术。

　　艾森豪威尔非常重视士气，并尽他所能地鼓舞和保持士兵的高昂士气。他认为，"只有每个人了解下达命令的原因和目的，他们才愿意，或能够最有效地进行战斗"。因此，无论他走到哪里，他都注意和士兵们打成一片，听他们发牢骚，对他们进行耐心地解释，并给他

→

★装甲师

装甲师是各国陆军地面部队中以坦克为主要装备的诸兵种合成的基本战斗兵团。它由若干个坦克团、旅以及摩托化、机械化步兵团和勤务保障分队组成，可在陆军或集团军的编成内战斗，也可单独执行进攻防御战斗任务，是装甲兵部队固定编制的最高单位，是陆军中最具强大突击力的部队。1935年10月，法西斯德国最早成立了装甲师。"二战"爆发后，德军在波兰、西欧战役首次集中使用装甲师，充分显示了装甲师的战斗威力。以后，各国均开始组建装甲师。

们解决实际问题。他不允许由于偏袒或不公正而导致士气低落，并尽力公正地对待士兵。当然，艾森豪威尔也不是一味地祖护和纵容士兵，而是随时严格要求他们，因为他相信"军队不能娇生惯养，那样只能宽容和鼓励无能"。

在训练方面，艾森豪威尔主张部队尽量从实战需要进行训练。为此，他坚持让已经精疲力竭的士兵们继续操练，以寻找将来可能在战时暴露出来的弱点，这也与他平时多流汗、战时少流血的观点是一致的。

那段时间里，艾森豪威尔的脑子里被许多事情占据着：训练计划的制订、新装备的抵达时间、训练营新兵的接收等。在闲暇之余，他也会考虑到自己的前途。对于自己，他认为"自己是合格的，有资格指挥一支部队"，追求晋升不应该成为目的。他觉得自己确实是喜欢部队，而"长期、艰苦的战争……将把沉溺于无聊的妒忌、个人恩怨的这类人物送进坟场，而使那些考虑工作胜过考虑个人晋升前景的人，涌现出来"。

1940年9月，艾森豪威尔对一条消息感到很高兴。驻本宁堡的第2装甲旅旅长巴顿写信告诉艾森豪威尔，很快就要成立两个装甲师★，这在美军历史上尚属第一次，巴顿希望指挥其中一个师，并希望艾森豪威尔能在他的领导下工作。艾森豪威尔立即回信说："这太好了。我想，在你的师中指挥一个团。这或许是奢望，因为我差不多还有3年时间才能得到上校军衔。但是我想，我能很好地指挥一个团。"巴顿回信说："我要请你或者担任参谋长(这是我所希望的)，或者当团长。你可以告诉我，你想担任哪一种职务，因为不管怎样，我们在一起会成功的。"

巴顿的话让艾森豪威尔开始思考自己的将来，他知道在全军中，他享有"卓越参谋军官"的声誉。许多在各地任职的朋友告诉他，这位或那位将军，曾寻求他担任师的甚至军的参谋长。然而，正是由于这一名声、这一特长，将极可能使他像1918年那样两次失去参加战斗的机会。想到这一点，他就痛苦得几乎不能忍受。为了避免被抽调去做参谋工作，他给陆军部所有的朋友写信，请求务必让他留在15步兵团。同时，10月底，他向在华盛顿的马克·克拉克透露了他的志向，想在巴顿领导下指挥一个装甲团。为此，他请克拉克去见参谋长，帮助他实现这一愿望。

∧ 准备参加演习的美军部队。

1940年11月1日，当巴顿再次写信劝他快点申请调动时，他焦急万分。巴顿说："如果你有门路，就要走门路，因为很快这个军将有10个新来的将军。"10个将军！一个仅仅是中校的人怎么能与10位将军竞动？艾森豪威尔申请调动，肯定会因他的军衔太低而遭到拒绝。这时，两种担心一直缠着艾森豪威尔：一是担心军衔太低影响他提升作战指挥官；二是担心声誉会让他去做参谋工作。

没过多久，这种担心变成了现实，陆军作战计划处处长杰罗发电报说，拟邀请艾森豪威尔到作战计划处工作，并要求艾森豪威尔迅速做出答复。

艾森豪威尔给杰罗写了一封长达三页、密密麻麻的信。表示尽管自己非常愿意杰罗做他的上级，但如果可以选择的话，他更愿意留在部队。他认为自己有能力担任指挥职务。

杰罗和巴顿并不是唯一想要艾森豪威尔的军官。驻刘易斯堡的第3师师长汤普森这时也请求让艾森豪威尔担任他的参谋长。正在与杰罗商议此事的马歇尔最后决定让艾森豪威尔留在刘易斯堡。这样，尽管艾森豪威尔逃脱了在首都华盛顿当参谋，但还是被安排在参谋的位置上。不过，艾森豪威尔对此已经很满意了。

刘易斯堡的工作也是在扩充军队，艾森豪威尔驾轻驭熟地高效率地工作着。

1941年3月，第9军军长凯尼恩·乔伊斯将军要求艾森豪威尔担任他的参谋长。于是，在3月11日，艾森豪威尔被晋升为上校。没有一次晋升比这次更使他高兴。由于成为上校，他最大的愿望得到了满足。

3个月后，他又接到新命令。1941年6月11日，沃尔特·克鲁格中将写信给马歇尔将军，说他的第3集团军需要一位参谋长，他知道他需要怎样的人来担任这个职务："高瞻远瞩……对掌握一个部队这样重大的问题有深刻了解，积极主动，足智多谋。"

克鲁格认为艾森豪威尔是最合适的人选。两天之后，马歇尔同意了这项任命。

>> 从上校到准将的快速晋升

1941年6月底，艾森豪威尔一家动身到第3集团军司令部所在地休斯敦萨姆堡。他们在7月1日抵达，这一天正好是艾森豪威尔与太太梅蜜结婚25周年。艾森豪威尔送给梅蜜一块白金手表作为礼物。这是他用在菲律宾积蓄下来的钱买的。梅蜜很高兴，她后半生一直戴着这块表。她高兴回到熟悉的、有着美好回忆的地方，特别是由于她的丈夫现在是上校，他们有资格住在萨姆堡的一幢漂亮的旧式砖房，四周有着遮阴的走廊和一个大草坪。

1941年7月2日，艾森豪威尔被克鲁格将军任命为副参谋长。8月9日，又晋升为第3集团军和南部防御司令部参谋长。艾森豪威尔在参谋协调行动和处理行政工作方面干得十分出色，很受克鲁格将军的赏识。尤其值得一提的是，在1941年8、9月间举行的路易斯安那演习中，艾森豪威尔的才能得到了充分的发挥与体现。

这次演习是美军正式参战前举行的规模最大的一次演习。克鲁格的第3集团军24万人扮演进攻角色，正在"侵入"路易斯安那，而本·利尔第2集团军18万人扮演防守角色，"保卫"着美国。马歇尔坚持进行这样大规模的战争演习，就是为了找出训练中的不足和装备上的缺陷，同时，也是为了发现军官中有才能的人。

艾森豪威尔渴望得到这次考验。8月5日，他写信给杰罗："下星期，我将去路易斯安那……这里的老前辈都说，我们去的是一个非常可怕的地方，去与泥浆、疟疾、蚊子和痛苦在一起生活。但我愿意到战场上去，所以我不在乎。"

参加演习的这支部队也是自1918年以来，美国投入"战场"最大的一支部队，比南北战争时期规模最大的格兰特将军的军队还要大两倍。为了筹划这次演习，艾森豪威尔倾注了大量心血，有时甚至几天不睡觉。他发现有些排、连军官不称职，这使他很伤脑筋，于是他花了很多时间，从一个单位跑到另一个单位，这里做指示，那里下命令，一个问题一个问题地解决。每天清晨，他还把主要负责的军官召集在一起进行讲评。对于实际作战的艰苦，艾森豪威尔有着更为清楚的认识，他认为，"我们必须揭露和强调战争中对一个单位或一支部队都是致命的每一次失误、失败和混乱"。

演习期间，艾森豪威尔搬到战场上去，住在查尔斯湖附近宿营地的帐篷内。于是，他的帐篷"成了高谈阔论的场所，军里每一个人似乎都可以到这里进行严肃的讨论，大笑或发牢骚"。即使谈论占用了艾森豪威尔有限的睡眠时间，他也总是欢迎他们。

不仅是军官们，而且新闻记者们也聚集到他的帐篷里来，无拘无束地讨论。这些记者大部分是年轻人，他们也渴望了解如果美国参加这场战争，他们的工作将是什么。同样，与其他军官一样，记者们也被艾森豪威尔的热情坦率、平易近人、风趣幽默的性格吸引住了。当然，对那些挑剔的记者来说，艾森豪威尔的诚实更是令他们吃惊。他坦白地告诉记者出了什么错，他调侃军队对未来战争不适应，嘲笑那些假坦克，或那些两边挂着"坦克"标记的普通卡车。有记者因此认为，正是因为艾森豪威尔保持了自己的本色，他绝对是处理公共关系的天才。

那次大规模演习的收获是无法估计的。它使部队熟悉了大规模的协同行动，加速了消灭不利因素的过程；使老资格的军官们注意到某些年轻人已经有能力执行参谋或指挥工作中最困难的任务；此外，还使一些负责的将领有了在战场上指挥大部队的经验。同时，部队还取得了在大范围内供应补给的实际经验。

对于艾森豪威尔来说，这次演习的收获也非常大，可谓大出风头。由于克鲁格的第3集团军是按照艾森豪威尔制订的计划，包抄利尔的第2集团军并迫其撤退的，艾森豪威尔也就成了新闻媒介关注的焦点。《纽约时报》军事记者汉森·鲍德温报道："如果是真的战争，利尔的部队就被消灭了。"在专栏《华盛顿巡礼》中，德鲁·皮尔逊和罗伯特报道："是艾森豪威尔构思出和领导制定了击溃第 2 集团军的战略……艾森豪威尔思维敏捷，加上非凡的精力，对他来说，军队这一行是一门科学。"

对于铺天盖地的宣传，艾森豪威尔表现得很冷静。这是他第一次受到新闻摄影的大量介绍。尽管自从布雷迪时代起，新闻摄影已经成为美国军事活动的重要特征，但镁光灯在艾森豪威尔的日常生活中还是一种相当新鲜的玩意。他调侃自己说，"对于那些摄影记者来说，我还是个陌生人。在波耳克营的一次检阅中，克鲁格将军、英国军事观察员戈尔丁少校和我被拍了一批照片。在说明中，他们两位都被介绍对了，但把我说成是'D·D·艾森豪比因中校'——总算把我姓名的字首搞对了"。

同时，艾森豪威尔的谦虚也成为大家喜爱的品质之一，他真诚地说荣誉应当属于克鲁格将军，坚持是别人而不是他应该得到赞扬的表示，更打动了千百万人的心。9 月下旬，在克鲁格将军的推荐下，艾森豪威尔被提升为准将（临时任命）。

升任准将之后，贺信像雪片一样飞来。而他在国旗下致礼的照片，也通过电讯发送到各地。这时，美国人和新闻界才发现艾森豪威尔竟然是全国乃至全世界最上相的人之一，于是讨要签名照片的信也像雪片似地飞了过来。艾森豪威尔的回信透露着他惯有的幽默："想到有人要我的照片，我高兴得马上寄了出去。你想要三张或四张吗？"

尽管艾森豪威尔非常乐意分发自己的照片，但对于第 3 师军官们的列队欢迎，他还是表示反对。事后，他告诉克拉克："我简直毫无办法……我永远反对这类事情。我希望我不要摔倒！但是，如果前景不比向希特勒军团发起冲锋的命令更使我害怕，那就糟了！"

这次演习结束后，艾森豪威尔进行了认真的总结。演习中也暴露出陆军的许多缺点，演习评价专家麦克奈尔认为，产生这些缺点的原因是纪律，他说："毫无疑问，这次演习中的许多缺点，因缺乏纪律而一再出现。我们的部队是最能遵守纪律的。如果他们缺乏纪律，那是领导的过错。一个司令官如果不能发扬应有的纪律，就必须调走他。"

接受了麦克奈尔的建议，除了把注意力集中在训练、装备、通讯和下级军官问题上外，艾森豪威尔把重点放在了高级指挥官身上。他写信给参谋部的杰罗说："在这支军队中，每一位高级指挥官都面临着巨大的工作。带领一支大部队达到高水平的训练标准，所需的精神力量和魄力是巨大的。只有经过高度专业训练和具有毫不动摇决心的人，才能成功。"

∧ 20世纪30年代末期,
艾森豪威尔同儿子在一
起度假。

> 在华盛顿参加美日间谈判的日方代表。

不幸的是，这些品质难得集中在一个人身上。有些军官很有魄力，但是没有足够的能力。可是另外一些军官的情况却是相反。他说高级指挥官应当有"铁石心肠"去开除不合格的人，他们当中有很多是老朋友，"但是必须如此"。他说这是个难题，而事实上他在成了高级指挥官后，他才认识到这有多困难。在整个战争中，他感到最痛苦的某些时候，就是他不得不解除他的同学和朋友们的作战指挥职务。

10月和11月同演习前的几个月一样忙。艾森豪威尔要先在基层部队采取措施以纠正在演习中暴露出来的缺点。这也是一项复杂的工作，因为必须要解除正规军和国民警卫队中某些军官的职务，而又迅速制止因解除职务产生的争吵和谣言，以避免挫伤军官和部队的士气。

艾森豪威尔注意到随着美日之间谈判的进行，美国国内公民的紧张情绪开始逐渐缓解。而军队内部也有了反应，认为日本不过是虚张声势，战争至少暂时不会在太平洋爆发。甚至12月4日的一份社论，也说"现在可以清楚地看到，日本并没有和美国作战的愿望"。而几天前，华盛顿还有人以10比1的条件打赌，认为战争迫在眉睫。

艾森豪威尔隐隐地感觉到事态的发展有些异样，但由于忙于演习的善后事宜，尽管他知道战争早晚要爆发，但他没有时间好好思考这个问题。

>> 不可违抗的华盛顿调令

1941年12月7日下午，长时间忙于演习的艾森豪威尔已经精疲力竭。在他上床休息之前，他告诉副官无论如何也不要打扰他。很快，艾森豪威尔就睡着了。他梦见自己得到了两个星期的假期，和梅蜜一起到西点军校与约翰欢度圣诞节，他甚至在梦中笑出了声。然而，副官还是打断了他的美梦，告诉他，珍珠港遭到袭击。

12月8日上午，罗斯福总统身披蓝色海军斗篷，乘车来到国会大厦，要求向日本宣战。当罗斯福总统在儿子詹姆斯上尉的搀扶下缓步穿过大厅时，雷鸣般的欢呼声爆发了出来。可以说，罗斯福接受过无数次欢呼，但从来没有一次像今天这样群情激奋，似乎他的出现一下子使人们从恐惧中解脱出来。

这些欢呼声中，传达出来的更多的是所有人，无论是民主党还是共和党，要同仇敌忾，团结在罗斯福总统周围，向日本讨还血债，讨还尊严。

罗斯福总统的眼角有些湿润了，他用低沉但坚毅的语气开口了："昨天，1941年12月7日，必须永远记住这个耻辱的日子，美利坚合众国受到了日本帝国海空军突然的蓄意的进攻。"

几秒钟的沉默，"作为陆海军总司令，"罗斯福接着说，"我已指示，为了我们的防务采取一切措施。但是，我们整个国家都将永远记住这次对我们进攻的性质。"

接着，罗斯福又强调指出："不论要用多长时间才能战胜这次有预谋的入侵，美国人民以自己的正义力量一定会赢得绝对的胜利。我现在预言，我们不仅要做出最大的努力来保卫我们自己，我们还将确保这种形式的背信弃义永远不会再危及我们。我这样说，相信是表达了国会和人民的意志。"

"敌对行动已经存在。毋庸讳言，我国人民、我国领土和我国利益都处于严重的危险之中。"罗斯福说，"信赖我们的武装部队——依靠我国人民的坚定决心——我们将取得必然的胜利，愿上帝帮助我们！"

最后，罗斯福总统要求国会宣布，"自1941年12月7日星期日，日本发动无端的、卑鄙的进攻时起，美国和日本帝国之间已处于战争状态"。

罗斯福的简短演说，尽管时间只有六分钟多一点。但是，他的讲话却受到与会者的热烈欢迎。而且，要比1917年第一次世界大战期间威尔逊总统要求国会对德宣战的演说，分量要重得多，影响要深远得多。

讲话结束后，罗斯福总统抬起头，微笑着向人民挥手致意。

当天，参议院以82票对0票，众议院以388票对1票通过了罗斯福总统的宣战要求。从此，美国正式参加了第二次世界大战。

自12月7日，被珍珠港事件★惊醒了的艾森豪威尔，立刻投入工作中。据他事后回忆，事件发生后，陆军部开始接二连三地向第3集团军司令部下达命令，使第3集团军疲于奔命。因为这些命令中有的要求制订反破坏措施；有的要求严密保护工厂；有的要求在南部边境侦察巡逻以防止间谍偷入国境等。更可笑的是，有一次命令马上调动防空部队去西海岸，但事实上，却是被吓坏了的公民出现了发现日本轰炸机的幻象。

在美军部队中，紧急调动成了最常见的动向。这期间的紧急调动已经不再按照正规的行政程序，而是得到了大大简化。过去调动部队时要拟定详细的命令，这些命令甚至具体到最

> 在国内积极备战的美军飞行员。

后一小部分装备应怎样随军携带，怎样包装和做标记，而现在，这种缓慢的、按部就班的工作方法都被抛弃了。一个简单的电话就可以调动一支步兵部队越过这个大陆，也用不着拿文件来说明是根据什么权力调动部队和装备的。枪炮的运载，有平板货车就用平板货车，有低边敞篷车就用低边敞篷车，如果手头两者都没有，就使用卡车。运送士兵的工具有豪华的卧车、军用卧车和现代化的客车，甚至停放在车场上已达三十年左右的一些陈旧不堪的客车，也被用来紧急运送部队。

　　艾森豪威尔为调动部队的事忙了五天。这五天中，东南亚的局势也发生了翻天覆地的变化。

　　在泰国和马来西亚，日军自 12 月 7 日拂晓前派遣 2.6 万人分别在泰国的宋卡、北大年和马来西亚的哥打巴鲁登陆，占领了三处机场和克拉地峡，并对两国的海军基地进行轰炸后，

> 1941 年 12 月 7 日，日军突袭了美国太平洋舰队珍珠港。

*珍珠港事件

随着日本侵占中国及向南方推进，日美矛盾日益尖锐。1941 年 3 月起举行的日美外交谈判也未取得进展。日本决定对美国发动战争，并选择珍珠港作为首先打击的主要目标。珍珠港位于夏威夷群岛中心的瓦胡岛的南端，是美国太平洋舰队的主要基地。1941 年 12 月 7 日 6 时 15 分，日本开始攻击珍珠港。美国官兵对敌人的偷袭毫无准备。7 时 55 分，日机开始向珍珠港投弹，炸毁美国的大量舰只和飞机。日本偷袭珍珠港宣告美国多年推行的绥靖政策的彻底失败和太平洋战争爆发。

至 12 月 10 日，英国远东舰队的两艘战列舰"威尔士亲王"号和"却敌"号，由于缺乏空中掩护，在关丹以东海域被日机炸沉，日军已经夺取了该地区的海陆控制权，并继续发动进攻。

而在菲律宾，12 月 8 日日本陆海军航空队出动 500 架飞机对吕宋岛的美空军基地进行了轰炸，炸毁美机 100 架，一举取得了制空权。之后，12 月 10 日到 12 月 12 日，日军轰炸了马尼拉湾的甲米地和苏比克湾的乌朗牙坡海军基地，炸沉美舰艇 4 艘，炸毁海军巡逻机 1/4。期间，日陆军又先后在甘米银岛和吕宋岛南北端登陆。菲律宾局势十分危急。

12 月 12 日，也是德国对美国宣战的那天清早，华盛顿陆军部与第 3 集团军参谋部的直通电话响了。

艾森豪威尔接了电话，有人问："你是艾克吗？"

"是的。"

"参谋长要你马上乘飞机到这里来，告诉你的上级，正式调令马上就到。"

电话里所说的"参谋长"是指马歇尔将军，打电话的是沃尔特·史密斯上校，他后来在整个欧洲战场上成了艾森豪威尔的亲密朋友和参谋长。

这个通知对艾森豪威尔来说是个沉重的打击。在第一次世界大战期间，他想奔赴战场的每一次狂热的努力都失败了，其原因对他来说都不成其为理由，而都归结为这句话："陆军部的命令。"但是，艾森豪威尔希望在任何一次新的战争中都能和部队在一起。他认为，调他到曾经服役整整八年的这个城市，实际上将意味着他又要重复第一次世界大战中的经历。但是，军令不可违，艾森豪威尔还是怀着沉重的心情，在几小时内，启程飞往陆军部。

恶劣的气候迫使飞机降落在达拉斯。然后艾森豪威尔转乘火车，经过堪萨斯城，转向东行，火车行驶在他 30 年前从阿比林到西点军校去的同一条铁路上。一路上，他心潮澎湃，猜想着被调到华盛顿的原因。他当时认为，被调到华盛顿的原因，大概是出于他最近对菲律宾的巡视。在菲律宾的空军丧失能力之后，马歇尔将军无疑需要一个像他这样的人。

当然，在猜测原因的同时，艾森豪威尔思考得更多的是如何在陆军部开展工作。

>> 向陆军参谋长发火

其实，关于自己被调任陆军部的原因，艾森豪威尔的猜测并不完全对。确实，在这个时候，马歇尔需要一个像他一样了解菲律宾的人。但是，早在艾森豪威尔指挥演习结束后不久，马歇尔就认定他是一名有前途的军事长官。而在太平洋战争爆发之前，马歇尔曾要求助手马克·克拉克推荐 10 名美军参谋部作战处副处长的候补人选，当时克拉克不假思索地回答说："我要列出的 10 个军官的名字都是艾森豪威尔。"

显然，艾森豪威尔的调任是水到渠成、再自然不过的事情了。

∧ 时任美国陆军参谋长的马歇尔与白宫要员一起研讨战争态势。

　　1941 年 12 月 14 日的早晨，艾森豪威尔抵达华盛顿联邦车站之后，立即去位于宪法大街的陆军部报到，参谋长马歇尔的助手史密斯接待了他。

　　"我要到前线参加作战。"参战心切的艾森豪威尔一见面就对史密斯说。

　　"不可能。"史密斯坦白而又直言不讳地告诉他，"如果参谋长喜欢你，战争期间你就得一直坐在一张大办公桌的后面。"

　　"假如我能让他讨厌我呢？"

　　"那你恐怕要待在一张小的办公桌后面了。"史密斯不无幽默地告诫艾森豪威尔。

　　他还是不甘心，继续问道："要想到前线去，我需要给谁磕头作揖才管用呢？"

　　"不知道。"史密斯耸了耸肩，做出爱莫能助的样子，把艾森豪威尔带进了马歇尔的办公室。

　　两个人的对话被马歇尔听了个一清二楚，于是他坐在办公桌后面的一张转椅上，一边转动着身体，一边仔细打量着自己对面的这个军官。这不是两个人第一次见面，十几年前那个血气方刚、身体健壮的青年已经变成了谢顶、两鬓灰白，并以蹲办公室而闻名的年过半百的老头了。但令马歇尔感到奇怪的是，这么多年过去了，艾森豪威尔到前线参战的想法依然那样强烈。

　　马歇尔没有马上开口，他在想对这位出色的参谋人员、壮志未酬的老军官说些什么。过

∧ 1941 年时的艾森豪威尔。

了一会，马歇尔终于以一种例行的、上级对下级的安抚口吻说话了："你希望到前线参加战斗的热情是值得赞扬的。不过——"马歇尔的话锋一转，语气里更多的则是充满了质疑和不屑，"不过，请你告诉我，你在实际战斗中指挥过一个师的兵力吗？"

"没有，先生。"艾森豪威尔的脸红了，他不安地在椅子上挪动了一下身体后回答。

"那一个营呢？"马歇尔继续追问。

"没有，先生。"

"一个连呢？"

"没有，先生。"

"一个排呢？亲爱的艾森豪威尔。"

"也没有。"

尽管没有表露出来，但马歇尔对自己的发问感到满意，他继续用略带嘲讽的语气问道："那么，在第一次世界大战的全部过程中，你听到过一次枪声吗？"

艾森豪威尔强压着怒火，听马歇尔继续说下去。他心里在想，这难道是我的错吗？我一直渴望并积极争取到战场上去，但你们却不给我机会——

马歇尔站起身来，冷冷地对他说："艾森豪威尔，从你的资历来看，把你调到这里来是非常合适的。"马歇尔的意思非常明确，艾森豪威尔应该知趣安心地在陆军部工作，并感激他的提拔。

但是，艾森豪威尔不愿放弃任何有可能上战场的机会，他鼓起勇气，挺了挺身子说："先生，有两位上级军官推荐我去指挥一个师，他们——"

"在这里，是我决定该让谁去当指挥官，而不是别人。"马歇尔有些生气了，他提高声调说，"根据麦克阿瑟将军的意见，你是军队中负责后勤和组织工作最有头脑的人物之一。我想让你留在计划处，而不是到前线挨枪子，这对我有用。你懂吗？"

马歇尔又坐了下来，把目光集中在桌子上，不再看艾森豪威尔。在这种情况下，美国军队中任何一个军官都应该知趣地闭嘴。

但是，艾森豪威尔却没有闭嘴，因为他太渴望去战场上一展身手了，对此，他几乎整整等了30年！"您的意思是不是——是不是打算在战争期间一直让我坐在一张办公桌后面？"艾森豪威尔极力控制住自己的情绪，故作平静地问道。

"是的，艾森豪威尔。"马歇尔以不容违抗的口气说，"对这个问题，我希望你不要再有别的想法！毕竟你是个军人，而军人是以服从为天职的！"

听到这些话，艾森豪威尔的心里非常失望又十分愤怒。他知道，如果这样下去，以后的日子，他只能陷于堆积如山的日常事务中而无力自拔了。

"你现在是什么军衔？"马歇尔突然又问道。在艾森豪威尔还没有来得及回答之前，他又说道："你即便是被推荐去指挥一个师，也别指望到前线去就可以得到晋升了！"

马歇尔显然是误解了艾森豪威尔的意思，在他看来，艾森豪威尔出任战争计划处副处长，自然已经得到晋升，而不需要再到战场上通过冒险获得加官晋爵。

导火线终于燃到了尽头，艾森豪威尔再也控制不住情绪，他脸涨得通红，也顾不上这样做产生的后果了。他猛地站起身来，对着马歇尔大声说："将军，我并不像您说的那样看重军衔。如果您一定要我待在这幢大楼里，我就为我的国家工作。让您所说的军衔见鬼去吧！"

说完，他转过身，向门口走去。

马歇尔看着一步一步走向门口的艾森豪威尔，嘴角露出一丝难以捉摸的微笑。当艾森豪威尔即将拉开门的时候，他开口了："亲爱的艾森豪威尔，你是不是忘记了到陆军部要承担的任务？"

马歇尔的话让艾森豪威尔停住了脚步，他转过身来，长出一口气，用尽量平静的口吻说："是的，将军，请您布置任务。"

于是，两人的争吵便告一段落，马歇尔开始神情严肃地直奔主题。他首先宣布任命艾森豪威尔负责总参谋部作战处远东科的工作，然后简要地向艾森豪威尔叙述了太平洋上海军和陆军的总形势。马歇尔强调，目前所有的迹象都表明，日本人想尽快占领菲律宾，当前美军迫切需要解决的问题是该怎么办。最后，他突然问道："你认为，当前我们的行动方针应该是什么？"轮到艾森豪威尔吃惊了，他刚刚抵达陆军部，所知道的情况不比从报纸上看到的东西多，而且马

∧ 1941年，艾森豪威尔与妻子在一起。

歇尔告诉他的也不是新的太平洋作战计划。他沉思了一会，抬起头，镇定地说："可以让我考虑几个小时吗？"

马歇尔点点头："好吧！"

艾森豪威尔便带着任务离开了陆军参谋长办公室，他感到背后有一双期待和信任的眼睛在盯着他。

>> 关于太平洋战区的反攻基地

来到新分配的陆军部作战计划处办公室，艾森豪威尔开始思索参谋长的问题。他认为，对马歇尔的回答必须迅速及时，并且逻辑无可指责。要达到这一目的，必须掌握充分的第一手资料。在得到老朋友陆军部作战计划处处长伦纳德·杰罗将军的帮助之后，艾森豪威尔很快就掌握了情况。

当时的形势非常严峻，在太平洋战争的初期阶段，日本的进攻势不可挡，大有长驱直入之势。而面对日本的疯狂进攻，美国太平洋舰队却无回天之力。尽管日军袭击珍珠港时，美国海军的航空母舰因不在港内而未受损失，但由于缺乏支援舰艇，航空母舰无法进行大的军事行动。同时，美国海军认为，这些航空母舰应当留作侦察和防御之用，只有发生某种重大事件时，才允许调用。此外，美军在东南亚及菲律宾的驻防部队十分薄弱，武器装备及物资贮备也跟不上。

在对比了敌我双方的情况和军事实力后，艾森豪威尔得出了结论：在当前的情况下，已经无法挽救菲律宾沦陷的命运了，比较明智的做法应当是将军队撤到澳大利亚，在那里建立一个反攻基地，然后再设法增援菲律宾。

当艾森豪威尔来到马歇尔办公室时，已经接近黄昏了，他充满自信地将书面建议递交了上去。

"在澳大利亚建立新的军事基地？"马歇尔大体翻阅了一下艾森豪威尔的报告说，"你的意思是要我们放弃菲律宾？"

"不，将军，"艾森豪威尔解释说，"在目前的形势下，对菲律宾的大规模支援需要一段较长的时间，在敌人的大举进攻面前，岛上的驻防部队是无法坚持到底的。但是，我并不主张放弃菲律宾，相反，我们一定要力所能及地尽量帮助这个群岛。我想，菲律宾人民会原谅失败，但不会宽恕遗弃。"

"那么，你在澳大利亚建立反攻基地的理由是什么呢？"马歇尔追问道。

艾森豪威尔明确地回答道："我们的反攻基地必须建在澳大利亚，只有这样我们才能设法增援菲律宾。我们可以将飞机、弹药和其他装备以及作战人员从美国的西海岸和夏威夷运到澳大利亚，扩充这个基地。至于在澳大利亚建立反攻基地的理由，我认为有三点。"

"噢？！"马歇尔饶有兴趣地点点头，示意他继续说下去。

"首先，澳大利亚的地理位置比较合适。尽管它位于南半球，但四周被海洋包围，其中东部及东北部靠近太平洋的塔斯曼海和珊瑚海，离美国在远东的重要军事目标距离比较近。同时，无论从海上交通还是空中运输来看，美国与澳大利亚之间都比较方便。也就是说，美国把远东的一些装备和人员撤到这个地方并不十分困难，而从美国本土运输物资也可以做到。"

"其次，日本现在进攻的重点是东南亚，对澳大利亚发动进攻可能还需要一段时间，即使是发动进攻，也很难对 1.96 万公里的海岸线构成全面封锁。"

"第三，我们有一批原本向菲律宾运送人员和物资的军舰，因珍珠港事件而被迫驶往澳大利亚，这可以作为在澳大利亚建立反攻基地的基础。"

最后，艾森豪威尔补充说："当然，要在澳大利亚建立反攻基地，我们必须确保通过澳大利亚、新西兰、斐济和夏威夷的这条生命线。在这一点上，我们只能胜利不许失败，我们必须冒巨大风险，而且还要不惜一切代价。"

听完艾森豪威尔的回答，马歇尔满意地笑了。他说："我同意你的意见，尽你所能去拯救他们吧。"

于是，艾森豪威尔肩负起作战处有关菲律宾和远东作战地区的筹划工作。

形势正如艾森豪威尔的预测一样发展着。由于无法突破日军的封锁线对菲律宾进行及时的增援，在日军强大的攻势下，美国驻菲律宾部队节节败退。麦克阿瑟在日军离马尼拉还有 150 公里时，就被迫宣布马尼拉为不设防城市，并主动撤军到巴丹半岛，企图凭借科雷吉多尔要塞进行防守。这样，1942 年 1 月 2 日，日军攻占了马尼拉，并开始向巴丹半岛发起猛攻。

按照麦克阿瑟的设想，他手下大约有 15000 名美军官兵和 65000 名菲律宾官兵可供调遣，再依托横贯巴丹半岛的阿布凯防线，利用坚固的工事进行固守，至少可以在 6 个月内防止日军的大规模进攻。这也就是所谓的"桔色作战计划"。

∧ 退守巴丹半岛的麦克阿瑟
因战争失利而郁郁不乐。

< 麦克阿瑟撤至澳大利亚前在菲律宾与温赖特中将合影。

　　然而，事实却证明，由于在计划制定之时，麦克阿瑟忽略了缺乏供给对部队的影响，他为他的防御战略付出了沉重的代价。撤退时带的大米不够吃20天，面粉也仅够维持30天，尽管前线部队的口粮供应被缩减为平时的1/3，仍很难继续支撑下去，马匹也由于断了饲料被全部杀掉。至于药品供应，从治疗疟疾的奎宁到外科手术用的纱布等各种医疗用品都很缺乏，而巴丹半岛又是世界上疟疾最猖狂的地区之一，军中病倒的人员数量已经达到惊人的程度。仅1942年3月的第一个星期，就有500多人因疟疾住院，这个时候，奎宁几乎断了来源。

　　在饥饿和疾病的折磨下，美军士气大幅度下降，特别是增援迟迟未到，一种致命的无可奈何的情绪在士兵中滋生蔓延了起来。在这种情况下，部队很难再支持下去。1942年1月20日晚，日军撕破了阿布凯防线。在士兵们的奋力拼搏下，通过征调预备役部队，摇摇欲坠的阿布凯防线勉强维持下来，但已经陷入相当被动的局面，几乎一击即溃。

　　为了尽快解决菲律宾战场的僵持局面，东条英机继续增派兵团对麦克阿瑟所率部队展开新的进攻，并准备活捉麦克阿瑟，把他弄到东京游街示众，以污辱美国人。

　　在意识到大局已定的情况下，为避免麦克阿瑟成为日军的俘虏，1942年2月下旬，艾森豪威尔以总参谋部的名义起草了一项命令，经罗斯福总统批准后发到菲律宾，命令麦克阿瑟把军队指挥权交给温赖特中将，麦克阿瑟到澳大利亚担任新成立的西南太平洋战区盟军总司令。

　　3月11日晚，麦克阿瑟离开了菲律宾。

　　尽管麦克阿瑟的离开并非出于自愿，但很多士兵感到麦克阿瑟背叛了他们，甚至出现了讽刺麦克阿瑟临阵脱逃的歌曲：

老麦老麦不窝囊，
做事谨慎不能算胆小，
罗斯福造的金星他得保护好。
四星上将和巴丹的美味一样少，
可知他手下的士兵饿得心直跳。

之后，菲律宾驻军的士气继续下降，当日军发起决定性的攻势后，他们乱作一团，纷纷弃阵而逃了。4月7日，接替麦克阿瑟远东军司令职务的温赖特中将通过马尼拉电台，命令驻菲律宾的所有美菲部队无条件投降，拒绝投降者以逃兵论处。4月9日，吕宋部队司令爱德华·金少将率部投降，7.6万美军和菲律宾部队成了日军的俘虏。至此，日本侵占了菲律宾所有的重要城镇和港口。

随着菲律宾的沦陷，日本又很快侵占了荷属东印度，并切断了滇缅公路的入海通道。日本的太阳旗在东南亚各地飘扬起来，不到半年，日本侵占的领土就达380万平方公里，超过日本本土面积的10倍多。

在这种情况下，为避免坐视自己在太平洋地区的利益继续受到严重损失，美国迫切需要积蓄力量，与日本进行最后的决战。因此，建立反攻基地就更成为一项非常重要和迫切的任务。然而，这并不是一件容易的工作。首先，由于美国缺乏战争准备，没有多少物资可以运送出去。其次，日本的疯狂进攻和严密封锁，使救援工作举步维艰。

为了获得运送物资的舰船，艾森豪威尔甚至不惜动用1000万美元的现金在澳大利亚雇用私人运输船。这样，经过整整一个冬天的努力，各种增援物资被源源不断地运到澳大利亚基地以及通向这个基地的一些岛屿。至1942年2月21日，美国在海外的总兵力超过了24.5万人，其中的绝大部分集结在太平洋。而澳大利亚的军事基地，也已经具有了相当的规模——歼击机大队、重型轰炸机大队、中型轰炸机大队、战列舰大队等已经基本部署完毕。

1942年3月13日，麦克阿瑟抵达澳大利亚军事基地后对记者发表讲话说："美国总统命令我要突破日军战线，希望我从科雷吉多尔到澳大利亚来。据我所知，这个目的在于组织美国对日本的反击体系。反击的首要目的是在拯救菲律宾，我虽然来到此地，但是我还要打回去。"

麦克阿瑟的这番演讲被视为美国继续从事对日抗战的象征，另一方面也反映了澳大利亚基地的建立十分必要，十分及时。历史证明，这个巨大的军事基地，终于成为麦克阿瑟日后解放菲律宾的起飞台，对美国在远东及西太平洋地区的作战发挥着极其重要的作用。正是由于它的存在，从1943年年初开始，日本在太平洋战场上逐步退缩，并完全丧失了战略主动权。

>> 关于以欧洲战场为重点的战略

面对美军在菲律宾的悲惨处境，艾森豪威尔内心十分沉痛，因为在这支美国驻军中，有很多他的亲密战友。而每天从前线收到的令人沮丧的失败消息，更是令他痛心疾首。他渴望能够离开办公室，到战场上指挥战斗。工作的繁忙以及华盛顿部分高级军官的夸夸其谈使他很反感，偶尔也会因此发脾气。

他曾在日记中这样写道："想到战争中在华盛顿消磨时间，又一次失掉作战机会，气得

★ "阿卡迪亚"会议

1941年12月22日至1942年1月4日，美国总统罗斯福和英国首相丘吉尔在华盛顿举行代号为"阿卡迪亚"（意为"世外桃源"）的会晤，以讨论两国整个作战计划。此会亦称"第一次华盛顿会议"。会议期间，英美两国决定建立盟国参谋长联席会议，并制定在北非或法国登陆作战的初步计划。美国还倡议由所有对轴心国作战的同盟国签署一项共同宣言，这就是《联合国家宣言》。此次会晤对同盟国关系的巩固和加强起到了重要的作用。

∧ 罗斯福同丘吉尔正在接受记者的采访。

使人发疯。实在是太不公平了！马歇尔的冷漠、不近人情的态度使人更为恼火。"当然，尽管他咒骂马歇尔捉弄他，咒骂战争和他的运气不好，但他还是兢兢业业地完成上级交给的每一项任务。

1942年3月9日，随着总参谋部作战处和计划处合并为作战处，艾森豪威尔升任处长，并被提升为少将。至此，有107名军官在他直接领导下工作。尽管，职位的升迁已经远远超过自己当初成为上校后退休的愿望，但艾森豪威尔并没有因此而高兴多长时间。因为第二天，他的父亲去世了。由于战事的需要，艾森豪威尔无法回家奔丧。尽管儿时因为调皮，艾森豪威尔曾挨过父亲不少皮鞭，但对于父亲的去世他还是感到万分的难过。他把自己关在办公室里半个小时，回忆和父亲相处的日子，寄托对父亲的哀思。但时间也只能有半个小时，他还得强打精神处理堆积如山的战报及文件。

1942年初，英国首相丘吉尔及其随行人员对美国进行了访问，并与以罗斯福总统为首的美国军政要员举行了"阿卡迪亚"会议★。会议通过了《联合国家宣言》，并确立了建立联合指挥体制的决议。此外，"阿卡迪亚"会议还确立了"先欧后亚"的战略，把"希特勒确定为主要敌人"，确定欧洲为当前首要攻击的对象。

而早在筹备"阿卡迪亚"会议之时，艾森豪威尔就已经开始协助马歇尔共同研究这一重要的全球战略问题，他认为"美国需要在远东地区采取守势，以退为进，同时要集中资源，尤其是集中时间，介入欧洲并参加作战，这是打败德国的最佳途径"。但是，将战略重点放在欧洲的主张并没有得到多数将领的响应。相反，在一次参谋长联席会议上讨论欧洲战争计划时，海军将领们却提出了尽快结束欧洲的战争，把大部分舰队通过巴拿马运河，从大西洋转移到太平洋，对日作战的主张。

"十足的傻瓜。"艾森豪威尔听到这一计划后感到很失望，他忍不住低声咕哝道。

这句话被主持会议的马歇尔听到了，他转过脸来，向坐在桌子尽头的艾森豪威尔望去。

"我听到的是你的声音吗？艾克。"马歇尔问道。

"对不起，将军，这只是我个人的看法。"

"能不能把你的看法讲出来？"

桌边出现了一阵耳语声，与会的高级将领们坚信，他们将亲眼看到参谋长将如何使这位下级军官当众出丑。

"将军，在座的各位都比我有资格讲话——如果以军衔来衡量的话，我不够资格。"艾森豪威尔说。

马歇尔忍不住说道："艾森豪威尔，你的话使我感到很吃惊，是你自己对我说，你并不看重军衔。"

艾森豪威尔心里明白，现在每一双眼睛都在看着他这个军衔最低的人，于是他站起身来，大步走向前台，用教鞭指着地图上的莫斯科说："只有苏联有足够的力量在欧洲大陆和希特勒对抗，使德军疲于对俄应付而无力入侵美国。同时，也只有这样，美国才能赢得足够的时间装备起来。如果苏联在战争中被打垮，我们最好现在就开始学德语。"

他用挑战的目光看了看坐在桌边的那些高级将领们，接着说："苏联、英国必须变为前所未有的、最大的军事作战基地。这样，我们就能投入有史以来最大的军事力量，通过英吉利海峡，解放法国，进兵德国，这是我们通往柏林彻底打垮德军的最短途径。"

"你的意思是彻底打垮德军？"马歇尔问。

"是的，将军。"

"你是不是在这里拣好听的说？"

"不，将军！如果我们让德军在他们的本土之外投降，就像上一次大战那样，他们将再一次声称，那是由于本国前线的崩溃造成的。如果我们不把不可一世的德军打得一败涂地，让他们自己的人民亲眼看到他们的垮台，这次大战就不能算是结束，因为用不了几年，它又可以东山再起。这就是我们为什么必须以强大的攻势进军欧洲的理由。"

"我们有很具经验的将军说，越过英吉利海峡，从正面进攻德国坚实的防御工事，这无异于军事上的自杀。"马歇尔提醒说。

"我并不主张明天就发起进攻，但是这一天已为期不远，我们应该加快飞机的制造和生产，在进攻之前夺取制空权。"

在场的军官们纷纷以嘲笑的口吻交头接耳。他们认为艾森豪威尔所勾画的胜利前景，是建立在至今尚不存在的空中优势上面的，他们把眼光转向马歇尔，看他对此有什么反应。

然而，马歇尔却说了一句让全场大吃一惊的话："艾森豪威尔，你最快什么时候可以动身去伦敦？"

马歇尔环视着那些坐在桌边表情各异的将军们解释说："总统和我，与英国人讨论过一个类似的计划，我们需要一位有经验的军官对我们在英国的军队进行认真的估价，并提出具体的行动方案。艾森豪威尔，你的背包打好了吗？"

艾森豪威尔长吁了一口气，紧绷的神经放松了，回答说："将军，我的行装从来就没有打开过，因为我是一名军人。"

会后，艾森豪威尔和他的参谋人员起草了一份具体的作战计划，代号"围捕"。该计划要求，1942年美国军队前往英国集结，然后美英两国出动5800架作战飞机，48个步兵师和装甲师，于1943年4月1日从塞纳河口东北，勒阿弗尔和布仑之间的一段法国海岸发起进攻。同时，在海岸沿线发动突然袭击和空袭扰乱德国人。

但是，"围捕"计划遭到了许多人的反对。美国一些有经验的陆、海、空高级官员坚持认为以英国为基地，向顽固的欧洲西北部发动进攻是不会成功的。面对众多的反对意见，艾森豪威尔坚持认为，只要盟军掌握了绝对的空中优势，并摧毁德军的局部防御力量，就可以用登陆舰将一支强大的陆军源源不断地运上岸。到那个时候，德国的彻底失败将为时不远。

艾森豪威尔的计划被递呈给美国总统，罗斯福批准了这一计划，并要求马歇尔飞赴伦敦，以取得英国方面的同意。于是，马歇尔于4月7日抵达伦敦，双方举行了为期6天的会议，说服英国同意了"围捕"计划。但是，马歇尔回来后还是告诉艾森豪威尔，许多英国军官对"围捕"计划持"保留态度"。

但是，不管怎么说，这对艾森豪威尔来说都是一个好的开端。为此，他在日记中写道："我希望，经过几个月由于这种分歧而引起的战争后，终于我们全部肯定地保证接受同一个作战概念。如果我们能在主要目标上意见一致，我们的努力将开始协调一致，我们就不会只在黑暗中摸索。"

为了贯彻实施"围捕"计划，5月23日，艾森豪威尔奉命到达伦敦，同英国政府就抵达英国的美军的安排进行磋商。

对于英国首相丘吉尔以及参谋部的将军们，艾森豪威尔并不陌生。早在"阿卡迪亚"会议中，艾森豪威尔就与他们建立了和谐、友好的关系。同时，艾森豪威尔对战局情况的介绍和分析，也给丘吉尔及各位将军们留下了良好的印象。

在英国的十多天里，艾森豪威尔与英国各界人士，特别是与军界进行了广泛接触。其中，为了联合指挥作战的需要，他还专程走访了英国东南集团军司令蒙哥马利将军的司令部，与蒙哥马利有了第一次交锋。

与艾森豪威尔不同，蒙哥马利有指挥作战的辉煌经历。在英国人眼中，特别是在他自己的心中，他是大英帝国一流的战士。

在司令部，蒙哥马利穿着一件老式羊毛衫，一条灯芯绒的裤子，手执一根马鞭，指着一排巨大的地图，像是一位校长在给小学生训话。

"我们的美国弟兄们，必须学会忍耐。今年，即使是明年，你们也不能把足够的兵力和武器装备运到英国来，跨越英吉利海峡发动攻势。与此同时，在通往胜利的道路上，美国必须依靠英国来领导，因为你们缺乏有战争经验的陆军和海军。"

听到这些话，艾森豪威尔心里有些不快，他站了起来，说："蒙哥马利将军，难道你不认为我们联合在一起，要比让我们这些可怜的小伙子亦步亦趋地听任你们英国人领导好一些吗？"

蒙哥马利瞪了瞪眼，他不知道，并且也不想知道这个插话的美国人是谁。因为即使是他的部下，也不许打断他的讲话，这是他的规定。

"我亲爱的朋友，当英国陆军、海军已经取得了征战世界的战果的时候，美国还在赤身裸体地过着原始野人的生活呢！"蒙哥马利讽刺地说。

蒙哥马利的参谋人员发出咻咻的笑声。

"是的。先生，可现在我们已经穿上衣服并且是在帮助你们了。"艾森豪威尔忍不住反驳说，并愤怒地点燃了香烟。

蒙哥马利转过身面向地图，说："我们是会让你们帮忙的，但不是——"突然，他闻到一股烟味，于是立刻中断了自己的讲话。

"谁在抽烟？"蒙哥马利声色俱厉地问道。

艾森豪威尔刚刚坐下："是我，将军。"

"我不允许在我的司令部吸烟，把烟掐掉。"蒙哥马利并没有因为艾森豪威尔是美国人而表现出一丁点的客气，他厉声斥责道。

艾森豪威尔脸涨得通红，但他还是把烟熄灭了，没有多说一句话。

介绍完情况后，蒙哥马利连"再见"都没说一声，把前来拜访的艾森豪威尔晾在一边，匆匆地走了。

当然，这件不愉快的小事，并没有影响艾森豪威尔对蒙哥马利的看法。他一直认为蒙哥马利是"性格坚毅、精力充沛、具有良好职业修养的人"。两人日后的合作基本上算愉快，自然，这不包括1944年到1945年的欧洲战争中，蒙哥马利自行其是造成的重大军事损失，使

< 面对迫在眉睫的战争，美国国内加紧了飞机生产。

< 20世纪40年代的艾森豪威尔。
> 1942年，时任英国东南集团军司令的蒙哥马利。

艾森豪威尔大为光火。

从英国回到华盛顿后，艾森豪威尔拟定了一份报告，提交马歇尔将军和罗斯福总统。在报告中，艾森豪威尔极力主张，"战区司令应该实施绝对统一的指挥，由战区司令组织、训练和指挥派往该战区的美国陆、海、空部队"。同时，要求美国派出一名才智超群的司令官，统帅在英国的美国军队。

马歇尔接过报告，深思了片刻，问道："你认为谁担任欧洲战区司令合适？"

在起草报告的时候，艾森豪威尔就推测，如果总统批准了他的报告，担任驻英国战区司令的第一人选应该是参谋长马歇尔，其次是马歇尔的助手麦克纳利将军。

考虑到对马歇尔说他是第一人选有些唐突，艾森豪威尔回答说："我认为麦克纳利将军最合适。"

"为什么呢？"

"麦克纳利将军曾经在伦敦工作过3个月，对英国三军军部的工作非常熟悉，并且结识了许多军政要员。"艾森豪威尔补充道，"麦克纳利将军有丰富的指挥空军作战的经验，而我们从大不列颠发动军事行动的最初阶段，将主要依靠空袭。"

马歇尔不置可否，便让艾森豪威尔回去了。

但出乎意料的是，3天后，罗斯福总统批准马歇尔任命艾森豪威尔出任欧洲战区总司令。

在白宫的办公室，罗斯福大声宣读任命书："特任命德怀特·戴维·艾森豪威尔少将为欧洲战区总司令。"

读完后，罗斯福总统抬起眼来望了望艾森豪威尔。

艾森豪威尔一句话也没有说。

对于任命，艾森豪威尔感到意外。他并没有把自己的能力估计得过高，当他第一次与马歇尔谈到参战时，他的愿望仅仅是指挥一个师的兵力。但是，这次任命显然是经过深思熟虑的，因为马歇尔认为他是一个十分内行的军事领导人，是一个沉着、稳健、令人产生好感的将军，是解决英美两国将军之间复杂外交问题的合适人选。只是马歇尔在把艾森豪威尔送往英国的时候，并没有想到艾森豪威尔会在这个职位上一直待到德国无条件投降。

第三章

走上欧洲战场

PA 3-27

1890-1969 艾森豪威尔

就任欧洲战区美军总司令的艾森豪威尔，很快就展示出他作为统帅的才华，成为美军的四星上将，率领美英大军直捣北非，将德军赶走，牢牢地控制了这一战略区域，为挥师南欧建立起进攻出发地……

> 1942 年，艾森豪威尔前往欧洲赴任的路上在途中进餐。

>> 在欧洲公众面前的初次亮相

接到欧洲战区美军总司令的任命后，艾森豪威尔感觉到自己身上的担子很重。在临行前，除了移交手中的工作外，艾森豪威尔还先后拜访了陆军部长、海军部长和罗斯福总统。两位部长——陆军部长史汀生将军和海军部长金上将纷纷对艾森豪威尔的工作表示了无条件的坚决支持，特别是金上将，还诚恳地对艾森豪威尔说："如果你认为海军有意或无意地违犯了战区司令部的命令，希望你随时和我进行个人联系。"而与罗斯福总统及正在白宫做客的丘吉尔首相的谈话，更是给了艾森豪威尔莫大的信心。尽管这次谈话没有军事上的意义，但这是他第一次与两位首脑个别交谈。当时，非洲的托卜鲁克刚刚沦入德军之手，忧郁、不安甚至绝望的情绪笼罩着盟国世界。然而，两位首脑的乐观精神，特别是他们考虑的不是防守和失败，而是进攻和胜利，却极大地鼓舞了艾森豪威尔。当他向两位首脑告别时，他充满信心地行了一个标准的军礼。就这样，在6月底的暑热中，艾森豪威尔带着自己挑选的助手马克·克拉克将军、欧洲战区美军参谋长比德尔·史密斯将军、陆军部的李少校和海军军官哈里·巴瑟登上了前往伦敦的飞机。

6月24日，艾森豪威尔一行抵达伦敦。初夏的晚上7时，天色还没有完全黑下来，但伦敦城似乎笼罩在一片忧郁中，整个城市行人稀少、灯光暗淡，显得分外寂寥。

除了美国驻英国的部分军事官员外，机场上没有任何乐队欢迎这位来自美国的战区总司令，也几乎没有任何记者的闪光灯。艾森豪威尔既没有发表演说，也没有举行任何仪式。场面似乎稍显冷清了点，但艾森豪威尔并没有流露出一点不悦。"人不知而不愠，不亦君子乎？"这句中国的古话，用在艾森豪威尔身上真是再恰当不过了。前半生的屡遭挫折，已经锻炼出他荣辱不惊的品格了。更何况，艾森豪威尔更看重的是此行的目的，他要率领美国陆、海、空三军，与英国、加拿大的军队一起向德国法西斯发起进攻，并要取得最终的胜利。有没有人来欢迎，与这目的相比，实在是太不值得一提了。

但是，艾森豪威尔应该感到欣慰的是，这差不多是他最后一次不声不响地来到这个地方了。第二天，艾森豪威尔举行了到英国后的第一次记者招待会。从那个时候起，他的生活起了巨大的变化，他似乎突然变成了世界性的重要人物。他的名字，他的任命，他的一举一动，争先恐后地出现在伦敦各大报纸杂志的头版头条位置。

在记者招待会上，艾森豪威尔首先发布了早在华盛顿就已经写好的新闻稿：

我被任命来指挥欧洲战场上的美国军队。欧洲战场的正式建立是协调大不列颠和美国军事力量的合理步骤。

6个月以前，大不列颠首相和美国总统鼓励两国人民迅速采取行动，为了共同努力的目标，将英国和美国的军事和经济力量合并起来。在那次华盛顿会议上，他们建立了无条件合作的典范，这比历来联盟国家为了追求共同目标所面临的那种合作关系更具实效。直到最近，他们又重新会晤，采取联合行动使彼此之间的协调更加密切。美国士兵和飞行员的数目在英伦三岛迅速增加就足以证明我们正在为那种合作开辟道路。

然而，记者并不满足这篇堂而皇之的官样文章，他们从不同的角度对艾森豪威尔进行了机关枪似的提问。

"请问艾森豪威尔将军，您有信心打赢这场战争吗？"

"是的，我有信心。我相信，在英美两国首脑的领导下，英美两国部队携手合作，在加拿大等盟国的配合下，我们一定能取得这场战争的胜利！"艾森豪威尔自信地回答，然后，他又大手一挥，补充了一句："我们一定能够彻底打败德国法西斯！"

"将军阁下，您觉得应该由谁来指挥一支联合部队更合适呢？英国军官，还是美国军官？"一位记者把这个两难问题摆在了艾森豪威尔面前。

艾森豪威尔笑了笑："我个人觉得，现在不应该是讨论谁更有能力指挥部队的时候。我们当务之急是尽快建立起密切的合作关系，尽早地对德国发起进攻。"接着，艾森豪威尔话锋一转，"至于我，在来伦敦之前，马歇尔参谋长已经明确告诉我，如果有什么紧急军事行动，应当在英国的指挥下进行，我们的军队只是配合英国军队完成任务。我想，我将尽我所能调动好在大不列颠的美军部队，全力做好配合。"

艾森豪威尔的回答赢得了在场记者的一阵掌声。

另一个提问的记者显然对军事行动本身更感兴趣，他站起来，用带着浓重伦敦口音的话问道："艾森豪威尔先生，据你所知，我们的部队会在什么时候发起进攻呢？"

整个会场突然静了下来，大家齐刷刷地把眼光投向了艾森豪威尔，看他如何回答这个极度敏感而又极度机密的问题。

艾森豪威尔显得异常平静，他用长辈的口气对那位记者说："年轻人，如果我告诉你的话，你能保守秘密吗？"

记者非常激动，忙不迭地说："我起誓我能保守秘密！"

∧ 与美军士兵一起进餐的艾森豪威尔。

"既然这样，那么，我也能。"艾森豪威尔对那个记者眨了眨眼睛，脸上露出了几分孩子般天真的笑容。

会场上发出了一阵笑声，记者招待会在友好的气氛中圆满的结束。

尽管正如《纽约时报》记者所说的，艾森豪威尔"出色地表现了有声有色的谈吐艺术，但是有关日后的军事行动，他什么也没有透露"。艾森豪威尔真诚自然的举止、幽默风趣的回答、和颜悦色的友好态度，给与会者留下了良好的印象，并最终征服了一向非常苛刻的伦敦新闻界。

于是，报纸上有关艾森豪威尔的报道越来越多，关于他的消息逐渐从他传奇的军事生涯、出人意料的快速升迁（1942 年 7 月 7 日，美国政府授予艾森豪威尔中将军衔，以便他更好地在英国开展工作。而大约在一年前，艾森豪威尔只是个准将，那时他已经觉得那是自己的最大奢望了；几个月之前，他又跳过366位军衔比他高的军官，成为欧洲战区美军总司令。而今他又成为美军的16名中将之一）扩展到他的家庭出身。记者们聚集在阿比林，访问艾森豪威尔童年时代的朋友，挖掘一个穷孩子成名，也就是乌鸦变凤凰的传统主题。当然，梅蜜和艾森豪威尔的家人也成为新闻的主题，而艾森豪威尔喜欢简朴的故事更是广为流传。

艾森豪威尔并不是想通过报道大出风头，他认为如果通过报道能使英国民众更了解他和美国人民、美国军队，那再好不过了。毕竟，美英的友谊是取得最后胜利的绝对必要条件。当然，这也和艾森豪威尔超人的处理公共关系的能力有关。

艾森豪威尔习惯使用表明他是普通人身份的措辞，缩小与来访者的距离，如他不时地用"我是头脑简单的乡下佬""对一个像我这样笨手笨脚的家伙来说，简直太复杂"等话语进行自我调侃等。更重要的，他那始终直面困难的勇气、从不撒谎的真诚以及热情洋溢的语言，才是赢得伦敦市民和新闻界的"撒手锏"。

>> 大将风采的逐步显露

中国有句军事名言："不和于国，不可以出军；不和于军，不可以出阵；不和于阵，不可以进战；不和于战，不可以决胜。"意思简单而又明确，军队只有团结一致、步调统一，才可以出兵打仗，否则必败无疑。

从接到被任命为欧洲战区美军总司令一职开始，艾森豪威尔就认真思索过如何加强美国人和英国人之间的团结。但是来到伦敦后，艾森豪威尔才真正感觉到这个问题的严重性。尽管英美两国都讲同一种语言，在文化上也是一脉相承；尽管两国都面临着共同的敌人，也都同意建立军事联盟，但由于历史的原因、地域的差别以及生活习惯的不同，相互间的隔阂相当深。正如《盟军高级司令部内幕》一书中所写的："紧张关系深深地来源于两个民族的特性和过去，解决这些是需要付出代价的。在即将来临的巨大危险面前，他们结成盟友，更多的是出于需要而不是喜爱。联盟的道路是艰难的"。

当时，上层军官和高级将领的相互鄙视自不待言，而基层官兵之间的矛盾冲突更是愈演愈烈。

一方面，美国士兵把自己看作是前来解救英国的功臣，认为他们屈尊到英国来忍受整天的烦恼已经做出了很大的牺牲。而英国士兵却认为自己是坚守堡垒的勇士，不需要美国士兵的指手画脚；另一方面，美国士兵的军饷是世界上最高的，大多数人又是光棍一条，没有养家糊口之忧，因此毫不吝惜地大把花钱。英国士兵则囊中羞涩，看不惯美国士兵的挥霍和浪费。更令英国士兵受不了的是，英国的女孩竟然极力追求这些讨厌的美国大兵。这种敌对情绪越来越强烈，最后发展到在歌台舞榭、花园公路、酒吧咖啡馆等公众场合因一言不合而发生口角、拳脚相加，甚至集体斗殴。两国军队还没有联手去打击法西斯轴心国，自己倒先开起"火"来。

面对这种情况，艾森豪威尔非常着急，他深感自己面临的巨大挑战和沉重的责任。他在日记中写道"没有先例可循，好比航海而无海图导航"，充分表现了他的焦急心情。经过一段时间的思考，他得出自己的结论："当几个国家有效地配合以对付共同的敌人时，通常是由一个强大的成员团来充当联盟领导。而现在，则必须通过自愿的让步以建立有效的团结。"为了加强团结，艾森豪威尔公布了一揽子行政法令。如"欧洲战区的指挥将领在英伦三岛应服从防止损害英国主权所必需的一切限制，担负起战区司令官在战术、战略、地区防卫和行政管理等方面的职务"等。

同时，艾森豪威尔安排了一系列的演讲，使美国士兵能够全面了解英国的传统、政治和军事情况，了解英国人民的心理、语言以及在反法西斯战争中的巨大牺牲。组织官兵到伦敦受德机轰炸最厉害的地方参观，了解英国人民的穷苦生活状态，要求官兵不要大手大脚花钱，而是拿出一部分钱买战争公债，以援助英国。

一个傍晚，艾森豪威尔站在伦敦的一处废墟前，背对着即将落下的灰蒙蒙的太阳，面朝着他的官兵们，夕阳的余晖使他的身影显得异常高大。他神情严肃，用沉重的语调说："看到了吗？这就是德国人对英国人的所作所为。"

"我们来伦敦，难道是为了吃喝玩乐吗？"艾森豪威尔接着反问道。

士兵中有人难过地低下了头。

"不，我们来伦敦是为了同英国军队一起完成反法西斯的神圣使命！"艾森豪威尔骤然提高了声音，"我要求你们，必须改变自己的形象，使英国人相信，我们不是来混日子、来旅游观光的！我们是肩负重任的反法西斯战士。"

除了教育说服外，艾森豪威尔还规定对英美两国军官的失和要严肃处理，并将那些伤害英国人民感情的美国军官送回国。

有一天，一名美国上校和一名英国军官因为某件小事发生了争执，并发展成为相互对骂，闹得不可开交。艾森豪威尔就把两个人都叫到自己的办公室，进行了一番教育之后，把那名英国军官打发走了，只留下那位美国上校。

"对于这件事，你还有什么需要解释的吗？"沉默一会后，艾森豪威尔问上校。于是，上校便详细地向艾森豪威尔解释了两人发生争吵的原因和经过。最后，他解释说："尽管这件事我也有错，但是主要原因在他。"

艾森豪威尔静静地听着上校的解释，一言不发。直到上校说完后，他抬起头，说道："上校，我同意你的话。我可以姑且认为你在争论中是对的，因此你骂他是混蛋，也可以不予追究。"

上校心里的一块石头落了地，他可以不再担心被总司令送回国内了。毕竟，作为一名军人，谁都期望能够在战争期间建功立业，而不愿意被送回国内，白白丢失这样的好机会。

上校长出了一口气，继续补充说："我保证我所说的全部都是真的，您可以找在场的军官进行核实。"

艾森豪威尔的表情很复杂，他没有说话。

上校似乎预感到了什么，他小心翼翼地问："将军，我可以回去了吗？"

艾森豪威尔的脸色突然严肃了，说："上校，你可以回去了，请你收拾好行装，回美国吧！"

上校立刻愣住，过了一会，他才如梦初醒，问："将军，真的没有缓和的余地吗？"

"没有！"艾森豪威尔斩钉截铁地说："一般情况下，如果你骂他是混蛋，我会宽恕你。但你骂他是英国混蛋，我不能宽恕你！"

看着上校垂头丧气地离开办公室，艾森豪威尔的心里也感到一阵刺痛。上校与英国军官的争执不仅仅是为了个人的尊严，更多的是为了维护美国军队和美国的荣誉，但是，在这种特殊的情况下，没有什么能比维护英美两国部队的团结更能代表美国的利益了。艾森豪威尔真希望其他军官都能够明白这一点。

消息传开后，英国军官也很内疚。于是，两国军队相互尊重、团结互助的气氛便逐渐增强。特别是美国军士，不得不小心谨慎，一度激烈的对抗情绪有所缓和，盟军团结的基础也逐渐建立起来。

协调好英美两国、盟国之间军士的关系，并不是艾森豪威尔工作的全部。加强本国士兵的教育训练，提高部队士气，更是艾森豪威尔工作的重要部分。为了考察美军士兵的实际情况和作战能力，艾森豪威尔花了很多时间视察部队，监督军事训练，并向官兵们解释演习的目的，以达到"美国勇于投入战场的是最优秀的部队，他们不仅有良好的纪律，而且具有强大的作战实力"的要求。

此外，尽管对于自己从伦敦带来的短小精悍的领导班子，艾森豪威尔深表满意。但是他认为，为避免美国赴英国参战的将士达到数百万后可能出现的混乱现象，必须解决机构臃肿、权责不明确的问题，并挑选一批优秀的军官进行指挥。选拔军官的标准近乎苛刻，除了要求具有坚强的意志、通晓军事技术外，还要求勇猛顽强、多谋善断，能够在艰难的条件下带领部队打硬仗、打胜仗。而对于那些混迹其间、沽名钓誉、油腔滑调、花言巧语、作风不正的人，则一经发现，就立即把他们清洗出去。

∧1942年，艾森豪威尔
与蒙巴顿上将在一起。

>> 终于获得的战役指挥权力

截至1942年7月，欧洲东部战场上，苏德战争正在如火如荼地进行着。苏联人民和红军奋勇反击，在莫斯科附近对德国法西斯军队给予了毁灭性打击。希特勒不得不把266个师的兵力集结在苏德前线，所有这些都为从西线对德国进行战略性突击创造了必要的条件。

而此时，集结在英国的美英部队人数已经达到100多万，具备了给予法西斯德国决定性打击的基本政治、军事条件。这也是给肩负战争主要重担的苏联以有效的援助，加速击溃法西斯轴心国和减少损失的唯一可行的办法。

艾森豪威尔日夜忙碌地工作着，从早上六点一刻到深夜十二点，几乎没有一点休息的时间。这种超强度的工作对一个像他这样年龄的人来说似乎有些吃不消，但强烈的责任感还是支撑着他度过了一个又一个难眠之夜，只是他的头发似乎白得更多了。

形势的发展令他很欣慰，照这个势头发展下去，原定于1943年开始执行"围捕"计划一定能够取得预想的成果。于是，他便与参谋本部的其他人员开始对作战计划进行讨论。他认为，必须提前规划"围捕"行动计划的前沿阵地，并做好两国部队的各种安排。

1942年7月20日，马歇尔★参谋长与海军总司令金上将和总统顾问霍普金斯飞抵伦敦，商谈尽早开辟第二战场的问题。抵达之后，他们立即与在英国的高级将领召开了一次会议。会议讨论的主题是关于1942年在欧洲战区发动一场进攻的可能性。

会上，艾森豪威尔提出了早已经准备好的计划。他认为，发动这样一场进攻的目的是支援苏联，目前欧洲战区已经具备了作战条件。需要搞清楚的是苏联的处境究竟严重到什么程度以及这次军事行动到底能不能给苏联帮助。

围绕这个主题，会议进行了整整一天。最后，意见渐渐集中于一点：盟军应该尽早地强渡英吉利海峡，在法国港口瑟堡对德军发动进攻。艾森豪威尔当仁不让地成为拟订该计划——"大锤"计划的负责人。

但是，作为计划制订者的艾森豪威尔却没有参加随后举行的英美参谋长联席会议，而是由马歇尔对"大锤"计划内容进行了详细地阐述。

他站在众位高级将领面前，指着地图说道："目前，随着战争形势的发展，我们认为发动一次代号为'大锤'的进攻行动时机已经成熟。我们建议由英国出动4个师，美国出动2个师，在法国的瑟堡登陆。考虑到气候原因，攻击日期应定在9月15日。"之后，马歇尔继续补充道："当然，这次行动将由英国的将军们进行指挥。"

说完以后，马歇尔期盼英国方面会热烈地响应，以便尽快打响英美联合反攻法西斯德国的第一枪。

但他没有想到的是，会议室竟出现了短时间的沉默。在座的英国将领除了脸上写满了不以为然，并没有其他的反应。

"沉默就代表默许了，我想在座的各位没有异议吧？"马歇尔以半开玩笑的口吻说道，想打破屋里的沉闷气氛。

话音未落，一个英国将军立即站了起来，是英国参谋总长布鲁克将军。

"参谋长先生，我想这一定不是您本人提出的如此愚蠢的计划吧？"布鲁克的腔调中充满了不屑，"您考虑过没有，跨海作战我们将会承担多大的损失？"

马歇尔尽量用平静的语气回答说："的确，由于秋季海峡上空的恶劣气候，加上与德军在战术上的差异，发动进攻我们必然要有牺牲，但是——"

"哼！"马歇尔的话还没有说完就被布鲁克将军打断了："难道您天真地认为，6个师的兵力能把德国部队从东部吸引过来？这次行动一旦失败，对苏联人也不会有什么好处！我们英国人绝对不会同意这一计划的！"

"那聪明的英国人又有什么好的主意呢？"马歇尔有些生气地问道。

"尽管目前我们对采取军事行动还没有一个确定的目标，但是我们认为，美国人提出的'大锤'计划风险太大，而且得不偿失！"布鲁克将军提高了声音："我们认为，法属北非是理所当然的进攻目标。"

会议不欢而散。

在外面焦急等待会议结果的艾森豪威尔得知这一消息后，感到布鲁克的想法非常荒谬。真是南辕北辙！为什么要到伦敦以南1600公里的地方去寻找敌人作战呢？进攻北非将分散许多力量，使横渡英吉利海峡的行动大大推迟。

< 时任英国参谋总长的布鲁克（右）与奥金莱克将军在一次军事会议上交谈。
> 前进在路上的艾森豪威尔。

　　"英国人为什么做出这种决定？现在是需要向苏联人表明西方盟国是站在他们一边并与他们一起战斗的时候了，为什么——"艾森豪威尔有些困惑地问马歇尔。

　　"英国人已经习惯了按照自己安排的时间行事。"马歇尔没有过多的解释，匆匆扔下句"我会向罗斯福总统解释和争取的"，就走了。

　　没有想到的是，7月22日，罗斯福总统回电说，既然英国不愿意参加"大锤"行动，美国只能不得不在进攻北非方面与英国人合作了。同时要求欧洲战区的美军积极参加被丘吉尔首相命名为"火炬"的新作战行动，这将是第二次世界大战开始以来英美首次联合进攻。

　　英美两国首脑决定放弃"大锤"计划，而改在北非登陆，可以说是各有各的打算，他们在反对法西斯轴心国的同时，还念念不忘自己的帝国主义战略目标。英美两国与苏联结成反法西斯联盟，并给予一定的军事援助，是为了"鼓舞苏联人继续抗战"，以免希特勒打败苏联后，挥戈西进，直捣英伦三岛，进而威逼美国。当然，要是苏联能够抵住希特勒的进攻，在长时间的拼杀中两败俱伤，那更是再好不过了。尽管英美两国于1942年已经基本具备了在西欧登陆作战的条件，但是与法西斯军队进行殊死斗争，势必要付出巨大的代价和牺牲，这是两国所不愿意看到的。而北非是法国维希政府的殖民地，维希政府当时还与美国保持着外交关系，在那里登陆风险要小得多。

　　此外，对英国来讲，如果能够占领北非，就可以确保直布罗陀的安全，恢复地中海航道，维护大英帝国的殖民体系，并可以北上意大利、巴尔干，进取东南欧，恢复英帝国的势力范围。对美国而言，占领北非，可以阻止德军以此为基地，东进与从苏联高加索南下的德军会师，进而在印度同日本军队携手，然后再进逼巴西，威胁美国的安全。

　　然而，"大锤"计划被否定，艾森豪威尔感到非常沮丧。本来，把这次行动取名为"大锤"，就是希望这次行动能够对德军取得重锤直击的效果，但这柄"大锤"还没有举起来，就夭折了。

英国的这种把政治意图与军事行动牵扯在一起的消极作战思想让艾森豪威尔感到很失望，而罗斯福总统同意英国的建议也有些投降的意味在里面。艾森豪威尔个人认为，盟国不履行丘吉尔对斯大林所做的承诺——在1942年开辟第二战场，就是对苏联人民的背叛，同时也辜负了希望采取行动的亿万盟国的民众。但是，作为一名欧洲战区总司令，他只能服从总统的命令。

　　几天后，艾森豪威尔被盟军参谋长联席会议任命为"火炬"行动的总指挥。据说这项任命是丘吉尔首相最先提出来的。当然，把指挥权拱手相让，丘吉尔也是有目的的：表面，可以作为对美国同意其"火炬"计划的一种补偿，安抚因此而愤怒的美军将领；实质，也是最重要的原因，在北非作战，法国维希政府是否配合也是一个重要因素。由于英国与维希政府的关系恶化，挑选一个美国人而非英国人进行指挥，显然好打交道。

　　这是艾森豪威尔第一次获得了指挥战役的权力，但这项任命并没有使艾森豪威尔兴奋起来。他不止一次地抱怨说不知道日子怎么过，并把1942年7月22日那个星期三称为"历史上最黑暗的日子"。

>> 挥师北非的两栖登陆作战

　　按照1942年7月24日英美参谋长联席会议上达成的"火炬"行动协议，英美联军将在法属北非登陆，然后再由西向东对德意军队发动进攻，以彻底消灭北非的德意军队，控制地中海，巩固中东，为之后在意大利和巴尔干半岛的军事行动创造有利的条件。

　　7月底，伦敦夜晚的温度还是很高。教堂的钟声已经敲响了10下，格罗夫纳广场上艾森豪威尔的办公室里还亮着灯。他坐在转椅上，面对着摊在办公桌上面的一大堆资料和地图，闭着眼睛，似乎是睡着了。昏暗的灯光下他显得略有些疲惫、消瘦，明显地见老了。

　　突然，艾森豪威尔睁开了眼睛，像年轻人一样一跃而起，快步向办公桌的左边走去，在一幅20万分之一比例尺的北非地形图前停下来。"卡萨布兰卡、奥兰、阿尔及尔、突尼斯——"他的嘴里念念有词，在地图上奥兰、阿尔及尔和波尼三个地点上重重地画了三个红圈。然后，他走回办公桌，坐下来，开始起草他的作战计划，他写道："……经过考虑，我认为'火炬'计划的登陆地点应确定为……"

　　作为"火炬"行动的总指挥，从接受任命的第一天起，艾森豪威尔就感受到了身上担子的沉重。对于这场大规模的两栖登陆战役，他并没有十足的信心，这倒不是因为他没有指挥实战的经验，而是因为许多实际困难摆在他的面前。

　　尽管"火炬"计划确立了法属北非为进攻方向，但是对于具体的进攻目标和进攻时间，英美两国还存在着分歧。而对于一支军队来说，只有确立了进攻的目标和时间，才能对需要的兵力、武器进行评估，制定出相应的作战预案，并提前做好准备。因此，尽快使英美两国达到一致，尽早确立进攻的目标和时间对艾森豪威尔来说，是当务之急。

在选定登陆地点时，艾森豪威尔首先考虑的是"从我们的护航舰队进入敌方轰炸机航程内直至登陆完成为止的这一时期，能否为他们提供适当的空中掩护"。因为当时盟军的航空母舰很少，只得用以陆军为基地的飞机提供空中掩护，而能够为"火炬"★战役提供可资利用的基地只有直布罗陀，因此只能把进攻的范围限制在几个主要点上。

一开始，艾森豪威尔及其参谋人员曾经考虑在宾泽特、突尼斯地区直接进行一次登陆作战。因为如果能够占领宾泽特、突尼斯地区，以此为基础便可以从陆海空三个方向袭击隆美尔的供应线，而且有利于下一阶段的非洲之战。但是，由于到那个地区作战远远超出了战斗机能够提供支援的航程，而且在那一海域，英国驶往马耳他的护航舰队曾不止一次惨遭覆没，这项计划被认为是超出了正当的冒险范围而很快被放弃了。

之后，艾森豪威尔又提出了四个重要港口作为进攻目标，它们分别是摩洛哥的卡萨布兰卡、阿尔及利亚的奥兰和阿尔及尔以及地中海岸的波尼地区。他认为，卡萨布兰卡位于穿越阿特拉斯山脉的那条横贯奥兰、阿尔及尔到达突尼斯的铁路的起点，可以在直布罗陀海峡被德军封锁的情况下，为盟军运送给养。如果没有这条铁路，所有进入地中海的部队都有可能

1942 年，"火炬"计划实施。

★"火炬"

"火炬"是第二次世界大战中盟军进攻的登陆战役的代号，英文为"Torch"。1942 年，英美两国政府为援助在埃及与德意军作战的英军，鼓舞在苏德战场与德军作战的苏联红军，并在一定程度上满足苏联开辟第二战场的要求，以 500 艘军舰和运输船只组成的英美联合舰队，运载 10 万大军，在大量飞机的掩护下，分三路在卡萨布兰卡、奥兰和阿尔及尔强行登陆。这次登陆的成功显示了盟军的强大军力和组织力，激化了法西斯阵营内部的矛盾，打击了德意日法西斯的士气。

被切断退路，即使是突围也要冒极大的风险。此外，在卡萨布兰卡登陆，还可以对西班牙产生影响，因为卡萨布兰卡靠近西班牙的北方"保护地"，同时还能够避免法国维希政府利用摩洛哥的部落制造麻烦。

奥兰和阿尔及尔都是重要港口，阿尔及尔还是该地区的政治、经济和军事活动中心，具有重要的战略地位。特别是奥兰港附近的机场对日后的作战更是具有举足轻重的作用，占领了该机场就可以更为方便地为前线提供护航或参加战斗。因此，奥兰和阿尔及尔是势在必夺。

但是，在上报作战计划时，艾森豪威尔还是对进攻目标进行了调整。一方面是他考虑到在卡萨布兰卡登陆的自然条件比较恶劣，另一方面是他仍然想尽快占领一个方便开进地中海的基地，而卡萨布兰卡离地中海较远，以此为基地开进地中海，必然会有额外的风险。"既然战争需要风险，为什么不再努力一步，取得更大的战果呢？"艾森豪威尔再三考虑和研究的结果是把全部兵力开进地中海，于是，进攻的目标便被定为奥兰、阿尔及尔和波尼。

然而，美国参谋部却反对将卡萨布兰卡从进攻目标中抹去。他们认为，盟军一定要迅速占领卡萨布兰卡至奥兰的铁路，以作为万一轴心国对直布罗陀海峡下手时的补给"生命线"。而且他们还认为，如果不派一支强大的部队在摩洛哥登陆的话，西班牙可能站在轴心国一边参战或允许德国假道西班牙从后方包抄盟军。而波尼距离驻意大利和西西里岛的轴心国部队太近，加上盟军缺乏足够的空中掩护能力，进攻波尼将冒很大的失败风险。于是，9月20日，英美两国将"火炬"行动的进攻目标确定为卡萨布兰卡、奥兰和阿尔及尔。

得知这一计划后，艾森豪威尔没有过多的评论，只是说了一句："这样的话，占领突尼斯城的可能性已经由眉睫之下变成遥不可及了！"后来，正如艾森豪威尔所说，由于种种原因，原定于结束突尼斯战斗的时间由1943年2月被推迟到1943年4月底。

然而，要想取得"火炬"行动的胜利，仅仅靠军事上的准备是不够的。

法属北非，包括法属摩洛哥、阿尔及利亚和突尼斯。其中，摩洛哥是1912年沦为法国的"保护国"，同时，摩洛哥北部狭长地区和南部一个地区还被划为西班牙的"保护地"。摩洛哥位于非洲西北端，东南与阿尔及利亚为邻，南面与西属撒哈拉接壤，西临大西洋，北隔直布罗陀海峡与西班牙相望，是扼地中海出入大西洋的门户，面积约45万平方公里。阿尔及利亚则北临地中海，隔海与西班牙、法国遥遥相望，西部与突尼斯、利比亚接壤，南部与尼日尔、马里、毛里塔尼亚交界，面积约238万平方公里，1930年起沦为法国属地。突尼斯北临地中海，隔突尼斯海峡与意大利相望，东南与阿尔及利亚相邻，面积约16万平方公里，1881年成为法国的"保护国"。

尽管德国和意大利在法属北非直接驻扎的军队不多，但是法国维希政府却在那里驻有20万兵力，500多架飞机，70多艘各类舰艇，其中包括现代化战列舰"黎塞留"号和驻泊在达喀尔的巡洋舰和驱逐舰舰队，可以说这是一支不可忽视的力量。盟军强行登陆可能会产生两种结果：一是如果这些部队坚决抵抗，坚持到德军能够通过进驻西班牙和法国基地提供支援的话，盟军的登陆行动很可能会遭到重大挫折；二是通过奋战，盟军能够损失不大而又顺利占领了法属北非的话，德国人将有可能占领法国全境。这样一来，法国维希政府将被迫在完全听任德国人摆布、继续甘为傀儡，或者再次同英国人一道对德国开战中间做出选择，而后一种的可能性非常小。当然，如果能够通过政治手段，找到合适的合作伙伴，引导法属北非和西班牙做出有利于盟军的反应，那就完全是另一种景象了。如果盟军能够不动多少干戈就开进去的话，其在北非的行动不仅可以稳操胜券，而且还可以沉重地打击法西斯轴心国集团。

英国与法国的关系，是寻求与北非法国当局合作的一大障碍。20世纪上半叶，英国与法国犹如一对前世结亲、现世结怨的恩怨夫妻。在第一次世界大战中，两国军队并肩血战4年余，打败了德军。但是在第二次世界大战初期，为了保住半壁江山，保全海军舰队，法国却与英国分道扬镳，做了纳粹德国的"走卒"，令英国政府大为气愤，两国关系开始恶化。1940年6月，为防止法国海军落入德国人手中用来进攻英伦三岛，英国派兵对泊靠在奥兰、米尔斯比尔、达喀尔的法国军舰实施突袭，造成了法国海军的严重伤亡。英国此举，严重伤害了法国人的感情，并导致相当多的法国人痛恨英国人，法属北非的维希政府驻军很可能因而对有英军参与的登陆作战进行殊死抵抗。

此外，法国在北非的维希政府受法国海军和右翼分子的控制，都忠于贝当元帅。在这些人心目中，非法的就是反对法西斯侵略，维护法兰西民族利益的戴高乐将军及其领导的自由法国运动，和法国共产党领导的广大群众的抵抗运动。在这种典型的是非不分、颠倒黑白的叛徒哲学理论的支配下，要想使他们与盟国合作可谓难上加难。幸运的是，希望尽管渺茫，但还是有的，关键要看如何去争取。

首先，维希政府与美国的关系还说得过去。因为在整个战争期间，标榜"中立"的法国维希政府一直与美国维持着外交关系。维希政府及其在法属北非的军政首脑，与美国国务卿赫尔利有联系，其中魏刚、吉罗、朱安等法军将领，也与美国驻阿尔及尔的总领事墨菲关系密切。魏刚曾向墨菲表示："假如你仅仅带1个师来，我将向你开枪；假如你带20个师来，我就要拥有你了！"其次，在法属北非存在着一股反对德国法西斯和维希政权的情绪，甚至在某些陆军军官中也是如此。可见，大部分人不愿意站在德国人一边打仗。

考虑到以上复杂的政治因素，艾森豪威尔认为，如果把"火炬"行动尽可能地装成是一次完全的美国人的行动，法国人可能就会好接受一些。而在大兵压境、显示出盟军强大实力的同时，如果能找到一个在法属北非具有非凡影响力的人物与盟军合作，法军可能在做出轻微的、象征性的抵抗后放下武器，甚至会站到盟军一边，共同抗击德国法西斯。

为此，在军事行动上，艾森豪威尔建议罗斯福总统，整个"火炬"计划，除了海军和运输支援需要的少数空军外，全部由美国部队来执行，并将这个考虑通知了英国首相丘吉尔。但是，丘吉尔尽管觉得这样做有理，但是他并不愿意甘当配角。于是他以美国陆军没有任何两栖登陆战的实战经验，如果遇到北非法军的抵抗，结果很难预料为理由，提出了他的想法："我觉得，还是让大不列颠有经验的部队出马，可能要稳妥一些。"

"考虑到法国人方面的反应，我们可以让部队穿上美国军装嘛。反正大家都讲英语，法国人不可能一下听出来英国英语和美国英语的区别。"丘吉尔对于自己的提议感到很得意。

但是，罗斯福与艾森豪威尔坚决不同意这么干，他们认为这是一种欺骗。而这种欺骗不是欺骗敌人，而是让狡猾的英国人盗用自己的清白名声去骗自己的朋友，于是拒绝了丘吉尔首相的提议。

美、英双方就该问题展开了激烈的论战，最后终于达成妥协。为了赢得北非法军的好感与信任，首批登陆部队是美军，英军随后上岸。美军部队主要负责地面作战，而英军则负责海上运动。

然而，找到一个最佳合作伙伴并不是一件容易的事。

很自然的，第一个出现在艾森豪威尔脑海里的人选是戴高乐将军。但很快，这一方案就被否决了。

当时英美两国政府对戴高乐将军都持不信任态度，特别是美国总统罗斯福，对戴高乐更是抱有相当大的成见。一是担心戴高乐的参与会引起北非法国当局的反感，二是怕戴高乐泄露"火炬"行动计划。11

< 时任法军总司令的魏刚将军。

月 5 日，在"火炬"计划即将实施之际，罗斯福特地给丘吉尔发去电报说："任何使戴高乐参与'火炬'计划之举，均将对我们努力争取在非洲的大部分法军归附我方远征军这一大有希望的工作，产生不良影响，我对此深感忧虑。因此，我认为你在登陆成功以前，还是不把有关'火炬'计划的任何情况告诉戴高乐为宜。登陆成功后，你可告诉他说，经我同意，英美远征军的美国司令官，坚持对此事严守秘密，这是一种必要的安全措施。"此外，盟军情报部门也反映，支持戴高乐将军的主要是法国的一般民众，如果盟军让戴高乐将军的部队参与最初的突击行动，很可能会引起法国在北非驻防部队的强烈反对。这样，艾森豪威尔自然也就排除了让戴高乐将军参与"火炬"行动的可能性，并对戴高乐将军做了严格的保密。

1942 年 9 月 16 日中午时分，一架"空中堡垒"飞机降落到伦敦附近的军用机场上。接着，飞机上走下一个身材高大的中年男子。他身穿美国陆军制服，佩戴着中校徽章，鼻子上架着一副宽大的墨镜，几乎遮住了半张脸。

已经等候多时的艾森豪威尔的英国女司机凯瑟琳·萨默斯比迎了上来，两人小声说了几句话，那人便钻进了凯瑟琳的汽车。他们围着伦敦郊外绕了几个大圈子，在下午四点钟左右来到艾森豪威尔的私人别墅——电报山庄。

这名男子叫墨菲，他的公开身份是美国国务院驻北非官员，实际身份是一名可以直接向罗斯福总统通报情况的高级间谍，此行的目的是向艾森豪威尔汇报有关法属北非的政治形势及提出有关合作人选的建议。

在电报山庄的草坪上，艾森豪威尔接待了墨菲。鉴于内容的高度机密性，他们的会谈地点选在了几棵松树底下。墨菲用了一下午的时间做了又长又复杂的报告。

关于合作人选，墨菲提到了一个名字——亨利·吉罗将军。

对于亨利·吉罗这个名字，艾森豪威尔并不陌生。吉罗曾是法国一位有名的军事将领，1898 年毕业于圣·西尔。在第一次世界大战爆发时，吉罗上尉率领一支轻步兵在恰勒罗伊进行战斗时，受了重伤，失去了一条腿，并被当作阵亡者遗弃在战场上。结果，被德国人俘虏关进了比利时的一座监狱。但是他带伤逃出监狱，重新回到法国继续战争。第一次世界大战

< "二战"期间，美国总统罗斯福与戴高乐（右）、吉罗（左）在一起。
> 在法国军人中享有很高威望的亨利·吉罗。

EISENHOWER

结束后，吉罗到非洲服役，担任米兹的总督。之后又到军事学校教书，戴高乐就是他的得意门生。"二战"爆发初期，吉罗先后担任过法国第7集团军和第9集团军司令、英法盟军总司令。1940年5月，他在阿登森林视察前线情况时，再次成为德国人的俘虏。在克尼格斯坦因监狱关了两年之后，1942年4月，在朋友的帮助下，吉罗再次越狱成功，回到法国。

吉罗的归来，使很多法国人欣喜若狂，为他敢于冒险、不畏牺牲的精神和取得的成功感到骄傲，吉罗也因此在法国军人中享有很高的威望。

墨菲说："尽管吉罗将军目前不掌握一兵一卒，但我相信，他在法军中拥有极大的号召力。"

艾森豪威尔没有说话，他用眼神告诉墨菲继续说下去。

"我曾经和查尔斯·马斯科将军私下沟通过，查尔斯将军向我保证，如果吉罗将军到阿尔及尔，那么所有法属北非的部队都会集结在他的周围。届时，登陆的盟军将不会遇到抵抗。"墨菲说道。

墨菲提到的查尔斯·马斯科将军是法国驻阿尔及尔军团司令的参谋长，算得上是一位有影响的人物。但是，艾森豪威尔还是采取了十分审慎的态度，问道："你也赞同这种看法吗？"

"是的，不仅是我，其他诸如贝图阿尔将军等一些法国将领也有类似的看法。"墨菲非常肯定。

尽管艾森豪威尔对吉罗并不完全信任，一直在怀疑法国军队能否会投靠现在在军队中

已经没有地位的吉罗，但他不想在这一个问题上纠缠下去。他说："好的，我会考虑你的意见的。"

在即将结束会见之时，墨菲说打算把盟军登陆的日期告诉他在北非的法国朋友。

"不行，"艾森豪威尔坚决地摇了摇头，"无论在什么情况下，我都不会让法国人了解这个秘密。"

墨菲语气有些急躁："可是，将军，如果盟军不信任法国人，安排有效的合作是困难的！"

"先生，请你明白！"艾森豪威尔丝毫没有动摇，"假如法国人星期一知道了进攻日期，德国人星期二就会知道，德国军队星期三就会开进阿尔及尔。"

"不过，"艾森豪威尔顿了顿，"你可以告诉法国人，预定的进军日期是1943年2月。"

墨菲感到，这位欧洲战区美军总司令并没有把真实日期告诉他，他张了张嘴，想继续问，但他发现艾森豪威尔的眼光已经远离了他，而是盯在阳光从树缝中投射到草地上形成的一个圆点。于是，墨菲明白，他该告辞了。

墨菲返回阿尔及尔后，发来了两份电报。一份电报声称，关于合作伙伴问题，马斯特将军再次表示，除非让吉罗担任最高统帅，否则他不会参加。另一份电报说，海军上将达尔朗上将的儿子向他保证达尔朗愿意与盟军合作。

达尔朗是法国维希政府部队的总司令，军衔为海军上将。此人是一个狂热的法西斯分子，纳粹的热心合作者，是法国维希政府反犹太法令主谋。他对英国持有强烈的敌意，并且也是戴高乐"自由法国运动"的死敌，可谓诡计多端、声名狼藉。

当然，如果能以达尔朗取代手下无一兵一卒的吉罗将军，结果是非常吸引人的。但是，鉴于达尔朗的负面影响，艾森豪威尔迟迟拿不定主意。

经过反复考虑，为了盟军登陆能够顺利进行，艾森豪威尔打算暂时任命吉罗将军为法属北非的总督，之后，准备任命达尔朗为武装部队总司令。他希望通过与两个人的合作，能够"取得对我们更有利的好处"。

由于涉及政治和外交政策的问题，在采取行动之前，艾森豪威尔必须得到上级的权威性指示。于是，他拨通了契克斯别墅的电话，请求正在契克斯别墅过周末的丘吉尔首相立即返回伦敦开会。

坐在桌子前面的丘吉尔显得有些不高兴，他耐着性子听艾森豪威尔反复对他汇报与吉罗、达尔朗合作的利弊，一言不发。

艾森豪威尔汇报完之后，征求丘吉尔的意见时，他思索了一会儿说："若是你一定要把法国海军搞到手，就得去拍达尔朗的马屁！"但是，这终究是一个非同小可的问题，考虑到政治影响，会议没有做出决定。而是要求艾森豪威尔视情况发展而定。

11月5日，艾森豪威尔乘飞机抵达设在直布罗陀的"火炬"行动临时司令部，为三天后的正式行动做最后的准备。

北非登陆战打响的前一天，也就是 1942 年 11 月 7 日夜，艾森豪威尔接见了从法国南部冒险飞到直布罗陀的吉罗将军。

一开始，艾森豪威尔对这次会见的期望值很大，一方面因为他非常佩服这位独脚老将军能够克服千辛万苦来到作战前沿；另一方面，因为在他看来，争取吉罗就意味着能使法军放弃抵抗。他没有预料到这个倔老头竟然给他出了个难题。

"我觉得我不应该仅仅作为一个外交家来完成伦敦和华盛顿交给的任务，"68 岁的吉罗头发花白，但声音很洪亮，"应该由我来指挥英美联合部队！"

吉罗这个令人吃惊的想法几乎使艾森豪威尔目瞪口呆，他甚至怀疑吉罗是不是疯了。

"首先，从军衔上来讲，我是法国陆军上将，阁下是美军中将！"吉罗不等艾森豪威尔做出反应，就开始阐述他的理由，"其次，这次行动涉及我的祖国及我本人的荣誉，而军事行动又是在法国领土上进行的。因此，我根本不会考虑接受任何仅次于统率全军的职位！"吉罗以要挟为结尾结束他的长篇大论。

艾森豪威尔费尽口舌向吉罗解释一个本来就十分简单的道理：盟军司令部没有一个法国人，正好相反，法国人站在敌人那边。但是，吉罗依旧固执己见，毫不让步，双方会谈陷入僵局。最后吉罗表示拒绝同盟军合作，将在盟军的登陆战中袖手旁观，会晤不欢而散。

好在吉罗在第二天早晨与艾森豪威尔的会晤中改变了主意，愿意接受艾森豪威尔的领导与指挥，而不要求任总指挥。艾森豪威尔随即任命吉罗为整个法属北非的总督，让他来处理这里"微妙的局势"。

但出乎意料的是非洲的法国人对吉罗十分冷淡，甚至根本就不理睬他。吉罗做了一次广播讲话，宣布他将领导法属北非，并命令法军停止对盟军作战。然而，他的讲话没有产生任何作用。这一切给艾森豪威尔泼了一盆冷水，但后悔似乎有些晚了。

尽管合作伙伴看起来好像没有选对，但"火炬"行动还是要按计划进行。

参加"火炬"行动的美英联军共有 13 个师，650 艘军舰和运输船，编成"西部"、"中部"和"东部" 3 个特混舰队。

首批登陆的兵力为 7 个师，其中美国 4 个步兵师和 2 个装甲师，英国 1 个步兵师，共约 11 万人。此外，参加这次行动的还有几个空降营，其任务是占领敌防御纵深内的机场和要点。这次登陆的空中保障，将使用 1700 架飞机，其中绝大部分都驻守在直布罗陀。

根据作战计划，前往奥兰和阿尔及尔登陆的部队从英国出发，前往卡萨布兰卡的登陆部队直接从美国出发。要求英美两国的作战舰艇分别于 10 月 26 日、10 月 24 日驶离港口，并于同一时间到达各自的登陆地点。

关于"火炬"行动，希特勒早有耳闻。11 月 3 日，在行动开始的 5 天之前，德军统帅部收到在阿拉曼战役中隆美尔惨败的初步报告时，便已获悉盟国的大批军舰正向直布罗陀集结。11 月 5 日，德军统帅部又收到报告，直布罗陀附近的舰队正和从大西洋开来的大批运输船队

★伦德施泰特（1875~1953 年）

德国陆军元帅。1892 年入伍。第一次世界大战中任军参谋长，战后任师长、集团军司令等职。1938 年退役。次年被重新起用。侵波战争中任集团军群司令。1940 年入侵法国时，任 B 集团军群司令，7 月晋元帅。1941 年进攻苏联时，任南方集团军群司令。1942 年 7 月出任西线总司令。1944 年 6 月盟军在诺曼底登陆时，连遭惨败。1945 年 5 月被美军俘获。

∧ 德国陆军元帅伦德施泰特。

会合，并向东驶入地中海内。但是，正忙于为斯大林格勒前线作战的德军打气的希特勒，却错误地估计了盟军的战略。他认为，这是西方盟国企图以 4~5 个师的兵力在的黎波里或班加西登陆，以便从后面打击隆美尔的军队。于是，希特勒只下令加强地中海的空军力量，并通知西线总司令伦德施泰特★做好执行占领法国南部的"阿提拉"计划的准备工作。之后，他便奔赴慕尼黑参加 11 月 8 日在那里召开的庆祝"啤酒馆政变"的纪念会去了。

希特勒的疏忽为盟军北非登陆活动提供了绝好的机会。

11 月 8 日，"火炬"行动正式打响。

"东部"特混舰队，由英国海军少将布罗斯指挥，于 11 月 8 日 1 时开始在阿尔及尔及其东、西两面登陆。西面的英军第 11 旅顺利地占领了滩头，而东面运送美军的船只被意外的浪潮冲离海岸数公里，在黑暗中造成了一些混乱和耽

∧ 美军部队在北非顺利登陆。

∧ 艾森豪威尔与法国海军上将达尔朗（中）、美军克拉克将军在北非。

搁。但在天亮后，也就很快地控制了局势。只是在阿尔及尔港，登陆部队遇到了法军较激烈的抵抗。2艘英国驱逐舰在驶入港口时被击伤，许多士兵被包围，并在当天下午向法军投降。幸好达尔朗这时已决定倒向盟国，下令阿尔及尔的法军停止抵抗，并于下午6时45分在一项停战协定上签了字。盟军遂控制了阿尔及尔。

"中部"特混舰队，在美军弗里登少将的指挥下，同时在奥兰登陆。法军在这里的抵抗比在阿尔及尔猛烈得多。登陆部队尽管开始时较顺利地占领了阿尔泽湾和安达鲁斯，但在向奥兰实施向心突击的过程中被阻于半路。2艘载运美军的英国军舰，在强行驶入奥兰港时被击毁，乘员死伤过半。直到9日，美军的进攻仍无进展。此时，法军的指挥官已获悉双方在阿尔及尔进行谈判，抵抗意志大为削弱。美军装甲部队乃于10日乘隙从南部突入奥兰，逼近法军司令部。中午，法军宣布投降。

∧ 1943年2月，已晋升为四星上将的艾森豪威尔正跳上英军一艘战舰。

　　"西部"特混舰队，由美军巴顿少将指挥，在11月8日拂晓前抵达摩洛哥海岸。由于夜间行驶，而且航程较远，所以登陆时间比原计划晚3小时。美军分别在卡萨布兰卡附近的费达拉、利奥特港和萨菲登陆，一开始就牢固地占领了立足点。有些地点，登陆部队并未遇到抵抗。但随后战斗一度相当紧张，特别是在利奥特港附近。11月9日，美军一面巩固登陆场，一面向内地推进，但因弹药、油料还堆积在滩头，来不及送给战斗部队，所以前进的速度极为缓慢，而法军的抵抗却开始加强。幸好达尔朗已下达停止战斗的命令，摩洛哥总督诺盖闻讯后便于11月11日宣布投降。美军遂占领了卡萨布兰卡。

　　盟军登陆北非进展得相对顺利，双方损失都不大。主要与英美联军计划周密、准备充分、装备精良、保障及时，而北非法军毫无战斗意志、仓促应战有关。但更为重要的是，艾森豪威尔在发现吉罗不能成为合作伙伴后，迅速调整目标，选定了新的合作人选海军上将达尔朗。

>> 他的肩头缀上四颗将星

　　考虑到要加强战役的统一指挥，身为总司令的艾森豪威尔仅是临时三星中将，军衔比他的三个英军副总司令（地面部队副总司令亚历山大将军、海军副总司令坎宁安海军上将、空军副总司令阿瑟·特德元帅）都低，美国参谋总部准备推荐他为上将。这样，1943年2月10

∨ 在北非突尼斯作战的
美军坦克。

日，艾森豪威尔成为四星上将，这是美军中的最高军衔，当时只有马歇尔和艾森豪威尔两人是上将。

美英军队登陆北非后，希特勒为了报复而占领法国全境。同时，为了扼守北非，陆续增兵25万人，集中于突尼斯，企图负隅顽抗。

卡萨布兰卡会议结束之后，按照会议确定的1943年军事斗争战略，艾森豪威尔开始加紧积蓄力量，整顿部队，以便向隆美尔发动一次强大的攻势。

尽管美军的物资、装备源源不断地运抵前线，飞机、坦克的数量也在增加，美军士兵的士气日盛，但是艾森豪威尔还是隐隐有些不安。他的对手是素有"沙漠之狐"美誉的德军元帅隆美尔，此人用兵如神，军纪严明，实在很难对付。而更为重要的是，驻守在突尼斯中部和西部地区的美第2军的四个师都是仓促组成派到北非的，他们不仅没有作战经验，而且战备观念极差。除了1942年11月同维希部队有过一两天的零星交锋外，根本没有体会到战争流血的残酷。

艾森豪威尔担心的情况果然出现了。1943年2月11日，盟军总部的情报处长，英国艾里克·E·弗里曼准将报告说，阿尔尼姆正从隆美尔非洲军团那里得到增援，将在短期内向第二军防线北端的丰杜克发动主攻。艾森豪威尔闻讯即驱车至A战斗群司令部，部署战斗。

凌晨3点30分左右，艾森豪威尔来到法伊德山口。夜色中，法伊德山口就像黑洞洞的一张大嘴，似乎要把所有的人都吞没掉。这个隘口地势险要，是兵家必争之地。然而，那天晚上法伊德山口却异常的平静，几乎听不到一点声音。于是，艾森豪威尔判断，德军的主攻方向在北面。

但是，令艾森豪威尔没有想到的是，在他离开法伊德山口半个小时后，德军通过山口向Λ战斗群发动了进攻。艾森豪威尔仍认为，主攻的方向在北面，这可能是佯攻。直到2月14日，隆美尔的坦克部队消灭了美军一个坦克营，击溃一个炮兵营，并且孤立了美军残余部队之后，艾森豪威尔才意识到德军在法伊德山口的进攻是主要进攻方向。

艾森豪威尔立即要求安德森调丰杜克的B战斗群投入战斗，但安德森坚持认为原先的情报是正确的，德国的主攻将在北面，而拒绝执行艾森豪威尔的命令。艾森豪威尔只好试图派别的援军到法伊德地区，但是由于距离较远，公路情况不佳，根本不可能支援被围的A战斗群。2月15日，隆美尔部队继续向前推进，摧毁美军坦克98辆，半履带车67辆和大炮29门。

2月16日，隆美尔率领非洲军团扑向卡塞林山口时，艾森豪威尔意识到端掉这只老狐狸的时间到了。尽管在此之前的战斗中，隆美尔似乎占了很多便宜，但事实上，德军损失也很严重，在希特勒忙于欧洲战场无暇他顾、无力对非洲军团提供补给的情况下，隆美尔实际上已经是孤注一掷，并暴露了他的致命弱点。艾森豪威尔认为，敌人此举构不成威胁，反而更多地造成挨打的局面。如果在卡塞林山口集中兵力和火力方面的优势，完全可以给予只有一条脆弱补给线的隆美尔以致命打击。艾森豪威尔向马歇尔保证："我们有足够力量阻止他前进，并准备歼灭他。"

艾森豪威尔催促安德森和弗雷登达尔立即向隆美尔的侧翼发动进攻，抢占山口，切断非洲军团的后路，然后消灭它。但是，安德森和弗雷登达尔不同意艾森豪威尔认为隆美尔已成强弩之末的结论，他们期待着他发动另一次攻势，坚持采取守势来对付隆美尔进攻。结果安德森只调出B战斗群的一个营，向南进攻隆美尔的侧翼。由于美军缺少增援，没有作战经验，而德军坦克数量又远远超过美军，结果美军的第一次反击战斗打得很糟糕，不仅伤亡5000多人，而且损失了成百辆坦克和其他装备。当天晚上，隆美尔功成身退。

这个时候，非洲雨季降临了。美英联军临时修建的机场变成了烂泥塘，车辆的行驶也极为困难。美军在卡塞林受到隆美尔的惨重打击之后，士气开始明显低落。艾森豪威尔也因为气候原因得了流行性感冒，身体十分虚弱，但略有好转，他就立即赶到卡塞林视察战况。

深绿色的越野吉普车行驶在泥泞的公路上，公路两边，美军的尸体到处可见。在路边一座小山上，艾森豪威尔看见一群阿拉伯人正在把靴子、衣服以及所有可以拿到集市上去卖的物品，从阵亡的美国士兵身上剥下来，然后放到他们的骆驼背上。

"掩埋阵亡士兵的人都到哪里去了？"艾森豪威尔咬牙切齿地问道。

"将军，负责掩埋阵亡人员的战士已经竭尽全力了。"同车的杜鲁思少将回答说，他刚刚被任命为卡塞林地区前线指挥所代表。

"难道我们不能用大炮把他们轰走吗？"

"连多余的炮弹也没有了。况且，这件事情很不好处理，我们不能因此引起阿拉伯人的反抗情绪。我们需要他们。"

艾森豪威尔疲惫无力地摇了摇头。

之后，艾森豪威尔一行来到霍芬伯奇将军的地下指挥所，霍芬伯奇是从西点军校毕业的，而且是艾森豪威尔的老朋友。卡塞林战役中，他负责指挥驻守山口。

与指挥所外面泥泞、肮脏的景象形成鲜明对照的是霍芬伯奇崭新、干净的办公室。在那里，艾森豪威尔看到全新的办公桌、地图、电灯，还有全套的通信设备、厨房和洗漱间，以及一些北非的雕塑艺术品。

"想不到你的办公室里竟然有如此全套的玩意？！"艾森豪威尔强忍着内心的愤怒说。

"这些全都是从美国运来的。"霍芬伯奇没有听出艾森豪威尔话语中的讥刺成分。

艾森豪威尔实在忍不住了:"霍芬伯奇,我命令你的部队坚守要塞,可是你却被隆美尔的部队吓破了胆。现在,有 1500 名美国士兵躺在泥土里,就像是屠宰场里的猪,被人任意掳掠着。"艾森豪威尔的声音在颤抖,这是他第一次亲眼看见战场的恐怖。

然而,霍芬伯奇没有丝毫承认错误的意思,反而辩解说:"法国人根本不服从我的指挥,英国人自行其是,而且……"

"他们为什么要服从你的指挥呢?他们在前线浴血奋战,你却坐在离前线 100 多公里远的指挥所里。"

"我的通信设备运转非常正常,我觉得不在前线有利于我考虑全局。"

"屁话!"艾森豪威尔怒不可遏。

他没有想到,西点军校出来的军官中也有白痴,而且这个白痴竟然是他的朋友!他觉得有必要时必须解除这个把事情弄得一塌糊涂的老朋友的职务。

"限你二十四小时之内,向隆美尔发动进攻!"艾森豪威尔对霍芬伯奇命令道。

听到艾森豪威尔的话,霍芬伯奇立即回答说:"这一点,将军您请放心,我已经制订好了作战计划。"

艾森豪威尔略感吃惊,他用怀疑的眼光看着霍芬伯奇。

霍芬伯奇拿起一支教鞭指着挂在墙上的那幅巨大的军用地形图说:"进攻就在丰杜克公路上,计划是这样的……"

还没有等霍芬伯奇说完,艾森豪威尔就打断他的话,直截了当地问:"你视察过丰杜克公路的情况吗?"

"没有,"霍芬伯奇从办公桌上拿起一叠文件,说,"但我所有的报告都在这里。"

艾森豪威尔一把夺过文件扔在了地上,几乎是咆哮着说:"隆美尔曾经写过一本书,书上的每一句话我几乎都背下来了。因为我知道,说不定哪一天我将和他打交道。他在书中说'没有任何东西可以代替指挥员在前线的位置。让士兵看到你,你的军衔越高,给他们树立榜样的作用就越大。'你难道就不明白这么简单的道理,却忍心看着你手下的弟兄一个个倒在你面前?"

霍芬伯奇从来没有见到老朋友会发如此大的火,而且是当着部下的面训斥自己。他的脸涨红了,随后又变得灰白,但嘴里还是忍不住发泄道:"如果这样的话,将军也许您应该到前线去。"

艾森豪威尔冷冷地瞅了他一眼,说道:"好吧,这正是我要做的。霍芬伯奇,你如果一意孤行的话,我就踢着你的屁股,把你赶回美国。"说完,艾森豪威尔坐上了他那辆军用吉普车。

在一座山坡上,杜鲁思指了指说:"下面就是丰杜克公路,隆美尔的指挥部就在高地的另一边。"

艾森豪威尔举起望远镜望去:"隆美尔离前线近得不用离开帐篷就可以向士兵喊'冲锋'了。"

他放下望远镜转过身子,看到一些士兵在修理被打坏了的坦克。艾森豪威尔走到一个趴在地上用锤子敲打履带的士兵身边。

"修好了吗？"他问。

"如果这是一个女人的话,我非把她从床上踢开不可。"那位士兵回答说。

艾森豪威尔给那位士兵递了一支香烟,他认为这是跨越官兵之间鸿沟的最好办法。

士兵把香烟点燃并很快和他聊了起来。不一会儿,艾森豪威尔便和围上来的士兵们称兄道弟了。

这时候,艾森豪威尔看到在一辆辆烧毁的坦克后面,收容队正把阵亡士兵的尸体排列起来运往山下。一些尸体的衣服被剥光了,有一具尸体右手戴戒指的手指被截断了。

艾森豪威尔怀着沉重的心情慢慢走过去俯视着那些士兵的尸体,流下了眼泪。这是艾森豪威尔在战争中第一次,也是最后一次让别人看见他落泪。

艾森豪威尔任眼泪在脸上风干,也没有动手去擦。他在心里暗暗下了决心,让法西斯德国血债血偿。之后,艾森豪威尔把霍芬伯奇调回了美国,公布的理由是需要他回去训练准备参战的新编部队。

>> 将轴心国军队彻底逐出北非

与隆美尔最初的几次交锋,艾森豪威尔吃尽了苦头,损失惨重。但是"塞翁失马,焉知非福"。从另一个方面来说,艾森豪威尔带领着没有作战经验的美军经受住了战争的考验,有效地提高了部队的作战能力,并进一步加深了对敌人的了解。对于今后要发起的突尼斯进攻,艾森豪威尔可以说成竹在胸。

1943年3月下旬,在完成作战准备后,艾森豪威尔指挥英美联军对突尼斯发起了进攻。

东面,由亚历山大率领的第18集团军群首先向突尼斯

∧ 德军非洲军团司令官隆美尔元帅。

∧ 阿拉曼战役结束后，被俘的德意战俘被押往后方。

★阿拉曼战役

1942年7月，北非德意联军在隆美尔指挥下进抵阿拉曼。英国第8集团军司令蒙哥马利决心向西挺进，配合在北非登陆的英美联军，将德意军全部逐出北非。经过激战，至25日，英军在战线北部打入敌军防御阵地。激战后英军突破德意军防区，向阿拉曼挺进。隆美尔见败局已定，下令撤退，4个师的意大利军队向英军投降。从此，德意法西斯军队在北非开始节节败退，直至1943年5月被完全逐出非洲。此次战役英军对德意军给予歼灭性打击，扭转了战争局势。

港口比塞大发起攻势。当时第18集团军群有20个师又4个独立旅，人员和装备齐全。而德意联军驻扎在突尼斯地区的只有14个师又2个旅，而且人员和装备的缺额很大，每个师平均人数不超过5000人。更重要的是，在艾森豪威尔下令进攻突尼斯之前，隆美尔这只老狐狸已经嗅到了死亡的气味。他认为，突尼斯尽管地理位置十分重要，但由于处于亚历山大和蒙哥马利两支大军之间，态势十分不利，轴心国的军队若再留在非洲，就等于"明显的自杀"。于是，在请求元首希特勒迅速从北非撤军没有得到许可后，3月9日，隆美尔便要求他的属下阿尼姆将军代理指挥军队，他回欧洲养病去了。结果隆美尔成了希特勒眼中的"悲观主义者"，从而失去了对非洲军团的指挥权，驻突尼斯德意部队"群龙无首"。

西面，英美联军以蒙哥马利的第8集团军为主力向敌人的主要阵地马雷斯防线展开进攻。位于利比亚和突尼斯交界处的马雷斯防线，原来是法国人在"二战"前为防止意大利入侵突尼斯而修筑的一条长达30公里的防御工事。1943年2月上旬，阿拉曼战役★结束之后，德意联军退守到马雷斯防线进行固守，与蒙哥马利率领的第8集团军遥遥相峙。

马雷斯防线是一条组织严密、工事坚固的防御系统。它北起地中海，南到陡峭的马特马塔的山丘，正面一道道防坦克战壕和铁丝网。除了特巴戈山和梅拉布山之间那条狭窄的弯路之外，没有可能进行迂回行动的其他路径。而敌人已经在这个隘口修筑了工事，由德国装甲师和意大利步兵把守着。整个马雷斯防线上共有2个德国师和6个意大利师防守，并有德军

105

第15装甲师作为后备。隆美尔离开北非后，由意大利梅塞上将接替了马雷斯前线的指挥权。

3月20日，蒙哥马利集中绝对优势兵力对德意军阵地发起突击。其中，右翼由第30军担任主攻，对马雷特防线的沿海地区发动了猛烈的轰击，经过一整天的激战，攻占了瓦迪济佐。但是，3月22日，德军第15装甲师趁着月光发动的一次反击，阻止了英军的前进，迫使英军撤出瓦迪济佐。之后，蒙哥马利在派新西兰军对右翼实施深远迂回之后，又将第10军加强在该方面。梅塞唯恐被围，慌忙撤到厄尔哈马。

进入4月份，巴顿率领的第2军已经从背后威胁到梅塞的右翼。至4月6日，巴顿与蒙哥马利的第8集团军顺利会师，德意军面临被合围的威胁。梅塞不得不北撤马雷斯防线的守军，并于4月中旬退至突尼斯北部，终于成了瓮中之鳖。

对突尼斯的包围态势形成之后，从4月22日开始，艾森豪威尔命令由亚历山大元帅指挥英国第1集团军和第8集团军在右翼，美国第2军在左翼，由南向北对轴心国部队发动一次强劲的突击。

垂死挣扎的轴心国部队摆出一副负隅顽抗的架势。韦尔斯特的第5装甲集团军位于左侧，非洲军团居中，梅塞的意大利第一集团军防守其前线的右翼。与此同时，希特勒也加紧了对突尼斯的增援。但是，由于盟军侦听到了德国供应船的航运情报，德国的增援船大部分被击沉。无奈之下，德国只好采取空运补给，但多数运输机也被击落。德意联军的后勤补给极度短缺。

但是，由于敌人的顽抗阻击，英国第1和第8集团军只能缓慢地向前移动。在这种情况下，艾森豪威尔的心情非常焦虑。正如他的副官4月25日所写的"艾克目前的情况有点像母鸡在孵蛋。他在等待鸡蛋孵化，而心里在嘀咕，能不能破壳而出"。

看来，希望只能寄托在美军身上。在4月的最后一个星期，艾森豪威尔巡视了前线，所见到的情形使他高兴。接替巴顿出任第2军军长的布莱德雷是他在西点军校的同学，是一位出色的军事指挥家，艾森豪威尔相信布莱德雷会"干得很不错"。

果然，布莱德雷率领美国第2军开始向最崎岖的前沿发起试探性的攻击，进展迅速，继5月1日占领杰夫耶后，3日攻占了马特尔。在这一过程中，美第2军表现出了高昂的士气，其中的第1师甚至被英国老兵称为"所见到的最好的作战部队之一"。即便是在卡塞林山口遭到重创、一

∧ 艾森豪威尔与时任美第 2 军军长的巴顿在北非。

> 关押在美军战俘营中的在北非被俘和投降的轴心国战俘。

度情绪低落的第34师，在艾森豪威尔的鼓励和信任下，也在拿下609高地后士气大振，在突尼斯战役及以后的整个战争中，立下了汗马功劳。

对德意联军的最后攻击就要开始了。为防止敌军破坏港口设施并撤退到群山中去，亚历山大对已成困兽的敌军没有采取围困战术，而是实施代号为"闪击"的快速突袭战法。他命令蒙哥马利将第8集团军的装甲部队交由第1集团军军长安德森指挥，由第1集团军向突尼斯城的德军第5装甲集团军发起决定性进攻。左侧，则由布莱德雷率领的美国第2军从比塞大湖南北两侧出击。

5月6日凌晨3点半，安德森对德军第5装甲集团军发起决定性进攻，一举突破了德军防线。亚历山大命令安德森"不顾一切地向敌人心脏突尼斯城刺去"。于是，当亚历山大坐在吉普车上，随第1集团军的装甲车流进入突尼斯城时，整座城市由于盟军的快速降临陷入一片混乱，在理发店修面的德军士兵还来不及擦掉脸上的肥皂沫便做了俘虏。与第1集团军进攻突尼斯城同时，布莱德雷率美军第2军如决堤洪水向比塞大港口卷压过去。仅一天多时间，盟军即全部占领了突尼斯城和比塞大港，生擒德意联军总司令阿尼姆。5月13日，在盟军的强烈打击下，轴心国在突尼斯的残余部队投降。艾森豪威尔统率的盟国武装部队，共俘虏敌军27.5万人，其中一半以上是德军。这一胜利，与三个半月前苏联红军的斯大林格勒大捷遥相辉映。

至此，轴心国的势力被彻底逐出北非。北非的胜利不仅为未来盟军的联合作战树立了样板，也为盟军下一步的行动提供了一个跳板，可谓是取得战略性的重大胜利。

第四章
双重威力

PA 3-27

英美两国经常发生战略分歧，丘吉尔深夜登门拜访盟军总司令。艾森豪威尔政治
上交流沟通，军事上合作协力，制订"哈斯基"计划，攻取西西里岛，墨索里尼
法西斯政权几乎一夜之间土崩瓦解，意大利南部战役大败德军，罗马解放……

< 准备在西西里实施登陆的盟军。

★西西里战役

1943年，盟军为攻占意大利西西里岛而发动西西里战役。盟军为攻占西西里岛所制订的作战计划称为"哈斯基计划"。1943年7月10日凌晨，盟军开始实施"哈斯基计划"，16万军队在1000架飞机掩护下，向西西里岛东南部发动进攻，强行登陆。双方在岛上展开战斗。8月5日，英军攻克卡塔尼亚。8月16日，美军攻占墨西拿。至1943年8月17日，盟军控制了全岛。盟军占领西西里岛，打开了直接进攻意大利的大门，为以后迫使意大利退出战争创造了必要的条件。

>> 丘吉尔首相深夜的登门拜访

早在1943年1月的卡萨布兰卡会议上，美国总统罗斯福和英国首相丘吉尔就开始商讨北非胜利后的作战方针。经过初步商定，一旦突尼斯的军事行动结束后，下一步的进攻目标应是意大利的西西里岛。

但是，两国的三军参谋长在讨论这一问题时，却产生了严重分歧。美国的参谋人员希望"把地中海的这一插曲赶紧结束"，以便抽出手来一举打过英吉利海峡，开辟第二战场。英国人则认为，横渡海峡是一场无谓的冒险，可能会招致灾祸，不如从意大利的西西里岛开刀，刺向敌人的"腹部"。

1943年5月11日，当北非战局快要结束时，丘吉尔为了与美国领导人协调之后的军事行动，第三次访问了华盛顿。他一再敦促罗斯福说服其三军参谋长们"正确地认识进攻意大利的问题"。美国军方在总统的干预下，勉强同意进攻西西里岛。陆军参谋长马歇尔将军在丘吉尔的邀请下，随同英国首相乘专机飞往阿尔及尔，与北非战区总司令商讨有关进攻西西里岛以及之后的作战方针。从5月29日开始，丘吉尔、马歇尔、艾森豪威尔、亚历山大等在艾森豪威尔的别墅里召开了军事会议，他们争论了两个星期。参谋长们最后同意在1944年横渡英吉利海峡进攻欧洲大陆，但是没有对西西里战役★后在地中海的行动做出决定。这一问题留待艾森豪威尔去解决，由他酌情制定出最好能使意大利退出战争，并牵制最大量的德国部队的作战计划。

＜卡萨布兰卡会议期间，克拉克将军到机场欢迎艾森豪威尔。

既然由艾森豪威尔司令官决定，丘吉尔就飞到阿尔及尔，劝说艾森豪威尔对意大利发动进攻。英国参谋长布鲁克将军和其他参谋军官，还劝说马歇尔陪着首相一道前往，这样就形成了上级来恳求下级的奇特场面。

　　丘吉尔首相在阿尔及尔逗留了一个星期，不断对艾森豪威尔施加影响，要求他不去进攻撒丁岛，而进攻意大利本土。

　　5月29日晚上11点，艾森豪威尔司令部突然电话铃声大作，似乎发生了什么紧急事件。正准备就寝的艾森豪威尔犹豫了一下，还是伸手把听筒拿了起来。

　　"艾森豪威尔先生吗？我现在想去拜访您一下，好吗？"

　　艾森豪威尔听出来是英国首相丘吉尔的声音，尽管是在询问，却有不容置辩的语气在里面。

　　"首相先生，如果您还是要谈关于进攻西西里岛以后的那件事，能不能换一个时间，现在太晚了。"艾森豪威尔尽量压制住厌烦的口气，轻声劝说道。

　　但是丘吉尔却坚持要来，艾森豪威尔只好说："好吧，我等您。"

　　放下电话，艾森豪威尔有些哭笑不得，不过他还是非常佩服这个意志坚韧的老头，有一股不达目的誓不罢休的劲头。

　　15分钟之后，丘吉尔来了，艾森豪威尔只好耐着性子，听丘吉尔一遍又一遍地重复他的理由。"艾克，我觉得，进攻撒丁岛只是为了方便，而进攻意大利本土才是一场光荣的战役！"

　　为了强调进攻意大利的重要性，丘吉尔有意地停顿了一下，"这种光荣来自占领罗马，那将是非常伟大的成就！"

　　……

　　丘吉尔离开艾森豪威尔办公室的时候，已经快凌晨两点了，在两个多小时里，艾森豪威尔几乎没有插上话，真不知道丘吉尔哪来这么大的精力。第二天，凯瑟琳关切地问艾森豪威尔怎么脸色不好，艾森豪威尔苦笑着回答："昨天晚上，丘吉尔首相用三种不同的方式三次重申他的意见。"

　　类似这样的纠缠还发生了多次，就连陪同丘吉尔首相前来的布鲁克将军也不得不说："在这一周内，我看到艾森豪威尔非常疲倦，他经常受到丘吉尔这样的折磨。"

　　在饱受丘吉尔折磨的同时，艾森豪威尔还要承受来自马歇尔的压力。因为马歇尔既不想进攻撒丁岛，也不想进攻意大利本土。他认为进攻意大利是弊多利少，因为盟军的船只必须用来支援居民，而单单是用煤一项，每年就需要1000万吨，此外还有大量的食品。尽管盟军一旦占领意大利，可以得到轰炸德国南部的机场，但这远远不值得去花这么大的力气。马歇尔对艾森豪威尔说，"早晚必须做出决定性的努力，从英国进攻欧洲大陆"。如果在地中海西西里战役之后不再发动攻势，实施"围捕"行动就会更快些。他敦促艾森豪威尔一旦西西里战役结束，就开始在地中海减少兵力。

就艾森豪威尔本人而言，他也非常赞同结束在地中海的作战行动，集中力量进行横越海峡的进攻，尽早地开辟欧洲第二战场。但是，作为一位战区司令官，他不能不倾听英国人，特别是英国首相丘吉尔的意见。考虑到英国人在进攻西西里岛和意大利方面的坚决态度，考虑到开辟第二战场需要两国的精诚合作，艾森豪威尔决定劝说马歇尔和陆军部作战处人员改变战略部署，因为"一旦意大利退出战争，德国就必然要抽出大量的兵力来代替巴尔干的26个意大利师。德军的兵力越分散，对1944年横渡英吉利海峡，开辟第二战场就更有利"。

∧　艾森豪威尔与英国坎宁安将军在一起。

　　就这样，几经磋商后，英美两国达成了攻占西西里岛后，以此作为进攻意大利西部跳板的"哈斯基"作战计划。

　　在"哈斯基"作战计划确定的过程中，在饱受英美两国参谋部及首脑夹击的同时，艾森豪威尔还不得不腾出一只手来解决法国问题。

　　此时，法国局势的发展被罗斯福说成是"可怕的一团糟"。美国企图削弱戴高乐的力量，但没有成功。五月中，在被德国占领的法国内部，抵抗运动成立委员会，并宣布效忠戴高乐。在沙漠中与英国军队并肩作战过、支持戴高乐将军的法国部队，渗入阿尔及尔，在吉罗的人中间进行争取工作，取得了巨大的成功。居住在阿尔及尔的法国知名人士要求由

★戴高乐 （1890～1970 年）

法国将军，政治家、军事家。1912 年，毕业于圣西尔军校。参加过第一次世界大战。1940 年 5 月，任第 4 装甲师师长。6 月，任国防部次长，是主战派将军。7 月，组建成法国第一支"自由法国"部队。10 月，在非洲建立"保卫帝国委员会"。1942 年，将自由法国改为战斗法国。1943 年，任全国解放委员会主席，领导了在北非的战役。1944 年 6 月，将全国解放委员会改为法兰西共和国政府。8 月，进驻巴黎。1958 年 12 月，任法兰西第五共和国总统。1969 年 4 月，离职。

←

< 1944 年 8 月 26 日，胜利的巴黎市民在戴高乐的率领下前往凯旋门。

∨ 1943 年卡萨布兰卡会议期间，罗斯福、丘吉尔与戴高乐、吉罗合影。（自左至右：吉罗、罗斯福、戴高乐、丘吉尔）

戴高乐取代吉罗。六月份，在民众和顾问们的压力下，吉罗被迫同意会见戴高乐。会晤的结果是同意成立一个"法国全国解放七人委员会"，由吉罗和戴高乐两人共同担任主席，吉罗则保留武装部队总司令的职务。但是时间不长，两人之间的矛盾便激化了。因为戴高乐将军计划重新任命人员以代替维希政府的旧官员，要求废除反犹太法律，并且有意从吉罗手中拿回军队的控制权，而吉罗对此却坚决反对。6 月 10 日，在"法国全国解放委员会"的一次会议上，戴高乐的提议没有得到多数通过，他随即便"非常遗憾"地宣布，"他不能再与委员会发生任何联系"，并且辞职。

罗斯福总统对于戴高乐的辞职感到很高兴，他认为现在这位"自由法国"的领导人被排除在外了。但是，在阿尔及尔的戴高乐拥护者们认为，在当时的法国不可能没有戴高乐。于是"法国全国解放委员会"对戴高乐辞职做出了令罗斯福意想不到的反应，他们将 7 人委员会扩大为 14 人委员会，戴高乐★重新担任两主席之一，而对武装部队的控制权由戴高乐、吉罗、朱安和其他两人组成的小组委员会共同掌管。这样，在新的委员会中，戴高乐占有多数，显示了他正在完全控制法国的事务。

对此，罗斯福非常不满。他打电报给丘吉尔说："戴高乐使我受够了，我们不可能和他在一起工作。"但是丘吉尔不同意，并说盟国必须找到与戴高乐一起工作的办法。这就是通过艾森豪威尔，丘吉尔认为，可以利用艾森豪威尔来控制戴高乐。

艾森豪威尔也不同意罗斯福总统的意见。在阿尔及尔，艾森豪威尔能够直接感受到在他的周围无处不在的戴高乐的政治力量。如果戴高乐被迫退出"法国全国解放委员会"，北非会出现内战，这正是他所担心的，因为他正在准备进攻西西里岛，需要一个稳定的后方，而不能在他的后方出现混乱。鉴此，艾森豪威尔一再设法使罗斯福冷静一些，他请求总统不要再弄出新的危机，并答应去会见吉罗和戴高乐，使戴高乐同意仍然要吉罗指挥法国的武装部队。

结果，戴高乐的傲然态度完全出乎艾森豪威尔的意料。会见时，戴高乐开门见山地说："我是以法国总统的身份到这里来的。如果你有意向我提出请求，请放心，我事先已准备使你满意……"

艾森豪威尔愣了一下，接着很有礼貌地要求戴高乐，让吉罗指挥法国武装部队。

戴高乐非常气愤地回答说："法国军队指挥权的问题，是法国政府权限范围内的事，不是你们的事。"

艾森豪威尔重申他的立场，对此戴高乐问道："你是一名军人，你认为一位领袖的权力，如果要仰仗某一外国的鼻息，还能存在吗？"

戴高乐承认艾森豪威尔在经营着用美国装备重新武装的法国军队的工作，处于有利的地位，但是戴高乐提起第一次世界大战时，美军使用的是法国的大炮，驾驶的是法国卡车和法国飞机。他问："我们因此而要求过美国任命这名或那名领导人，或建立这样或那样的政治制度了吗？"

说实在的，艾森豪威尔对提出这一要求是感到为难的，这只是由于罗斯福的压力才这样做的。本来他不想过问法国的政治，他比丘吉尔，更比罗斯福清楚地知道戴高乐在法国人民中的影响。他对戴高乐，正如戴高乐对他一样，有着一种"无可奈何的钦佩"。他们两人从来没有成为密友，但是他们互相尊重。戴高乐钦佩艾森豪威尔的直率和诚实，艾森豪威尔钦佩戴高乐的能力和他毫不动摇地献身于解放法国的事业。

在进军西西里之前，6月22日艾森豪威尔给马歇尔送去一份关于"当前形势"的长篇分析报告。他强调进攻西西里时拥有一个巩固后方的重要性。他请马歇尔注意，不要让罗斯福的行为酿成危机。他建议承认"法国全国解放委员会"是法国临时政府，认为这个问题比吉罗的地位更重要。丘吉尔和艾森豪威尔的政治顾问们也都认为，承认是最好的解决办法。但是罗斯福给他发去了一份严厉的指责电报，警告他"无论如何你都不能承认这个委员会"。在这种情况下，艾森豪威尔仍坚持认为，"某种有限的承认"将会是有益的。就这样，在艾森豪威尔的坚持之下，直到8月份，罗斯福才终于对艾森豪威尔所提的方针做了某些妥协。他在毫不隐讳地宣称不会"给戴高乐一匹白马让他进入法国，成为法国政府的首脑"之后，采取承认"法国全国解放委员会"是"对承认其统治权的法国的海外领地施行政权"的立场。

>> 周密筹划后发起的强势进攻

西西里岛是地中海中最大的岛屿，面积2.5万多平方公里，人口400万。该岛位于亚平宁半岛和北非之间，隔墨西拿海峡与意大利本土相望，最窄处仅3219米，是意大利南部的重要屏障。

由于西西里岛的特殊地理位置，法西斯轴心国对盟国的战略意图是比较清楚的。对于这一点，极力主张进攻西西里岛的丘吉尔也承认："除了该死的蠢货，谁都会明白下一步是西西里。"

尽管德、意在北非和地中海的惨败，以及德军在苏德战场上的失利，使意军的士气和战斗力急剧下降。但是在亚平宁半岛、科西嘉岛、撒丁岛和西西里岛担任防御的意军共有44个

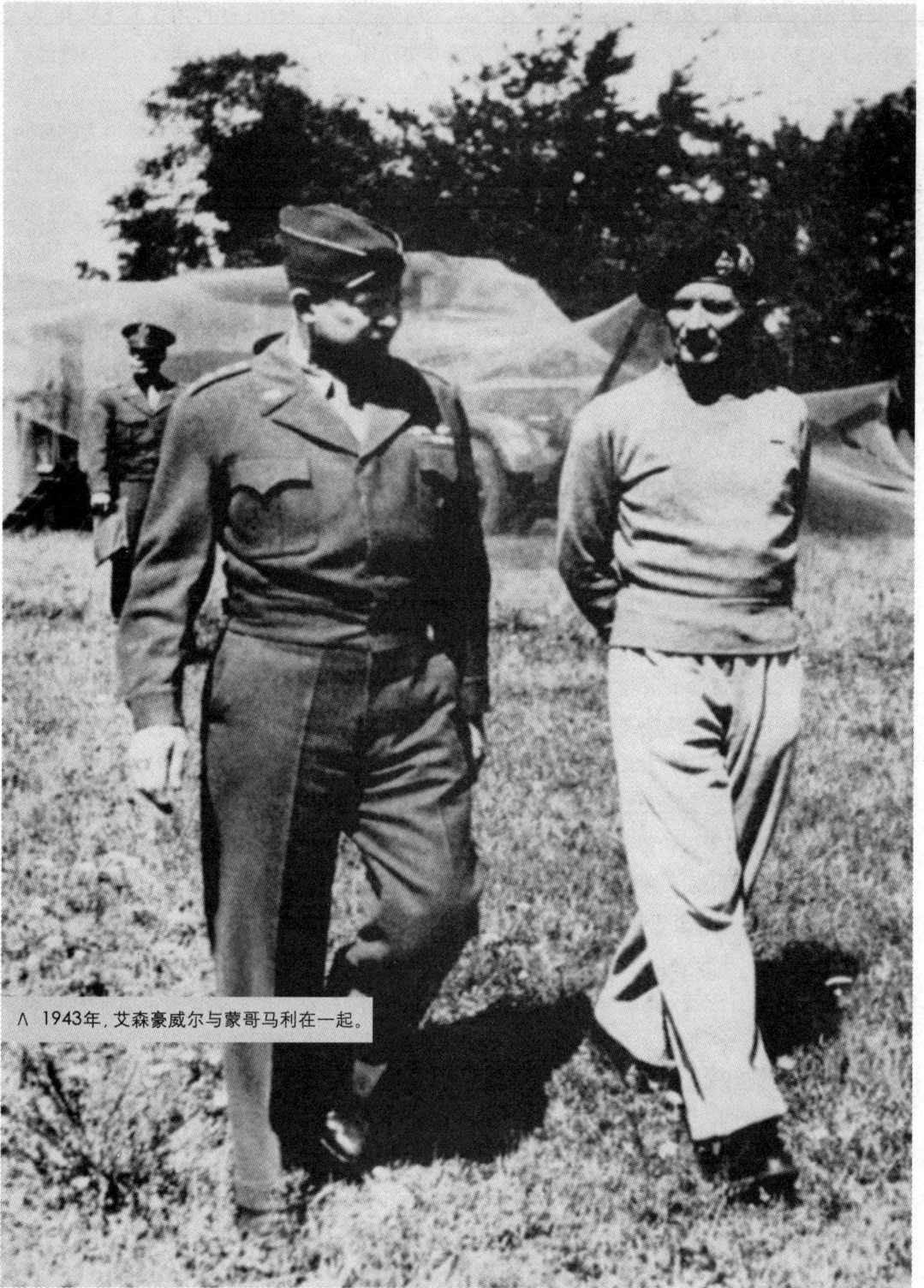

∧ 1943年，艾森豪威尔与蒙哥马利在一起。

师又6个旅、600架飞机和183艘舰艇，德军兵力有7个师、1个旅、500架作战飞机和60艘舰艇。至1943年7月初，西西里岛驻有意军第6集团军，下辖9个意大利师和2个德国师，共25.5万人，可以得到500架飞机的支援。

面对这样庞大的守备兵力，盟军要想进攻西西里岛并且得手，就必须付出相当大的代价。因此，这种态势迫切需要盟军进行军事欺骗，诱使轴心国把注意力从西西里岛转移到别的地方，然后进行军事突袭。

在主持"哈斯基"计划初期，艾森豪威尔就认识到实施军事欺骗的必要性和可能性。必须调虎离山，转移敌人的视线。于是，艾森豪威尔责成丘吉尔直接掌握的一家情报机构——伦敦监督处具体负责这一欺骗行动，这样就有"肉馅行动"的出台。

1943年4月30日，天刚蒙蒙亮。西班牙沿海边的一个古老小镇——摩尔渔镇附近的海滩上，正在作业的一位渔民发现了一具尸体。这具尸体已经被海水泡得肿胀起来，但是通过尸体身上的军装，还是能够判断出来是一名英军的海军少校，少校身上还背着一个黑色的公文包。于是，这位渔民就把海军少校的尸体拴在自己的小船上，拖到港口，交给了西班牙海军。

西班牙海军通过少校的公文包，确认了死者的身份为"联合作战司令部参谋，皇家海军陆战队临时上尉（代理少校）威廉·马丁，09560号"，并发现了许多重要的文件和私人信件。因为西班牙与德国关系极为密切，西班牙海军如获至宝，在通知英国驻马德里的海军武官希加尔斯之前，把这一情况告诉了德国谍报局在当地的官员。于是，在英国方面的人员赶到之前，西班牙医生在检查尸体，确认死者是因飞机失事而落水淹死的同时，德国谍报局的官员正忙于翻拍那些文件和信件。

死者的公文包里有蒙巴顿勋爵写给艾森豪威尔的信，谈到英美两国联合作战的问题。还有英国总参谋部副参谋长给"哈斯基"行动副总指挥亚历山大将军的信件，信上说："为了迷惑敌人，打算利用意大利的西西里岛，引开德国人的注意力，来掩护盟军对希腊的登陆作战。"此外，还有一封蒙巴顿勋爵给地中海舰队总司令的信，信中详细介绍了死者的身份及行动意图："马丁少校是运用登陆艇专家，他尽管沉默腼腆，但确实有两下子。他在迪厄普对事态的可能趋势比我们当中一些人预料得更为准确，而且对苏格兰搞的新式大船和设备做试验时，表现也一直很好。恳请一俟攻击结束，就立即把他还给我。"

从上述资料德国人推断，马丁应是在前往盟军参谋部的行程中，因飞机发生意外事故坠毁而落水的。而同时，英国方面不断向西班牙交涉，要求归还公文包，又使德国间谍对马丁少校确实是一位非常重要的人物，更是深信不疑。

其实，马丁少校不过是"肉馅行动"的杰作。盟国情报机关找到了一具死于肺炎、胸中有积水的男尸，给尸体穿上了海军陆战队统一发放的制服，并精心仿造了上述各种文件和材料。由于没有丝毫破绽，德国人对此深信不疑，德国谍报局代表向柏林报告了他的幸运发现。

另外，他还搞了个小骗局，把信和文件都小心翼翼地按原样放回了公文包，因为如果盟军怀疑到它们曾落入敌人之手，肯定会改变或推迟那些已经暴露的行动计划。公文包终于通过西班牙的外交部还给了英国人，但文件的影印本已送到柏林去鉴定。柏林方面经过鉴定，确认这些文件是真实的。"肉馅行动"★终于取得了圆满成功。

早在"肉馅行动"之前，希特勒就曾因为西西里岛地理位置重要，很难达成战略突袭为理由，怀疑盟军可能会在其他地方登陆，"马丁少校"的信更是让他对此深信不疑。这样，希特勒在判断盟军的登陆地点时犯了严重错误。他认为美、英军很可能在撒丁岛或希腊登陆，下令将西西里岛上的兵力调往撒丁岛和希腊，在岛上仅留下2个德国师。

至此，法国局势的稳定和"肉馅行动"的圆满实施，为"哈斯基"计划的顺利进行提供了良好的条件。甚至可以说是万事俱备，只欠东风了。艾森豪威尔可以把全部心思用在"哈斯基"行动的指挥上了。

至1943年夏，盟军已在北非沿海港口集中了大量军队，准备在西西里岛登陆。这次行动由亚历山大将军指挥的第15集团军群负责实施。该集团军群下辖蒙哥马利指挥的英军第8集团军和巴顿指挥的美军第7集团军，共有13个师和3个独立旅，总兵力达47.8万人。作战飞机4000余架，各种战斗舰艇和辅助船只约3200艘。亚历山大计划首先以空军重创敌人的海、空力量，然后英军第8集团军在西西里岛东南部沿拉库札到帕基诺地段登陆，美军第7集团军则在该岛西南部杰拉至利卡塔地段上登陆。与此同时，空降兵则应越过滩头堡着陆，夺取要点，支援登陆部队。主力上岸后应向北发展进攻，分两路围歼德、意守军，占领全岛。

而艾森豪威尔却主张，在攻占西西里岛之前，盟军应首先攻占位于西西里岛和突尼斯之间的班泰雷利岛，作为取得进攻西西里岛的前进基地。

班泰雷利岛是意军的飞机和鱼雷艇基地，有意大利的重兵把守。海岸都是岩石，没有沙滩，唯一的通道是一个狭窄的海港。从外形上看，班泰雷利岛好像一个不易击破的硬核

★"肉馅行动"

英国情报机关为诱使德统帅部误认为盟军在1943年夏进攻矛头将指向希腊和撒丁岛，而忽视西西里岛防务的欺骗行动的代号。1943年4月30日，英军情报机关将一具伪装成英军军官并携带两封伪造信件的尸体送上西班牙的南部海滩，尸体被西班牙发现，在西班牙的德国情报人员把信中透漏的盟军将进攻撒丁岛和希腊的消息，立即报告了希特勒。希特勒下令在西西里岛仅留两个师，其余军队调往撒丁岛和希腊，这使盟军在进攻西西里岛时取得了迅速的胜利。

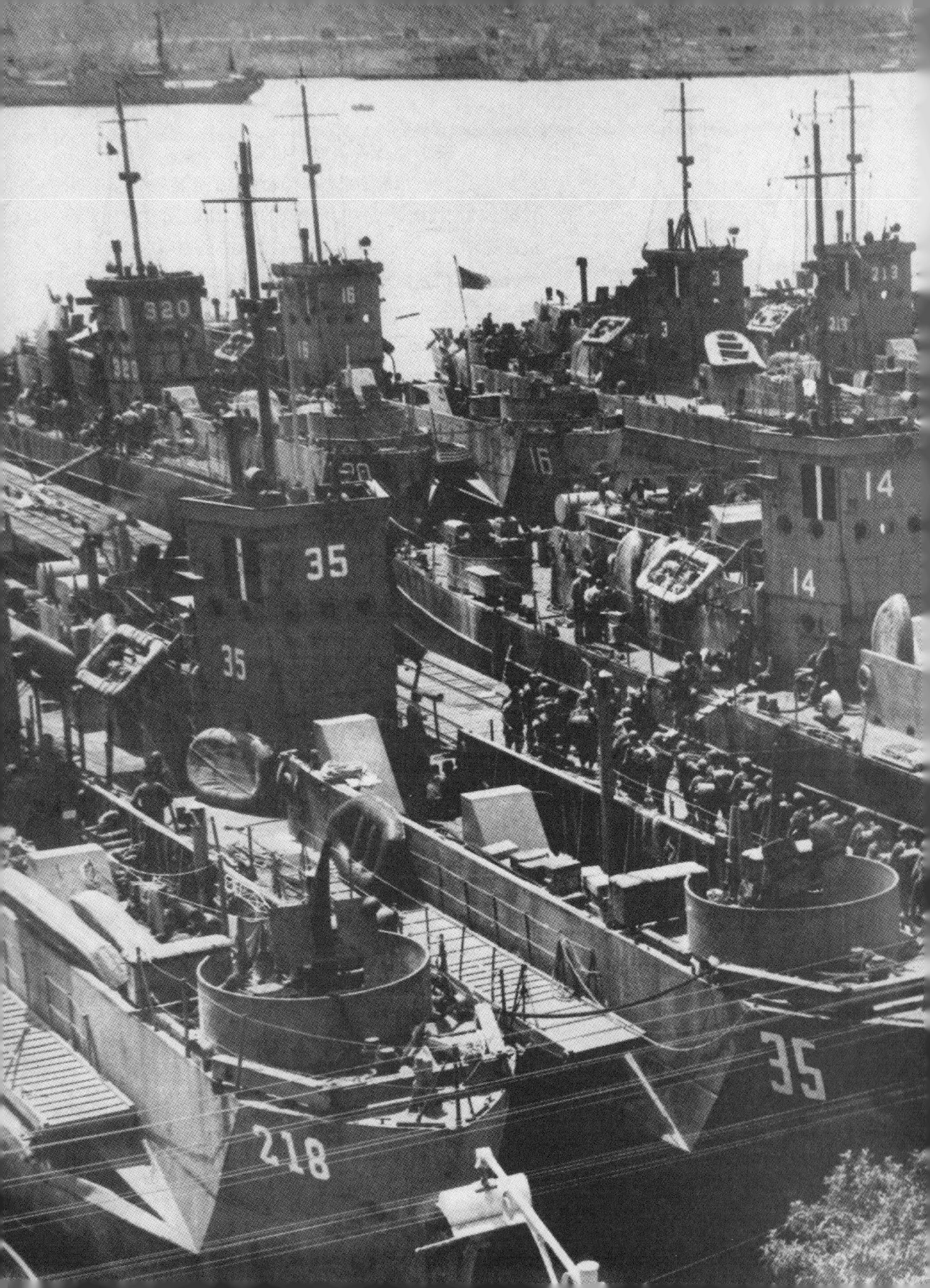

∧ 盟军官兵登船准备开赴西西里岛作战。

∧ 正准备在西西里岛实施空降的盟军伞兵。

桃。加上班泰雷利岛的地理位置不适于从空中进行攻击，只能从意军的枪口下将部队带进去。由于没有人知道班泰雷利岛上的守军会做出什么样的反应、盟军会付出多大的牺牲，因此，亚历山大从根本上反对攻占这个岛屿。

围绕是否应该进攻班泰雷利岛，总司令和三位副总司令之间展开了激烈的辩论。

"班泰雷利岛上的守军全部是意大利人，而意军目前士气低落，毫无斗志，攻击这个岛屿不会费太大的劲！"艾森豪威尔开门见山地提出自己的意见，"而且，轻易地占领这个地方，不但可以使我们的士兵受到极大鼓舞，而且可以为我们提供一处极好的飞机场。"

"更为重要的是，如果不拿下班泰雷利岛的话，就可能给敌人的空军和潜艇一个机会。那么，我们在对西西里岛的进攻和突击就会受到严重的牵制。而占领该岛，还便于我们隐蔽和运输物资。"接着，艾森豪威尔又补充说。

陆军总司令亚历山大从根本上就反对攻占班泰雷利岛，艾森豪威尔话音刚落，他就第一个提出反对意见："班泰雷利岛就像小型的直布罗陀，易守难攻，意军又重兵布防，进攻该岛屿实属冒险。万一在班泰雷利岛被击退，必然会对整个'哈斯基'作战行动产生不利的影响。我认为这一计划充满了阴郁不祥的预兆。"

海军总司令坎宁安赞同亚历山大的意见，认为进攻班泰雷利岛太冒险。

一直在旁边没有说话的空军总司令特德这时却站起来说："任何战争都是有风险性的，我们要看险冒得值不值得。目前，我们的大部分飞机是英国的'喷火式'战斗机和美国的P－40战斗机，这两种战斗机的作战半径都比较小，而从突尼斯越海攻击西西里岛显然路程太遥远。因此，我觉得，如果我们能够占领班泰雷利岛，利用岛上的机场，就可以解决这一问题。在这一点上，我同意艾森豪威尔的意见。"

在这种情况下，艾森豪威尔命令先对班泰雷利岛进行大规模的密集轰炸，在岛上守军军心溃散之际再发动袭击。于是，盟军派出大批飞机对班泰雷利岛实行三周的猛烈轰炸，将成千上万吨炸药倾泻到岛上。果然，岛上的意大利守军反击相当疲软，甚至连巡逻艇也龟缩起来，不见踪影了。

坎宁安的意见改变了，他同意艾森豪威尔的看法，意军士气低落得不堪一击。但是亚历山大还是反对。负责指挥突击的英国将军也反对，说艾森豪威尔的计划行不通，而伤亡将是巨大的。担任这次攻击行动的英军第1师的指挥克拉特巴克将军也私下找到艾森豪威尔，陈述困难，表示对前景感到担忧，并担心手下的人"将会遭到大批屠杀"。

艾森豪威尔则坚持不惜任何代价，必须占领这个岛屿，但是反对意见异常强烈。因此他决定在突击前亲自侦察一下。6月7日早晨，他和坎宁安乘坐皇家海军"曙光"号，驶往班泰雷利岛。这艘军舰一直开到班泰雷利岛的海岸后，向敌人打了几炮。过了很长时间，才有零星的两门意大利海岸炮回击，而且都打歪了。艾森豪威尔对坎宁安说："安德鲁，如果你和我坐上一艘小艇，我们自己就能占领这个地方。"

回到阿尔及尔后，艾森豪威尔就命令按计划发动攻击。当盟军的 6 艘巡洋舰和 10 艘驱逐舰向班泰雷利岛上的堡垒猛烈射击后，岛上的意大利守军在盟军登陆战一开始就投降了。就这样，盟军在没有任何伤亡的情况下俘敌 11000 多人。两天以后，邻近两个小岛上的意军也投降了。至此，西西里岛西南面的前哨阵地已被全部肃清。"哈斯基"作战行动剩下最后一个步骤，那就是进军西西里岛了。

岛上的意大利守军中大部分为当地人，恐战、厌战情绪严重，他们认为战斗得愈激烈，家乡的破坏也就愈严重，因而不想进行认真的抵抗。而德军在该岛的坦克和运输工具不足，战斗力不强。岛上的抗登陆防御很薄弱，意军第 6 集团军在南岸 200 公里的正面上只配置了 2 个师，大部分兵力都驻守在岛屿的西北部，企图在美、英军登陆时实施反突击，歼灭登陆部队于滩头，不成，则转入纵深进行决战。

尽管如此，为了确保登陆的成功，盟军还是从 7 月 3 日起，对西西里岛、撒丁岛和亚平宁半岛南部的机场、港口、潜水艇基地以及工业中心展开猛烈空袭，摧毁了许多重要目标，迫使德、意军的远程航空兵将其基地撤至意大利北部。墨西拿海峡的 5 艘火车渡轮也被击沉了 4 艘，西西里岛与意大利本土的联系更为困难。盟军在空中和海上均占有绝对优势，到开始登陆时，德、意的空、海军已不能进行有效抵抗。

按预定计划，西西里登陆战役于 1943 年 7 月 10 日开始。然而，天公不作美，7 月 9 日下午，地中海刮起七级西北风，海上波涛汹涌，为盟军航行带来了很大的困难。但是，恶劣的天气也帮助盟军成就了出奇制胜。岛上的士兵们晚上都趁机睡大觉去了，他们在床上翻身时得意地说："谢天谢地，今天夜里他们无论如何来不了。"

7 月 9 日深夜，强劲的西北风一缓和，盟军的登陆兵和空降兵在西西里岛南部的锡拉库札至杰拉 180 公里的地段上实施登陆和空降。但是，盟军空降兵的行动并不顺利。美国的伞兵部队本应在杰拉地域着陆，结果被大风吹离了目的地。英军的 133 架滑翔机中，只有 12 架降落在预定的锡拉库札以南地域，50 架坠入海中，其余的也大部分被撞坏了。幸好守军毫无准备，而且双方的兵力差距过大，所以盟军在第一天就夺占了纵深为 5~15 公里的登陆场。

美军第 7 集团军的部队在利卡塔、杰拉、斯科格里蒂登陆，第二天上午遇到德军的反击。驻守在卡尔塔吉罗内地区的德军"戈林"师，对美军第 1 步兵师发起了猛烈的反冲击。次日，德军第 15 装甲步兵师一部也从岛屿的西部赶来增援。但由于英军已逼近西西里岛东岸中部的卡塔尼亚城，"戈林"师又被调往该地作战，美军才算顶住了对方的反击，并将 3 个滩头阵地连成一片。英军在锡拉库札登陆后，进展较顺利，在最初的 3 天内，便占领了岛屿的东南部分，并于 7 月 16 日向卡塔尼亚方向前进。这时，德军调集了岛上的大部分兵力进行顽抗，以掩护该岛通往墨西拿海峡东岸的道路。蒙哥马利被迫将第 8 集团军的主力向西移动，选择了一条从西侧绕过埃特勒火山的迂回路线，与向东推进的美军第 7 集团军的部队相呼应。按原计划，攻打墨西拿应由蒙哥马利指挥的英军第 8 集团军担任主攻，巴顿指挥的美军

第7集团军掩护其侧翼。但因美军于7月22日攻占巴勒莫后很快就到达了圣斯蒂法诺，所以就改由巴顿的部队担任主攻。

8月1日，盟军发动了一轮新的攻势，并从北非调来了美军第9师和英军第78师。与此同时，守岛部队也获得了德军第29装甲步兵师的增援。经过几天激战，英军于8月5日攻克了卡塔尼亚，美军也于8月16日进入了墨西拿。德军一面进行顽抗，一面破坏道路、桥梁，并于8月17日从西西里岛北部经墨西拿海峡撤至意大利本土的南部。意军来不及撤退，全部投降。至此，"哈斯基"作战计划落下帷幕，并取得了重大胜利。

占领了西西里岛，盟军就可以开放地中海，进行正式护航了。更重要的是，控制了西西里岛，差不多就可以隔着海峡把一块石头直接扔到意大利本土，挺进意大利的时间指日可待了。

< 占领意大利墨西拿的美军士兵在街头搜索。
> 艾森豪威尔在意大利境内向副官下达命令。

>> 墨索里尼政权的崩溃

1943年7月17日，当盟军进攻西西里岛的战役正在激烈地进行，隔着那条窄窄的海峡，意大利西南沿海的居民甚至能听到对岸密集的枪炮声。而此刻，意大利的首都罗马，在盛夏阳光的直射下，街道上的人很少，显得相对平静。但这种平静也是火山爆发之前的短暂宁静，很快，火山就要喷发了。

突然，随着一阵飞机的轰鸣声，空中飘落下来雪片一样的传单。传单上写道：

"目前，美英联合武装部队，在艾森豪威尔将军和他的副司令亚历山大将军的指挥下，正把战争深深地推进到你们的国土。这是墨索里尼及其法西斯政权，迫使你们接受的那种可耻的领导所带来的直接后果。墨索里尼引导你们作为一个残杀各国人民并摧毁人们自由的野蛮国家的仆从，参加了这场战争。尽管意大利容易遭受来自空中和海上的袭击，你们的法西斯领袖却仍然把你们的子弟、你们的船只、你们的空军派往遥远的战场，帮助德国去实现它想要征服英国、苏联和全世界的企图……

今天，德国企图征服世界的希望，在各个战场上都已经被粉碎了。意大利的天空已在美国和英国庞大的空中机群的控制下。意大利的海岸受到了英国和盟国集中在地中海的前所未有的最大海军力量的威胁。现在，你们所对抗的力量誓死要摧毁纳粹德国的势力……

为意大利谋取生存的唯一希望，在于对盟国的武装部队不可抗拒的威力，实行体面的投降。如果你们能容忍为纳粹党的邪恶势力服务的法西斯政权，你们势必要承认你们自己的选择所带来的痛苦后果……"

★巴多格里奥元帅（1871～1956年）

意大利元帅。第一次世界大战后，任意大利陆军参谋长。1923年，墨索里尼掌权后被免职。1925年5月，恢复原军职。1928～1934年，先后任的黎波里塔尼亚和昔兰尼加总督。1935年10月，任入侵埃塞俄比亚意大利军队司令，对埃塞俄比亚进行武力征服。1940年，再次任陆军参谋长。不久即因入侵希腊失利而辞职。之后转入强迫墨索里尼下台的准备工作。1943年7月，墨索里尼被捕后，被任命为首相。9月，代表意大利与盟国签订停战协定。10月底，转向盟国，并宣布与德国宣战。1944年6月，辞职。

传单最后的署名是美国总统罗斯福和英国首相丘吉尔。与此同时，在意大利的许多其他城市，也出现了相同内容的传单。这些传单像给了已经在摇摇欲坠的法西斯政权一记重拳，在意大利引起了极大的震动。墨索里尼犹如坐在火山上，朝不保夕。

之前的意大利，在盟军接二连三的军事胜利的震慑下，举国上下笼罩在失败主义之中。意大利共产党、社会党和其他政党联合起来建立了反法西斯阵线，并提出了停止战争、推翻法西斯统治的战斗口号。这一口号得到了意大利广大群众的积极响应，被压抑了20多年的革命烈火终于燃烧起来。墨索里尼的法西斯统治已经江河日下，日薄西山。

这时，意大利国王埃曼努尔三世也觉得是摆脱墨索里尼独裁的时候了，他同总参谋长安布罗西奥将军和前三军参谋长巴多格里奥元帅★等人联系，密谋推翻墨索里尼。这一提议，也得到了很多墨索里尼政府官员的赞同，甚至包括墨索里尼的女婿齐亚诺等人。当然，他们的意图不外乎要把一切罪过归咎于墨索里尼一人，以维护资产阶级在意大利的统治地位。但是，不管怎样说，在墨索里尼仍浑然不觉时，一个倒墨集团已经形成了。

> 巴多格里奥（右）被意大利国王任命为政府内阁总理。

7月25日下午5时，墨索里尼应国王的邀请，乘车前往萨沃亚宫拜见国王。墨索里尼一向自认为与国王的关系密切，因此对这一邀请没有任何怀疑。但他万万没有想到的是，意大利国王的这次约见是一个圈套。

20多年来，墨索里尼习惯了对国王颐指气使，习惯了让国王在他起草的文件上签字，从来没有把国王放在眼里。但是，今天，忍耐了20多年的国王终于盼到了雪耻的一天。墨索里尼进入客厅之后，没有受到以往的礼遇，只见国王严肃地站在面前，宣布废黜他的一切军政职务，由巴多格里奥组织新政府。之后，几名国家警察根据国王的命令，以"保护安全"为名将墨索里尼软禁起来。两天以后，巴多格里奥将这个法西斯头目拘押在蓬察岛上。

当天晚上，意大利对全世界广播，将由前三军参谋长巴多格里奥元帅负责组织一个包括军事首脑和文官在内的新内阁，巴多格里奥即日起出任政府内阁总理。这样，统治意大利长达20多年的法西斯头子墨索里尼终于被赶下了台。

意大利局势的发展让艾森豪威尔感到很高兴，在他看来，利用意大利对轴心国的背叛，争取到巴多格里奥的合作，盟军便可以用较小的代价占领意大利全境，并加快向德国法西斯进攻的步伐。于是，在墨索里尼倒台的当天，艾森豪威尔就想通过无线电台直接向意大利提出建议，承诺使意大利得到体面的和平，盟军作为解放者出现在意大利。同时，艾森豪威尔准备承诺："准许意大利得到和平，并允许萨沃伊王朝和巴多格里奥继续执政。"

但是，罗斯福总统却不同意采用艾森豪威尔的建议，7月28日，罗斯福在电台上发表广播演说时强调："我们对意大利的条件仍同我们对德国和日本的条件一样不变，那就是无条件投降。我们将不同法西斯主义以任何形式打交道。"

就这样，艾森豪威尔经常接到要求他在意大利投降条约上增加这一条那一条的电报，待他四处周旋，拟订出罗斯福和丘吉尔都认可的促使意大利投降的协定时，德国人已经抢先一步。

7月25日，希特勒连夜召集纳粹头目开会，决定采取一切措施营救墨索里尼，占领罗马，并尽一切可能支援已经垮台的意大利法西斯政权。如果巴多格里奥政府与盟国签订了停战条约，则必须制定新的计划，以便夺取意大利的舰队，占领意大利的全国要塞，威慑意大利在巴尔干半岛和爱琴海的驻军。这天晚上，希特勒还下令占领意、德边境和意、法边境的阿尔卑斯山的所有山口。为此，从法国和德国南部迅速集结了大约8个德国师，编成B集团军，由精悍的隆美尔元帅指挥，并计划占领罗马以南的意大利国土。这之后，又有几个德国师调往意大利，使意大利的德国部队高达19个师。德国最骁勇的部队之一第2伞兵师也从法国开赴罗马，准备占领意大利军队的"大脑"——总参谋部。

在这种情况下，艾森豪威尔认为必须对巴多格里奥政府施加外部压力，以压促变，促使巴多格里奥下定决心，尽快敦促意大利投降，打希特勒个措手不及。

然而，在德国人的压力下，与巴多格里奥政府的谈判却足足拖了一个月。意大利方面提出，在他们宣布投降的同时，要有一支充分强大的盟军部队登陆意大利，以确保意大利新政府和各大城市完全免遭德军的残酷破坏。同时，他们十分想得到一份详细的盟军作战计划。对于后一点，艾森豪威尔没有答应，因为他担心意大利新政府背信弃义而泄露盟军计划。对于前一项要求，艾森豪威尔表示接受。

9月3日凌晨，根据艾森豪威尔的命令，蒙哥马利的英国第8集团军强渡墨西拿海峡，向意大利进军。迫于盟军的强大压力，巴多格里奥终于决定向盟军彻底投降。

当日，在西西里岛东南部城市锡腊库扎附近的一个橄榄树林中，举行了停战协定和意大利投降协议签字仪式。代表艾森豪威尔将军的史密斯与代表巴多格里奥元帅的卡斯特拉喏将军，分别在协议上签了字。巴多格里奥政府同意将意大利的港口、机场、海军舰艇以及一切海陆交通线交盟军支配，并同意将驻南斯拉夫和希腊的意军全部撤回或就地解除武装。双方约定在9月8日下午6时同时宣布该协议，届时，美国第82空降师在罗马空降，占领机场，控制罗马。

然而事情的发展却急转直下，9月6日，艾森豪威尔派第82空降师司令泰勒将军秘密前往罗马，与巴多格里奥做最后的协商。在罗马，泰勒将军发现意大利军队胆小如鼠，担心盟军派往罗马的力量太小，抵挡不住德军潮水般的冲击。为了防止受到德国的报复，意大利也决定不能给盟军第82空降师提供机场，巴多格里奥不能再公开发表与盟军合作的声明。

　　艾森豪威尔对此十分气愤，但决心不做任何妥协。9月8日，他让人给巴多格里奥发了一封措辞强硬的电报："不管你采取什么行动，我都将按原定的时间广播停战协定。如果你不能按原先协商的那样合作，我将向全世界公布此事的所有细节。你们拒不执行已签署的协议所规定的全部任务，这将会对你们国家的形象造成严重的伤害。如果在我宣布的同时得不到你的响应，那么意大利在战争中将不会再有朋友，你们今后任何行动都不足以使我们恢复对你们的信任，你们会发现：出现在你们眼前的，是国家和政府解体的悲哀。"当晚6时30分，艾森豪威尔就按原计划在阿尔及尔广播电台发表了声明："我是盟军总司令德怀特·艾森豪威尔将军。意大利政府已命令它的武装部队无条件投降。我以盟军总司令的身份，已经批准了军事停战协定。""停战立即生效。"他希望意大利武装部队"帮助盟军把德国侵略者从意大利本土上驱逐出去"。

　　声明发表后，巴多格里奥并没有立即发表类似声明。在等了10分钟之后，艾森豪威尔又把巴多格里奥的声明全文通过阿尔及尔广播电台发送出去。这迫使巴多格里奥在一个半小时后不得不在罗马电台发出内容相同的声明，命令意大利军队停止所有对抗盟国的敌对行为，并协助盟军与德军作战。

　　停战宣言发布后，驻意大利的德军立即包围了罗马，解除了意军武装，并占领了意大利大部分领土。意大利王室和巴多格里奥内阁阁员，仓皇乘坐2艘潜水艇于9月10日清晨从罗马逃往布林的西避难，之后在盟军占领区成立了一个反法西斯的意大利政府机构。10月13日，巴多格里奥政府对德宣战，同时英、美、苏三国政府发表宣言，承认意大利为共同作战一方。

　　在与巴多格里奥政府进行谈判的过程中，艾森豪威尔也加强了进攻意大利的军事准备。截至1943年8月，盟军在地中海战区已集中了40个师、3000余架飞机、650艘舰船。艾森豪威尔的考虑是：以蒙哥马利指挥的英军第8集团军强渡墨西拿海峡，在亚平宁半岛南端勒佐迪卡拉布里亚地域夺占登陆场，以克拉克指挥的美军第5集团军在那不勒斯东南的萨勒诺附近攻占登陆场。尔后，盟军从两个登陆场实施相向突击，占领包括那不勒斯在内的整个意大利南部。

　　而1943年8月底，意大利境内的德军共有17个师。隆美尔指挥的"B"集团军群驻守在意大利北部。凯塞林指挥的德军驻守在意大利南部。德国占领军不但要对付盟军的进攻，而且还要对付意大利人民的抵抗运动。

　　与巴多格里奥的停战协定一签字，艾森豪威尔就下令盟军加速向意大利本土全面进军。

∧ 艾森豪威尔与意大利政府代表在意大利投降签字仪式上握手。

这样，9月8日，在蒙哥马利的军队从墨西拿进发的同时，美国第5集团军的两个军也分别从阿尔及利亚的奥兰和利比亚的的黎波里启航，计划于9月9日凌晨在那不勒斯以南的萨勒诺湾登陆，尔后占领那不勒斯，并迅速向罗马推进，与第82空降师会合。英国第1空降师也在同日从利比亚起飞，准备占领塔兰托。

9月8日夜晚，美军第5集团军（美军4个师，英军3个师）乘军舰驶近萨勒诺时，已从广播中听到了巴多格里奥政府宣布投降的消息。许多士兵以为明天的战斗行动将会是轻而易举的事，但实际上恰恰相反。9日凌晨4时30分，克拉克的部队开始在萨勒诺登陆。尽管对德军阵地进行了夜间轰炸，舰艇也进行了强大的炮火支援，第5集团军仍遇到了德军的强烈抵抗。德军航空兵首次使用了遥控导向滑翔炸弹，对盟军的炮火支援舰艇进行了突击。盟军在上陆的第一天仅攻占了一小块立足点，直至11日才占领萨勒诺，建立了一个登陆场。由于盟军的行动极为缓慢，德军统帅部得以调集2个师的兵力于13日向萨勒诺地区进行了猛烈的反突击，迫使盟军后退，并被分割为两部分。盟军已面临失败的危险。幸好大批空军的支援和3个师的增援部队及时赶到，总算保住了已夺占的登陆场。

当萨勒诺的战斗正在进行时，英军对意大利南部的塔兰托进行了一次成功的袭击。亚历山大及时利用意大利宣布投降的有利时机，从英国第1空降师中精选了6000名士兵，前往塔兰托执行一项似乎是很冒险的任务。这支空降部队由于缺少运输机，只好乘军舰于9月9日从海上直接驶进港口。但幸运的是，实际上英军在那里并没有遇到任何抵抗，很快就占领了这个可供整整1个集团军使用的大海港。

　　9月中旬，英军第8集团军在追击由意大利南部向北退却的德军时，与从萨勒诺地域向北推进的美军第5集团军会合。盟军于10月1日进入已被德军放弃的那不勒斯，6日到达康波巴索、特尔莫利和那不勒斯以北一线。

　　11月初，德国军将第10和第14集团军合编为"C"集团军群，在凯塞林的指挥下，撤到预有防御准备的加里格里诺河和桑格罗河地区，即"古斯塔夫防线"★。盟军于11月中旬抵达这个地区后，试图突破该地防御，但由于遭到了德军垂死挣扎的猛烈抵抗，而没有成功。盟军只好停止前进，准备寻找机会再重新组织进攻。

　　这样，在意大利南部战役中，盟军夺占了萨勒诺、塔兰托、那不勒斯等海港，使其有可能迅速增强亚平宁半岛的力量，为尔后从法西斯德军手中攻占整个意大利创造了有利条件。后来，艾森豪威尔最终还是没有能够实现自己亲率大军挺进罗马的目标。1943年12月，由于酝酿已久的横渡英吉利海峡的"霸王"行动已经提上议事日程，艾森豪威尔把他的地中海战区指挥权移交给了亚历山大将军，自己赴伦敦筹划更大的一次军事行动——"霸王"行动计划。

英军亚历山大将军、美军克拉克将军、英军麦克科里将军（自左至右）抵达意大利安奇奥。

★"古斯塔夫防线"

"古斯塔夫防线"是"二战"期间，德国军队在意大利中部构筑的一道军事防线。该防线东起亚得里亚海海岸的奥托纳北端，西到加里利亚诺河口，横贯整个意大利，其主要地带沿加里利亚诺河、加里河、拉皮多河、马叶拉山区一带修建。"古斯塔夫防线"正面面对的是盟国第15集团军群。德国"中央"集团军群从1943年11月开始顽强防守该防线，直到1944年5月底放弃。

01

> "一战"期间美军在法国境内作战。

默兹—阿戈纳战役

默兹—阿戈纳战役于1918年9月26日打响,并一直持续到11月11日标志战争结束的停战协定签署。这是一次由各协约国军队同时发动进攻的战役,迫使德国从法国的整个战线上全面败退。从协约国方面来看,默兹—阿戈纳战役主力是美国第1集团军,潘兴将军也参加了这次战役,这是美国军队在第一次世界大战中进行的一场最大规模的战役。战斗虽然艰苦,但经过这次锻炼,美国远征军已经成为一支更加骁勇善战的铁军。

华盛顿会议

华盛顿会议亦称"太平洋会议"。1921年11月12日因在美国华盛顿召开而得名。1922年2月6日闭幕。为对战后远东及太平洋的殖民地及势力范围进行重新分割并对帝国主义之间的关系进行重新调整。1921年11月12日,美国、英国、法国、中国等国家和地区的代表出席了华盛顿会议。美国倡议召开此会的另一大企图是要结束仍对美国在远东及太平洋的利益构成威胁的英日同盟。为此,美国大力促成了美、英、法、日四国协定,会议实际上是帝国主义国家,特别是美国和日本在远东争霸斗争的体现。

美国经济危机

1925年,美国16家最大财阀控制着国民生产总值的53%。国民收入分配日益不均,贫富差距越来越大。1929年,大约60%的美国家庭生活仅能够维持生活。1932年夏天,全国工业生产总指数比1929年危机前的最高点下降了55.6%,农产品价格也从1930年春天起连续下跌,农民入不敷出,纷纷破产。危机期间,美国有13000多家企业和10000多家银行倒闭,大约1300万人失业,广大工人的实际工资比危机前下降了1/4左右。

retrieval

丘吉尔罗斯福会晤（1941年8月）

第二次世界大战期间，英美两国首脑在美国举行的一次重要会晤。苏德战争的爆发使国际反法西斯阵营得到扩大，罗斯福和丘吉尔出于对本国的切身利益和安全及整个反法西斯的考虑，秘密商定进行会晤。1941年8月9日，罗斯福一行乘美国巡洋舰"奥古斯塔"到达位于大西洋的阿金夏湾。次日，丘吉尔乘"威尔士亲王"号战列舰进入阿金夏湾。双方在军舰上就有关对德政策问题进行了商讨和争论。最后于8月13日签署了一项联合声明，并于8月14日正式公布。这一联合声明后被国际上称为《大西洋宪章》。

罗斯福国会演说（1941年12月8日）

1941年12月7日太平洋战争爆发后，美国总统罗斯福于12月8日在美国国会发表的一篇重要演说，题目是《要求国会对日本宣战》。罗斯福在演说中指出：1941年12月7日将成为美国的"国耻日"。日本对珍珠港的偷袭，以及对亚太地区的大规模进攻，已构成对美国存亡安危的严重威胁。美国将设法保证自己的安全，确保不再受到这类背信弃义行为的危害。在演说末尾，罗斯福要求美国国会正式对日本宣战。

∧ 1941年8月间，罗期福与丘吉尔在阿金夏湾会晤，两国共同签署了《大西洋宪章》。

∧ 罗期福总统正在发表演讲。

第二次世界大战性质的演变

"二战"初期，主要是英法集团同德意集团为争夺利益而战，因此战争是帝国主义战争。但当时还有一些国家在进行民族解放战争，如中国人民的抗日战争，其他一些小国在抵抗法西斯侵略的战争，因此又具有反法西斯性质。随着苏德战争的爆发，社会主义国家苏联的加入，增强了战争的反法西斯性质。太平洋战争爆发后，美国也被迫卷入进来，美英被迫加入反法西斯的行列，形成了国际反法西斯同盟。第二次世界大战演变为世界人民的反法西斯战争。

03

艾森豪威尔声明

1942年11月8日，美英联军正式实施在北非登陆的"火炬"计划的当天，艾森豪威尔就有关问题所发表的声明。艾森豪威尔阐明了罗斯福总统关于盟军实施北非登陆计划的重要意义，声明盟国"无意侵占别国领土"，号召法国人采取合作态度。英国政府也发表声明表示支持，号召法属北非人民与盟军保持合作。此外，美国和英国还发表联合声明，对西班牙和葡萄牙做出"盟军占领北非决不预示着对西、葡两国采取敌对行动"的承诺。

隆美尔致德统帅部电

1942年11月2日夜，德意北非联军总司令隆美尔将军从北非阿拉曼前线拍给德军最高统帅部的一份紧急密电。在电报中，隆美尔向德军最高决策当局阐述了在英军强大攻势面前德意军队被迫撤退的必要性。他命令位于北非阿拉曼前线的部队开始后撤。希特勒命令德军不准后撤。该命令遭到隆美尔的拒绝。4日15时30分，隆美尔再次下令部队后撤。在极为严重的战场形势下，德军最高统帅部不得不批准了隆美尔的撤退计划，命令北非前线德意联军撤至埃及富凯一线，此后德意联军一再后撤。

英美军与德意军展开北非战役

1942年11月初，在北非登陆的盟军胜利控制卡萨布兰卡等地区后，在阿尔及尔登陆的部队编为美国第1集团军，11月11日，盟军占领布日伊。盟军空降部队于12日占领波尼。15日、16日，美国第1团军分两路攻入突尼斯。英国第8集团军也攻入突尼斯。两路盟军自东西夹攻德意非洲军团，德意非洲军团总司令隆美尔见战局无望丢下部队逃回德国。1943年5月13日，25万德意军队向盟军投降。至此，盟军肃清了在非洲的全部德意轴心国军队。

∨ 北非战役中被俘的意大利军士兵。

∧ 意大利独裁者墨索里尼。

墨索里尼下台事件

西西里战役使意大利的溃败已成定局,法西斯政权摇摇欲坠。意大利国内的几股政治和军事势力都企图推翻墨索里尼。1943年7月24日,意大利法西斯大议会举行会议,要求国王收回墨索里尼的军队指挥权。7月25日,国王下令解除墨索里尼一切职务,将其逮捕,任命陆军元帅巴多格里奥为首相,组织新内阁。统治意大利长达21年的墨索里尼法西斯政权终于垮台。墨索里尼的垮台使盟国获得了道义上和政治上的巨大胜利。

艾森豪威尔广播演说 (1943 年 9 月 8 日)

1943年9月8日下午5时30分,盟国军队高级将领、盟军领导人艾森豪威尔在意大利发表的一篇广播演说。他在演说中宣布,意大利政府"已命令其军队无条件投降""联合国家与意大利武装部队之间的敌对行动立即终止"。演说号召意大利人民团结起来,将德国军队打败并赶出意大利国境。宣称,这些意大利人将会获得联合国家的"援助和支持"。演说发表后两小时,意大利政府首脑巴多格里奥元帅通过罗马广播电台宣布了停战宣言。

"世界上最危险的海道"

"世界上最危险的海道"是对第二次世界大战时期意大利1943年春西西里海峡航路的称谓。因为此时,英美空军已牢固控制了地中海的制空权,英国海军也在空军的支援下掌握了地中海的制海权,加之盟军潜艇的活动及在意大利那不勒斯至北非突尼斯的航线上布置下了数以万计的水雷,使得此时担任运输物资至北非任务的意大利船队和军舰的损失率高达67%以上,故被称为"世界上最危险的海道"。

第五章

重返欧洲大陆的行动

PA 3·27

1890-1969　艾森豪威尔

战神对他的骄子总是偏爱有加，艾森豪威尔稳居了盟军总司令之位，立即着手盟军重返欧洲的"霸王行动"。精心策划的军事欺骗令希特勒与德军将领产生疑惑，冲破恶劣气候的艰难出发，让诺曼底海滩一夜间名天下，成为意志与荣誉的象征……

> 1943年8月，罗斯福与丘吉尔在加拿大魁北克会议期间与两国高级将领合影。

>> 坐稳盟军总司令的宝座

1943年8月，罗斯福与丘吉尔在加拿大魁北克会晤，会议的主要议题是讨论在欧洲开辟第二战场的日期。此时，第二次世界大战史上的转折点，震撼世界的斯大林格勒战役已经过去。伟大的库尔斯克战役刚刚结束。苏联红军正信心百倍地从波罗的海到黑海的漫长战线上展开进攻。盟国在欧洲开辟第二战场的必要性越来越迫切了。

随着战局的发展，意大利战场已成为次要战场，而为跨越海峡发动进攻的集结兵力的工作正在积极进行，盟军总部关于更换司令官的事，传说纷纷。流传得最多的说法是马歇尔到伦敦来担任总司令的职务，而艾森豪威尔回华盛顿接替他的工作。

传说并非空穴来风，艾森豪威尔本人也不止一次地听朋友当面谈起过这件事。从他内心来说，他也认为马歇尔是有关"霸王"行动盟军总司令的最佳人选。确实，自"二战"开始以来，马歇尔将军就显示出了他无与伦比的军事才能，曾指挥数百万美军协同盟军在全世界辽阔的战场上同德、意、日法西斯军队作战。此外，马歇尔又具有高超的政治艺术，协助罗斯福总统建立了国际反法西斯战线，陪同罗斯福总统同斯大林、丘吉尔等个性倔强，处事机敏，最难周旋的人打交道，在苏联和英国人中均享有很高的声誉。

但是，想到将要回到令人讨厌的参谋部工作，艾森豪威尔就感到很郁闷。有一天在进早餐时，布彻和史密斯询问关于艾森豪威尔是否可能成为陆军总参谋长时，艾森豪威尔放下手中的牛奶，很无奈地说："我个人觉得，这恐怕是一个极大的错误。"

　　看着布彻和史密斯吃惊的眼神，艾森豪威尔接着解释道："我这样说，没有别的意思，只是觉得我在气质上不适合这种工作。"

　　"我担心这一工作会毁了我，我对政治家们没有耐性"，艾森豪威尔停了停，继续说道，"我做不到在逻辑上已经证明对方的立场站不住脚后，还要耐着性子与对方继续争论。不过，"艾森豪威尔补充说，"如果真让我回华盛顿，那我也没有办法，我会连你们一起带走的。"

　　然而，幸运之神又一次降临到艾森豪威尔身上。

　　首先，美国军界反对马歇尔赴伦敦就职。美国军事委员会的三个资深成员——参议员沃

∧ 苏美英三国首脑斯大林、罗斯福、丘吉尔在德黑兰会议上。
< 魁北克会议期间，美英两国高级将领举行会谈。

伦·奥斯汀、斯泰尔斯·布里德杰斯以及约翰·格尼公开反对马歇尔将军离开华盛顿。他们认为马歇尔对国会所起的作用很大，华盛顿不能没有马歇尔，担心敌人正帮助和煽动人们赶走马歇尔。因为敌人希望撤销马歇尔陆军参谋长的职务，因为他对总统，对参谋长联席会议有很大的影响。

在第一次世界大战中战功卓著的潘兴将军也反对把马歇尔调离陆军参谋长的职务，他亲自给罗斯福总统写信说："调离马歇尔将是我们军事政策中的一个基本的非常重大的错误。"

空军司令阿诺德中将、海军金上将及莱希海军上将等人也私下分别找罗斯福总统商谈，请求总统把马歇尔将军留在华盛顿。他们两人一致认为，马歇尔对于协调参谋长联席会议的工作起着重要的作用，对各军兵种联合作战起支配作用。

面对这些呼声，罗斯福总统颇感为难。说实话，任命马歇尔出任"霸王"行动的总指挥，罗斯福不是没有想法的。他认为，如果让马歇尔执掌帅印，一方面，苏联人和英国人都会满意；另一方面，马歇尔会不折不扣地把他的战略意图贯彻下去，更不会对丘吉尔及英国将领的奉承和劝诱做出让步。当然，他也希望马歇尔能够通过指挥这场决定整个战争全局的作战行动名垂青史，成为大名鼎鼎的军人。

对于艾森豪威尔，罗斯福也承认他有足够的能力指挥英美军队联合作战，"火炬"行动的胜利已经证明了这一点。特别是艾森豪威尔在欧洲、地中海战区的指挥作战中，建立和领导了一个统一的参谋班子，成功地指挥了英美部队作战，这是别的将军所做不到的。对于这一点，英国海军上将坎宁安也曾由衷地对艾森豪威尔表示赞叹：把两个国家的部队合在一起，编成一支队伍，是一件很了不起的事情，因为两国部队的组成不同，人员的素质不同，对参谋工作的看法也不一样，"我认为除了你，没有人能干得了"。

此外，艾森豪威尔还颇具众望，几乎每一个人都喜欢艾森豪威尔。艾森豪威尔那始终迷人的微笑，那随和的态度，那充满乐观的精神，是极富有魅力的，让"二战"中最著名的英美战将，如蒙哥马利、布莱德雷、巴顿等，都愿意在其麾下委身听命，"享受着为他服务的乐趣"(布莱德雷语)。同时，艾森豪威尔还非常善于同士兵们打交道，很容易调动起士兵的情绪。可以说，艾森豪威尔具有成为"霸王"统帅所需要的一切素质。

但是，罗斯福还是迟迟下不了决心。在去开罗参加盟国参谋长联席会议的途中，他还专门与艾森豪威尔进行了一次长谈。在提到"霸王"行动时罗斯福说，他不愿想象在华盛顿没有马歇尔，但是他又说："你和我，艾克，都知道内战时期参谋长的姓名，但是不干这一行的美国人，就很少有人知道。"他认为完全应该让马歇尔有机会作为野战部队司令而名垂史册。

然而正是斯大林，使罗斯福定下任命艾森豪威尔为"霸王"行动总指挥的决心。

1943年11月，在德黑兰会议上，经过几番讨价还价，罗斯福、丘吉尔和斯大林就在欧洲开辟第二战场问题上达成了协议。斯大林坚持主张：目前仍在古斯塔夫防线与德军对峙的英美盟军，要放弃占领罗马，继续在法国南部作战，以把德国的兵力从法国北部吸引开。然后，苏联将从法国北部对德作战。在这个时候，发动"霸王"行动，并确保"霸王"战役★的成功。

斯大林的提议得到了认可，于是他在有关盟军统帅人选

★"霸王"战役

为了彻底消灭德国法西斯，开辟欧洲第二战场，英美两国决定于1944年在法国进行"霸王"战役。至1944年6月，盟军准备参加最大规模的登陆战役的三军将士多达287万人。由于盟军强大的海空优势，盟军在诺曼底登陆前就已经牢牢掌握了战略主动权。在整个战役中，德军第7集团军和第5集团军遭到毁灭性打击，在此次战役中的德军损失近50万人。"霸王"计划的实施，第二战场的开辟，给德军以毁灭性打击，加速了德国法西斯崩溃的进程。

∧ 罗斯福总统任命艾森豪威尔为"霸王"行动总指挥。

问题上也就相应地有了更大的发言权。在与罗斯福的一次会谈中，斯大林提到了艾森豪威尔。自然，在推荐艾森豪威尔时，斯大林采用了一种非常婉转的方式，他告诉罗斯福说："我对于罗斯福先生提名艾森豪威尔作为统帅候选人表示特别满意，我们采取行动，在盟军预定在法国登陆的日子里表示支持。"

就这样，1943年12月2日，德黑兰会议结束的第二天，罗斯福就要求马歇尔替他给斯大林发电报，电报是罗斯福口授的。"总统致斯大林元帅：已经决定立即任命艾森豪威尔将军指挥'霸王'行动。"圣诞节前夕，罗斯福总统又公开对外宣布任命艾森豪威尔为盟军总司令。

艾森豪威尔被任命为"霸王"行动总指挥的消息，使盟军总部广大官兵和同事们大为兴奋。1943年12月27日，艾森豪威尔为在阿尔及尔的盟国记者举行了最后一次招待会，在回答什么时候将结束战争这个问题时，他自信而又乐观地说："我相信1944年我们将打赢在欧洲的战争。"

盟军总司令，这是"二战"史上最令人垂涎的职务。它给艾森豪威尔再创辉煌提供了极好的机会。如果没有这个机会，艾森豪威尔很可能只不过是许多盟军著名将领中的一员，而不是第二次世界大战的伟大统帅之一，以及后来的两任美国总统。

摆脱了调到华盛顿做参谋工作的不愉快的前景，而且有权指挥第二次世界大战中西方盟国最重要的战役，事情的发展令艾森豪威尔喜出望外，结果真是再好不过了。而这个时候，艾森豪威尔接到了马歇尔发往阿尔及尔的一个电报："即刻起程回家，与夫人团聚，远征军总司令部的公务暂时委托他人代理。"这令已经有一年多时间没有与家人团聚的艾森豪威尔备感欣喜。

但是，按照上面的要求，这次旅行是在完全保密的条件下进行的，甚至连艾森豪威尔身边的人也猜测不到盟军最高统帅这12天中的行程。

艾森豪威尔的这次华盛顿之行，名义上是休假，实际上是在运筹"霸王"战役。因此，即使待在华盛顿的陆军部里，他还是念念不忘有关"霸王"行动的计划制订。

艾森豪威尔电令参谋长史密斯将军提前去伦敦，仔细研究一下由英国弗雷德里克·摩根中将制订的计划。该计划是摩根在艾森豪威尔1942年"围捕"计划的基础上制订的。计划仅把开始突击的兵力规模限定为三个师，因为盟国参谋长联席会议答应提供的登陆艇数量有限制。

这个计划，艾森豪威尔大约在一个月前就看过。当时他曾说过，计划攻击的正面过窄，应当加宽。对此，史密斯也得出相同的结论。他打电话给艾森豪威尔说："绝对必须扩大进攻正面。"史密斯说，为了确保"霸王"行动获得足够的登陆艇，就应当放弃原定在法国南部同时进行的代号为"铁砧"的登陆。艾森豪威尔在马歇尔的办公桌上复电说，完全同意史密斯的意见，必须用五个师的兵力发动突击。但是对于登陆艇，他希望用临时拼凑和尽可能从别处压缩的办法，得到同时进行"铁砧"和"霸王"所必需的登陆艇。因为，"铁砧"登陆可以吸引相当一部分的德国兵力。艾森豪威尔表示，不到万不得已的时候，他不会放弃"铁砧"。但是不管发生什么情况，"霸王"行动必须有五个师的突击力量。

同时，艾森豪威尔明白"霸王"行动的重要意义，而要完成这一历史重任，盟军不仅要打赢一场军事战，而且还要打一场艰难的政治战。因为，这一行动的主战场在法国，必须要获得法国的支持。因此，说服罗斯福改变对戴高乐将军的看法，是艾森豪威尔在华盛顿的重要任务之一。

1944年1月12日，艾森豪威尔前往白宫拜访了罗斯福。当时罗斯福总统因患流感躺在床上，两人就法国和德国的问题交谈了两个多小时。

艾森豪威尔向罗斯福汇报了关于他与戴高乐之间的那次被称为"求爱"会见的情况。当时，艾森豪威尔对戴高乐说："我必须得到你的帮助，我来就是为了请求你的支持。"而戴高乐也同意对盟国提供支持。接着，艾森豪威尔对罗斯福解释了加强与戴高乐合作的意义和重要作用。他认为，既然"霸王"行动主要在法国境内进行，就必须得到法国政府和人民的支持。戴高乐领导的法国抵抗运动可以为盟军提供德军的情报，也可以在预定发动进攻之日进行破坏活动。为此，艾森豪威尔授意史密斯与戴高乐拟订出了一份协定：抵抗运动将接受盟军司令的领导，而艾森豪威尔则答应法国部队参加解放巴黎的战斗，和由法国全国解放委员会负责管理法国解放区的民政事务。

然而，令人沮丧的是，艾森豪威尔发现白宫并不愿和戴高乐打交道。罗斯福顽固地认为："法国人民不会服从戴高乐，把戴高乐强加于法国人民的任何企图都会引起内战。"艾森豪威尔认为总统的态度是不现实的，他很有礼貌地把这意见告诉总统，可是罗斯福不为所动。这样，罗斯福对戴高乐所采取的错误政策而造成的困难，成为艾森豪威尔在预定发起进攻之前不得不面临的"最使他伤脑筋"的问题之一。

在欧洲开辟第二战场，必须横跨英吉利海峡，而大规模的渡海登陆战役必须获得充足的制空权。为此，艾森豪威尔专门为"霸王"行动拜会了空军的高级将领。当时，盟国参谋长联席会议尚未决定空军部队归艾森豪威尔指挥。这些空军将领态度十分傲慢，而且各有自己的战略主张。哈里斯要通过对德国城市进行轰炸来使德国屈服，而斯帕茨则是主张通过有选择地毁灭某些重工业，特别是石油生产工业，来迫使德国投降。这两人都不认为"霸王"行动是必要的。斯帕茨的部下甚至还口出狂言，只需要20或30个飞行日，他们就可以结束这场战争。

∧ 艾森豪威尔与丘吉尔、布莱德雷在诺曼底登陆前视察驻英美军基地，并亲自测试美军新式步枪。

上述言论在艾森豪威尔看来，简直是危险的无稽之谈。艾森豪威尔认为，在德国放下武器之前，必须在陆地上打败他们。因此，"霸王"行动是这场战役中有巨大意义的战役。在最初的阶段中，盟军地面部队在法国处于一比十的劣势，只有空中优势才使"霸王"行动有可能实施。

因此，艾森豪威尔想抽调深入德国作战的轰炸机，用于直接有助于"霸王"行动的目的。他打算亲自领导皇家空军轰炸机部队和美国空军第8航空队。

艾森豪威尔也就此问题和马歇尔进行过专门的探讨，他认为哈里斯和斯帕茨，至少应当在发动进攻之前有几个星期受他指挥。马歇尔对此虽表示同意，但并没有真正的落实。然而，尽管艾森豪威尔为了"霸王"行动到处奔波，费尽了口舌，但是收获并不是太大，因为有些重要问题根本没有得到妥善、满意的解决。

>> 进入"霸王"行动的具体实施

1944年1月14日傍晚，伦敦淹没在一片战争气氛中。迎接这位刚刚从华盛顿回来的盟军总司令的是雾都伦敦的奇观——漫天大雾。艾森豪威尔车灯的光亮仿佛被浓密的雾帘吸干了，只能照到车前1米左右。汽车寸步难行，艾森豪威尔只好在两个熟悉地形的人的带领下，步行去旅馆。

也许漫天大雾预示了艾森豪威尔此行任务的艰巨抑或是前景的扑朔迷离。但是，艾森豪威尔回来还是很快就走马上任了。第二天，这位非常注重效率的将军一走进盟军最高司令部，这部巨大的战争机器就飞速运转起来。很快，他就把罗斯福和丘吉尔手下最王牌的干将组成了盟军指挥班底：英国特德担任空军最高副司令官，拉姆齐任海军总司令，马洛里任空军总司令，蒙哥马利任英军地面部队司令；美国史密斯将军任参谋长，布莱德雷任美军地面部队司令。

尽管建立起了相对完善的指挥体系，但是英美两国在"霸王"行动中的一些问题上总是纠缠，仍让艾森豪威尔大伤脑筋。

首先，盟国参谋长联席会议在战略问题上仍不能取得一致意见，他们对于罗马陷落后，在地中海采取什么行动有很大的分歧。英国想在亚得里亚海发动一次两栖进攻，从右面打击，美国则赞成在法国南部的里昂湾，从左面打击。美国人认为，从左面打击可以绕过阿尔卑斯山，使

★ "铁砧"行动

"铁砧"是"二战"期间盟军实施的在法国南部登陆战役的代号,英文为"Envil"。1944年7月,易名为"龙骑兵"。战役目的是配合诺曼底战役,在法国南部发动进攻,以加速击败德国法西斯的进程。作战计划是夺取法国南部的登陆场,向内陆挺进。1944年8月,该行动正式开始。9月3日,顺利实现了与在诺曼底登陆盟军部队的会合。

> 准备在诺曼底实施登陆的美军士兵。

部队可以从地中海通过罗纳河谷向德国进军,而在东面,在亚得里亚海,只会遇到更多的山地。

其次,对于是否同时展开"霸王"和"铁砧"行动★,两国的意见也不统一。美国人认为,"铁砧"登陆将从两个方面直接支援"霸王"行动,既能把德军牵制在法国南部,又打开马赛港,使盟国远征军得到极其需要的后勤支援,而且可使更多的美军和法军参加解放法国的战斗。一开始,艾森豪威尔也是非常赞同同时进行"铁砧"登陆的。但是,由于受人力物力的限制,作为盟国远征军总司令,为保证"霸王"行动的成功,艾森豪威尔这时决定放弃"铁砧"计划。他告诉马歇尔:"从铁砧预定发起进攻日期到该日之后的60天内,这个行动将把盟国可能投入的一切人力物力都吸收进去。"最后,经过马歇尔与英国人的多次磋商,终于在4月份同意推迟"铁砧"行动,从而把地中海的登陆艇抽出来,供"霸王"行动使用,满足了艾森豪威尔的要求。

还有,有关空军的指挥问题,也是艾森豪威尔和英国人争论的焦点问题之一。在这一场争论中,马歇尔支持艾森豪威尔,而丘吉尔则支持哈里斯等人。最后丘吉尔提出一个折中方案,轰炸部队"配属于"盟国远征军最高司令部执行某些具体任务,但是最高司令部的飞行计划要得到盟国参谋长联席会议的批准。艾森豪威尔强烈反对,并且拒绝一切不能完全指挥轰炸机部队和美国战略空军的作战行动。他对丘吉尔说,如果他的上级扣住轰炸机不放,拒绝把全部力量投入"霸王"行动,他就"干脆回家"。英国人被迫又做了些让步,答应给艾森豪威尔以"监督"轰炸机部队的权力。马歇尔建议把"监督"改为"指挥",英国人不接受。

3月22日，艾森豪威尔通知盟国参谋长联席会议，如果问题不能立即得到解决，他就请求解除他的指挥职务。丘吉尔把艾森豪威尔的观点带到英国战时内阁会议上。他雄辩地谈到艾森豪威尔的沉重负担，不要再给他增加压力。可是，他又说，他从没有想到空军为了掩护登陆部队，要对法国北部德军阵地以及防区实行狂轰滥炸，这样法国人民将遭受重大损失。于是，他要把这一问题留给罗斯福去解决。最后罗斯福答道，军事上的考虑必须是首要的。这样一来，艾森豪威尔将按照总统的意见去办。

在紧张备战中，艾森豪威尔的工作十分繁忙，他在伦敦居住经常受到打扰。因为丘吉尔、美国大使和其他"重要人物"觉得可以随便在什么时候都打电话找他，而且总部的工

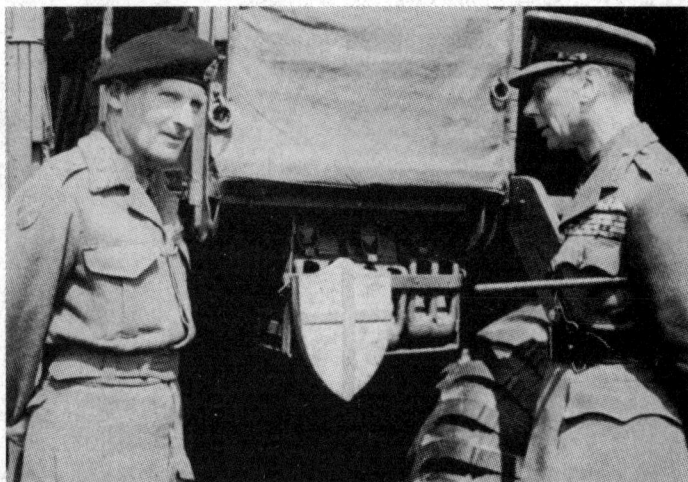

∧ 英王乔治听取蒙哥马利有关战争形势的汇报后在作战室外交谈。

作人员觉得伦敦夜生活的诱惑很难抵挡。为了排除干扰，2月份艾森豪威尔把总部迁到郊区的布歇公园。这里比较清静，他可以很好地工作、思考和休息，有时也可以打一两场高尔夫球和阅读"西部小说"而不会受到打扰。

为了赢得这一战役的胜利，作为数百万大军的统帅，艾森豪威尔需要做的事情很多。基层部队指挥人员的选择、英

伦三岛上150多万名美军将士的生活供给、部队机动的运输问题等。艾森豪威尔的操心是没完没了的，他承担着指挥的沉重负荷。正如他的联络副官布彻在5月12日记录的："艾克看上去精疲力竭，疲惫不堪。他显得过度劳累。自从我和他一起工作以来，他现在看上去比任何时候都更加衰老。随着预定发起进攻日期的临近，每天都出现数不清的问题——有许多是没有解决的，有些是不可能解决的——他的身体状况将会变得更坏。"但是布彻认为，最后一切都不会成问题，艾森豪威尔能够经得住。"幸亏他有一种能力，好好地睡上一个晚上，就恢复过来了。"

5月15日，艾森豪威尔召集手下的司令官们在古老的圣·保罗学校进行战前动员。尽管动员的规模不大，但是艾森豪威尔还是向英国伦敦的政要发出了精致的正式请帖，出席这次会议的有英王、首相、元帅和其他显要等。由于圣·保罗学校是蒙哥马利的第21集团军群的总部所在地，所以在艾森豪威尔做了简短欢迎词后，由蒙哥马利主持会议。

蒙哥马利向出席会议的指挥员们介绍了阵前敌军的情况。他一开始就提醒大家这样一个问题：德国人在法国有赫赫有名的隆美尔元帅指挥的60个师，其中10个是装甲师。蒙哥马利称他的敌手是："一位精力充沛和意志坚强的司令官。自从他在1944年1月份到职以来，情况起了很大变化。他最擅长发动破坏性攻击，他的专长是搞破坏，他对每一个战役都经过了精心布置，绝不打无准备之仗。他将竭尽全力把他的坦克部队尽量靠前，阻止我们的坦克登陆。"

"敌人认为，通过设置水力障碍物，固定的海岸防御工事和广泛地加强据守的战壕体系，可以将盟军遏止在滩头上。然后，隆美尔把他的增援部队调上来。"蒙哥马利说，隆美尔在这方面的能力是非常强的。据他估计，隆美尔第二天可能将9个师投入争夺诺曼底的战斗，而到第三天，将投入13个师。到预定发起进攻日之后的六天，隆美尔将以全部10个装甲师进行反攻。与此相比，盟国远征军部队的集结是非常缓慢的，因此德国人期待着把"霸王"行动的部队赶回海里去。

"尽管有这些黯淡的前景，但是，我们对夺取这一战役的胜利，具有充分的信心。"蒙哥马利说，"突击滩头我们已经做了充分的准备，在预定发起进攻的当天就深入内地，到处开花并迫使战斗向着对我们有利的方面发展。在第一天有可能深入内地50公里抵达法莱士，并派遣装甲纵队迅速向卡昂挺进。因为这样一来将打乱敌人的计划，在我们集结兵力时，使敌人不能接近。我军必须迅速抢占空间，并在内地牢牢站稳脚跟，然后沿着海岸向塞纳河推进。"

蒙哥马利讲话后，英国国王做了简短的讲话。接着丘吉尔要大家，"按照开始缓慢但结束迅速的时间安排进行"，他说，"勇敢、智慧和坚定是人类的优秀品质，比武器装备更为重要"。

这次会议进一步鼓起了将士们的勇气，驱散了丘吉尔长期以来的疑虑。1944年初，丘吉尔还怀疑横渡海峡的进攻是否明智。有一次他对艾森豪威尔说："当我想起诺曼底的滩头上挤满了英美两国优秀的青年时，我产生了怀疑……我产生了怀疑。"5月初，艾森豪威尔与丘吉尔共进午餐，他们分手的时候，丘吉尔首相变得感情激动起来。他含着眼泪说："我和你一起把这件事做到底，如果失败了，我们一起下台。"但是，圣·保罗会议后，丘吉尔告诉艾森豪威尔："我对这一事业正变得坚定起来。"

万事俱备，只欠东风。

>> 诺曼底将由此名扬天下

"霸王"行动的总目标是，在法国西北部登陆，夺占登陆场和港口，保障主力上陆和后勤供应，然后发动攻势占领整个法国西北部地区，并与在法国南部登陆的部队配合，向德国内地进攻，协同苏军最后战胜法西斯德国。

说"霸王"行动是一场大赌博，西方文明的前途系于这一战，似乎有些夸大其词，但并不为错。因为英国和美国把他们所有的本钱押在这一宝上，并且显示出了两国间之前或之后都不曾有过的团结一致。"霸王"行动的失败将意味着输掉这场赌博，而赌注又下得大的惊人，那就是英国人和美国人在过去的两年内苦心经营起来的人力和物力。当然，对于希特勒来说，如果输掉的话，那只能是法西斯德国的彻底灭亡。

因此，艾森豪威尔和希特勒都知道此役关系何等重大。作为盟军的最高统帅，艾森豪威尔在给联合参谋长最初几份电报的一份中宣称，"此行动标志着欧洲战争面临生死关头。我们必须克服一切障碍，忍受一切不便和甘冒一切风险，以求确保我们的打击是决定性的。我们只能胜，不能败"。

大约就在同一个时间段，希特勒正在说："破坏敌人登陆的企图要比西线任何一个单纯局部性的决定更有意义。在整个战争进程中，这是唯一的关键因素。"

英吉利海峡的两边，一场没有直接接触的对抗正在悄然进行着。

西边，对于横渡英吉利海峡的登陆地点，艾森豪威尔与他的参谋部进行了反复的商量和比较。

当时，在法国西北部有三处比较合适的登陆地区，即康坦丁半岛、诺曼底地区和加莱地区。从康坦丁半岛登陆虽易成功，但该半岛地形狭窄，登陆后不易展开兵力向纵深发展进攻。加莱地区距英国海岸最近点只有33公里，有其登陆的有利条件，但该地区距英国海港较远，运送人员和物资不便，同时又是德军重点设防地区，登陆必遭激烈抵抗。加之这一地区缺乏内陆通道，即使登陆成功，也不易向纵深发展。

而诺曼底地区与前两个地区相比，登陆条件要优越得多。这里沿海地势开阔，可同时展开26~30个师，距英国西南海岸的各大港口较近，便于输送部队和运送物资，德军在这里兵

> 1944 年，艾森豪威尔在美军部队视察。

力薄弱，登陆容易成功。这里虽然缺乏良港，但可用人造港补救。因此，盟军在权衡利弊后，决定把在法国西北部的登陆地区选在了诺曼底，规定登陆作战的代号为"海王星"，登陆时间初步定于 1944 年 6 月初。

为了确保在诺曼底登陆成功，盟军进行了周密的准备工作。参加"海王星"战役的盟军共 36 个师，总兵力约 288 万人，其中陆军为 153 万人；空军飞机 13700 余架，其中轰炸机 5809 架、战斗机 4900 架、运输机（包括滑翔机）300 架；海军各型舰艇 9000 余艘，其中登陆艇 4000 艘。地面部队编为 4 个集团军。美第 1 集团军、英第 2 集团军和加拿大第 1 集团军组成的第 21 集团军群，由英军蒙哥马利将军指挥。美第 3 集团军直属远征军总部。

东岸，就在盟军紧张准备的同时，希特勒一时一刻也没有闲着。为了预防盟军在西欧登陆，希特勒早就下令从挪威到西班牙修筑一道由坚固支撑点构成的"大西洋壁垒"★。但由于工程量过大，"大西洋壁垒"到 1943 年末还远远没有完成。

★"大西洋壁垒"

德军为防止盟军进攻欧洲大陆，把从丹麦至西班牙的大西洋海岸构筑的战略防线称为"大西洋墙"。该防线北至丹麦，经德、荷、比、法等国，南至西班牙，亦称为"大西洋壁垒"。防线于 1942 年 8 月由德军工程兵部队和"托特组织"开始修建，至 1944 年，全部工程并未如期完工。1944 年前后，在此防线驻守了 27 个德国师，以防英美军队在防线所辖地区登陆。实际上其防御系统并不完善。1944 年 6 月，盟军成功地突破"大西洋壁垒"，进占欧洲。

< 德军西线总司令伦德施泰特正在向希特勒汇报战场情况。

对于盟军将在1944年发起的进攻，希特勒认为盟军在西欧登陆可能会带来两种后果：一是造成德军的总崩溃，二是成为德军扭转败局的好时机。如果不能击退盟军的登陆部队，就可能导致前一种结果。但倘若能一举歼灭盟军的登陆部队，就会使盟军与苏军两面夹击的企图破产，德军就可腾出50个师的兵力加强东线，从而阻止住苏军的进攻。为争取达成后一种结果，德军统帅部研究制定了抗登陆的方针，即集中大部兵力、兵器于敌人可能登陆的主要方向上，对已登陆的敌军实施决定性的反突击，一举歼灭登陆之敌。为此，希特勒责令德军密切关注盟军的动向，提前查明盟军登陆地点，以便提前做好反击准备。

要顺利地完成在诺曼底的登陆，部队必须在一天之内把176000名作战人员用上千艘军舰，在上千架飞机的掩护下，运过英吉利海峡，送往法国海岸。艾森豪威尔明白这是一项十分棘手的任务。

要做到这一点，必须事先不能让德国人知道这支声势浩大的军队将在什么地方及什么时候发起攻击，使德国人相信攻击将会在实际登陆点以外的其他地方发起。因为，盟军尽管能够掌握空中优势，但是却要用数量上远远少于敌人的兵力发起攻势。在陆地上，德国人在法国有59个师，盟军登陆时仅有7个师的兵力。而这些德国师绝不是可以轻视的守备部队——他们装备有最新式武器，而且士气也很高。其中许多人是在东线久战沙场的将士。因此，盟军不得不比一般的奇袭更加巧妙才行——他们必须引诱希特勒把他的精锐部队，特别是装甲师调离登陆地区，并不再返防。

这似乎是一件很难办到的事情。但幸运的是，艾森豪威尔手下有一批世界上最好的间谍，即英国情报机构的男女情报人员都为他工作。同时，随着"坚忍不拔"计划的顺利实施，盟军完全愚弄了德国人。

当然，欺骗德国人并不是一件很容易的事，因为德国人自己就是精通军事欺骗的行家。1942年，他们就曾发动了第二次世界大战中最费苦心和最成功的克列姆尔战役，彻头彻尾地欺骗了苏联人。因此，"坚忍不拔"计划的实施必须没有丝毫破绽。

计划是根据德国人的预想而制定的。指挥西线德国部队的伦德施泰特元帅与希特勒的看法一致，他们认为登陆将会发生在"横跨英吉利海峡的较狭窄的部位"。他们的理由很充分：距离较短，可以缩短飞机和舰艇的往返时间；距离德国工业中心地区鲁尔和莱茵很近等。为了保证在加莱地区的登陆，盟军可能会在诺曼底实施佯攻。

为了使德国人相信相反的东西，盟军不得不大规模地设立虚构的作战力量。

首先，盟军派遣了20多名军官，分散于苏格兰各地。在1944年的整个春季，他们一直互发电报："第80师需要1800双爬山鞋，1800双滑雪板绑带""两个兵团汽车连需要引擎使用手册"等。而且这些电报故意让德国人截获。

同时，又通过新闻媒体编造假消息。例如，曾经刊登过"第4集团军的足球赛"等。英国广播公司甚至还播发过诸如"在第7兵团战地的一天采访"之类的文章。

其次，在加莱海峡对面的多佛尔，英国人用电影和剧院的舞台布景人员建立了一个假的油料码头。英国国王郑重其事地视察了这一设施，艾森豪威尔也对码头的完工发表了一次情绪激昂的演讲。英国皇家空军的飞机也天天在码头上空巡逻，使德国的侦察机无法降到10000米的高度下进行侦察。这样，即使在德国侦察机的摄像机镜头里，码头也没有任何纰漏。

为了摧毁德国的运输线和海岸炮兵阵地等军事设施，削弱德军对诺曼底登陆的反击力量，艾森豪威尔又命令对诺曼底和加莱地区进行了轰炸。每向诺曼底投掷1吨炸弹，就向加莱投掷2吨炸药。在对比利时和法国北部的地下抵抗运动空投物资时，也采取了同样的方式。尽管盟军为此付出相当大的代价，从1944年4月1日到诺曼底登陆期间，盟军共损失了1.2万名官兵与2000架飞机。其中，为制造在加莱登陆的假象，损失的官兵高达8000人，飞机高达1300架，但敌人被迷惑了。

最后，也就是"坚忍不拔"计划的登峰造极之作，盟军虚构了一个威胁加莱海峡的美国第1集团军，并由巴顿去指挥第1集团军。英国情报处利用被策反过来的德国间谍的情报，使德军很快就知道了巴顿到达了英格兰。巴顿在伦敦看了一次戏，光顾了几家酒吧，参加了一次晚会，名字也频繁出现在报纸上——这一次，使德国进一步相信，巴顿将指挥第1集团军对加莱发动进攻。

狡猾的德国人上当了，希特勒落入了圈套。

>> 忧心如焚、听天由命

在登陆前夕的一周内，盟国空军对敌人最重要的交通线中心进行了密集轰炸，炸毁了82个具有战略意义的铁路枢纽，这就使德国人无法迅速调配后备队和向告急的地区派出增援部队。在普利茅斯、波特兰、朴次茅斯以及英国的许多其他大小港口，登陆艇准备开始作战。看来，为保证登陆成功的一切都已考虑周全。用艾森豪威尔的话来说，"强大的军队像卷着的弹簧一样绷得紧紧的，等待着释放它的能量和飞越英吉利海峡的时刻到来"。

然而，艾森豪威尔很快就碰到了一个更大的难题。这是一个无法以人的意志为转移，而只能听天由命的问题。当盟军一切准备就绪，即将出发的时候，天公却不作美了。就在即将发动进攻的前几天，英吉利海峡上空阴云密布，大雨倾盆，狂暴的西北风刮起几米高的大浪席卷而来。风高浪急，根本不可能登陆。

怎么办？艾森豪威尔的心情十分急躁,盟军内部的高级指挥官对是否如期发动进攻也意见不一。空军上将特德在指挥官们的特别会议上说，天气太坏，空中援助有困难，建议推迟行动计划。蒙哥马利则强烈主张无论天气条件如何，要立即动手，而海军将领拉姆齐的态度却是模棱两可的。

在这种情况下，盟军最高统帅部的气象员一下子成了最重要的情报官。

6月4日，艾森豪威尔在索斯威克别墅再次召见了他的部下，讨论是否按计划进行"海王星"行动。气象员、英国皇家空军上校斯塔格首先汇报了天气情况，他说："到目前为止，海上情况将比预期的略为好转，该死的雨可能会停止,但即便是阴天,空军可能还是无法出动。"

斯塔格话音刚落，蒙哥马利立即站了起来，用他那特有的傲慢腔调说："离开了空军的支援，我们照样可以完成登陆任务。事情发展到今天，无论怎样都应当如期进行计划。"

艾森豪威尔看了蒙哥马利一眼，缓缓地开口了："将军阁下，我了解您的心情。但是，我

< 盟军高级将领们在一起研究登陆计划。
∨ 艾森豪威尔在盟军司令部里与将领们协商。

们要明白一点，即'霸王'行动是由并不占压倒优势的地面部队来进行的。"

"而这次战役之所以可行，就是因为盟军具有空中优势。如果没有这一有利条件，登陆就太冒险了。"他顿了顿，"而行动一旦失败，要在1944年再发起一场如此规模的战役是不可能的了。"

艾森豪威尔环顾一下四周，没有人说话，"鉴于天气原因，我建议推迟行动。"接着，他问在场的人是否有不同意的。当没有人表示反对时，他宣布推迟24小时。

当天晚上，艾森豪威尔、蒙哥马利、特德、史密斯、拉姆齐、斯特朗等高级军官又来到索斯威克别墅的餐厅。餐厅中间放着一张大桌子，桌子旁边摆着几张安乐椅。墙上挂着一张巨大的英国南部和诺曼底的地图，上面满是大头针、箭头和标出盟军和德军位置的其他符号。

面对着风雨交加的天气，军官们懒洋洋地靠在安乐椅上，喝着咖啡闲谈着。就在这时候，斯塔格上校带着最新的气象报告走进来。他一进门，便喊道："好消息，好消息，天气出现转机！"

军官们立刻对他的预报发出一阵欢呼声。

斯塔格继续说，正在下着的倾盆大雨，将在两三个小时内停止，接着是36小时好转的天气，风力中等。虽然受到云层的妨碍，但轰炸机和战斗机可以在6月5日至6日晚间出动。

然而，尽管天气有所好转，但这种天气情况对空军来说，也只不过是一个较好一些的夜晚。特德叼着烟斗，用力喷出一口烟说道："在这种时刻下，使用重型和中型轰炸机是危险的，除非使用轻型战斗轰炸机。"

对于特德的反对意见，餐厅里一下子静了下来，大家把眼光都投向了艾森豪威尔。

艾森豪威尔背着手，低着头，在房间里踱来踱去。对他来说，尽管有危险，但这的确是个千载难逢的好机会，毕竟，任何战争都是有风险的。想到这里，他的心里有数了，他抬起头来与参谋长史密斯交换了一下眼神。

史密斯明白了艾森豪威尔的意思，开口了："这可能是一场赌博，但这是一场最好的赌博。"艾森豪威尔同意地点点头。他接着又问蒙哥马利："6月6日，你认为怎样？"

蒙哥马利挺起身子，盯着艾森豪威尔的眼睛答道："我说要干！"

然而空军司令特德再次表示这是危险的。艾森豪威尔不得不收住脚步，环顾一下他的司令官，坚决地说："我们不能总是把问题挂在树梢上！至于空军，"艾森豪威尔针对特德的疑虑说，"我们可以派出大批战斗轰炸机为登陆部队提供支援。"

于是，计划就这样定下来了。窗外风雨交加，似乎根本不可能进行这次战役，但窗内的军人却都很兴奋，他们都在为即将来临的这场决定性的战役而跃跃欲试。

艾森豪威尔冷静地衡量着各个方案，晚上9时45分时，他说："我确信必须下达命令。好，让我们干！"

各路司令官们从椅子上一跃而起，冲出门外赶往他们的指挥所。30秒钟后，大厅里空荡荡的，只剩下艾森豪威尔。其他人的离开和他的突然孤独是有象征意义的。一分钟前，他似乎是世界上权力最大的人，千百万人的命运取决于他的命令。但是从他下达命令之时起，他就失去了权力。在以后两三天内，他几乎什么都改变不了。无论是他，或任何人都不能使进攻停下来。带领着连队奔向奥马哈滩头的一位上尉，或在犹他滩头的一位副排长，他们在眼前所起的作用比艾森豪威尔还大。

>> 穿透暴雨恶浪的进发

命令在1944年6月6日早晨4时15分发出，进攻时间定在早晨6点钟。

此时的艾森豪威尔开始为成功和失败做两手准备了，他仔细地用铅笔写下了几行字。他当时这样做是出于如果进攻不妙，他将忙得腾不出手来写报告的考虑。

艾森豪威尔这样写道："我们在瑟堡—勒阿弗尔地区登陆失利，没有能占领一个令人满意的立足点，部队被迫撤退。"接着，他舔了舔铅笔，划掉了几个字并补上，"我把部队撤了下来。""我决定在此时此地发起进攻，是根据所得的最好的情报做出的。陆军、空军和海军都竭尽职能，表现出极为勇敢和献身的精神。如谴责此次行动或追究责任，应由我一人承担。"

在这种时刻下，没有什么比最高司令官亲临部队鼓舞士气更重要的问题了，艾森豪威尔决定看望一下临行前的将士们。

艾森豪威尔来到了索思西南的帕腊德—皮尔码头。艾森豪威尔想看看部队上船的情况。不巧的是，美国士兵不在这里上船。但是，英国士兵还是发现了艾森豪威尔，于是"好心的老艾克"的呼喊声此起彼伏。目送着他们上船，艾森豪威尔感到，登陆西欧的舰队启航了，此次不会有变化了。

之后，艾森豪威尔离开朴次茅斯又驱车去访问纽伯里附近的三个飞机场。在那里，马克斯韦尔·泰勒将军的第101空降师穿着怪模怪样黑斑服装的伞兵们，正准备登上他们的飞机。虽然艾森豪威尔车上的小五星已被遮盖了起来，但他还是被人们认出来了。人群中立刻爆发了一阵欢呼声。艾森豪威尔笑了，他喜欢这种场面。于是，他下了车，跨步迈过背包、枪炮和装备，与士兵们交谈了起来。艾森豪威尔告诉他们不要

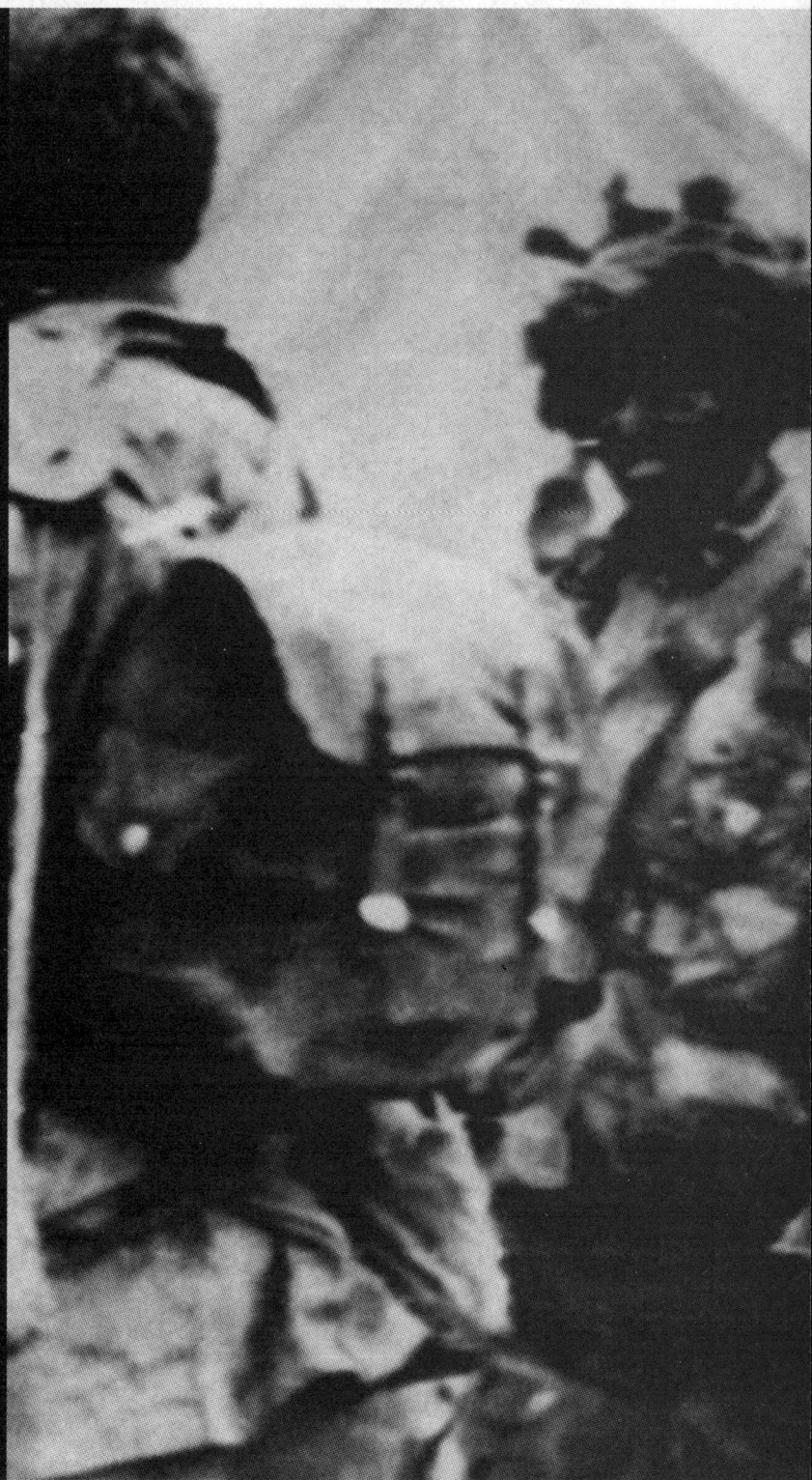

< 艾森豪威尔与美军101空降师的士兵交谈。

∧ 盟军齐集在奥马哈海滩。

担心，他们有最好的装备和指挥官。一名中士说："我们才不担心，将军！现在该是德国佬担心的时候了。"一名二等兵更是尖声地说："注意，希特勒，我们来了！"

看到这些生龙活虎、即将奋勇冲杀的战士们，艾森豪威尔想起马洛里昨天写下的预言：这些空降部队的3/4以上将立即遭受伤亡。但是，他们在瑟堡半岛上的行动计划对于成功登上犹他滩头是必不可少的。而且艾森豪威尔曾经明白地表明他的意见，同样地下达空降命令。艾森豪威尔的心情沉重起来，这场可恶的战争，将吞噬无数条年轻的生命。他和泰勒将军走到C－47型飞机的机舱门前，目送着泰勒将军登上飞机。关了舱门之后，艾森豪威尔抬起手，对着他们敬了一个标准的军礼。

而此时，华盛顿的军人们也在焦急地等待着。凌晨5点，陆军部长史汀生将军在床上辗转反侧，他在朦胧中摸索着打开了收音机。一位记者在现场报道说，他是和第一批伞兵部队一起飞行并亲自看着他们跳伞的人。听到报道，史汀生★非常激动，这场战役终于开始了。是啊，他怎么能不激动呢？自丘吉尔在1941年珍珠港事件之后第一次访问美国起，史汀生就一直在为实施"霸王"战役而游说。实际上，"霸王"行动就是他在会议上提出各项日程中的首要问题。之后，为了促成这一战役，他又和马歇尔等人竭尽全力。在1943年7月访问英国之后，史汀生又建议罗斯福总统要毫不犹豫地取得美国的全面指挥权。从1943初的"围捕"行动，到1944年6月的"霸王"行动，战争尽管迟了一年半，但是最终还是来了。史汀生披衣下床，面对西南方向的夜空，久久不能平静。

伦敦的作战情报中心也度过了一个不眠之夜。在古色古香的海军部大楼背后的城堡下15米处就是伦敦作战情报中心，海军上尉麦克米金在40号房间值夜班。凌晨3点左右，门被打开了。进来的人身穿一件双排

★史汀生（1867～1950年）

美国国务卿。曾就学于耶鲁大学和哈佛大学法学院。毕业后为纽约市开业律师。1911～1913年，任陆军部长。第一次世界大战时在法国作战。战后，重返司法界。1927～1929年，任美国驻菲律宾总督。1929年，任国务卿，任内曾两次率代表团出席伦敦会议和日内瓦裁军会议。第二次世界大战爆发后任陆军部长。1945年，曾提出对日本使用原子弹的建议。写有《远东危机》《在和平与战时的服役中》等著作。

纽扣水兵短上衣，脚穿一双高出睡衣裤脚的高筒靴，脸上睡眼惺忪，很明显他已经一夜没有阖眼。"将军，您好！"麦克米金刚想站起来，给海军大臣坎宁安敬礼。坎宁安按住他的肩膀，示意他不用起来，问道："怎么样了？"麦克米金回答："还有三个小时登陆艇才能按预定时间到达海滩。"这位海军上将说，"那好，我过一会再过来。"

6月6日这天，为了实施"霸王"行动，艾森豪威尔调动了8000架轰炸机，284艘军舰以及4000多艘登陆艇和其他舰只。但艾森豪威尔手中最宝贵的财富却是人：陆海空三军几乎有300万人，时刻准备听从他的调动。

这支难以想象的庞大的军事力量，将要去袭击一片小小的海滨地区，在诺曼底地区的斯沃尔德、朱诺、果耳德、奥马哈和犹他等五个海滩登陆。

东方天际渐渐地泛出了鱼肚白的时候，美国的"查尔斯·卡罗尔"号运输舰已经在浪头高达6米的海浪中行驶几个小时了，透过望远镜，诺曼底的地形已经清晰可见。来自科塔将军的第116团的步兵已经在悬挂在吊艇架上的20艘小型登陆艇中等待着。5点20分，随着舰上扬声器一声"放艇"的广播，吊艇架的绞车嘎嘎地响了起来，小艇开始往下放。凶狠海

∨ 盟军在犹他海滩成功登陆后的场景。

浪似乎要把小艇从军舰的两侧掀出去，墨色的海面也像一个无底洞准备随时吞噬这些小艇。还好，小艇顺利地被放到了海面上，它们在黑暗中上下翻腾了一阵，然后穿过一段漫长而波涛汹涌的海面，朝着预定集结的地区和奥马哈海滩驶去，又一批小艇被放在了吊艇架上，第二批步兵部队的官兵们攀着粗糙而又潮湿的货网滑进登陆艇。接着，登陆艇犹如野马，猛然弯背跃起，冒着敌人炮火在海浪中颠簸前进。

美舰"贝菲尔德"号也在全速前进着。铁锚链条的嘎嘎声以及舰体划过水面时击起的水浪声很大，以至于舰上的海军少将唐·穆恩和约瑟夫·科林斯将军互相交换了一下眼色。离法国海岸只有12海里了，他们担心声音会惊动滩头上的德国守兵。然而，他们对即将发起的战斗充满了信心，为了这一刻，他们做了充分的准备。天亮之后，他们就要去攻打犹他滩头了。

>> 惊心动魄的登陆抢滩

当盟军万船齐发，向诺曼底大举进攻之际，诺曼底的守军还正为恶劣的气候条件阻止了盟军的前进而暗自得意。6月4日，德军在巴黎的空军气象站提出，由于天气条件差，盟军在半个月之内不会有登陆行动。于是，德国防空部队接到"不必执勤"的命令，海军也因风浪太大撤回了巡逻船。

6月5日，德军驻守诺曼底地区的司令隆美尔放心地回家为他的妻子过生日。在路上，隆美尔看着车外的风雨自信地说："不会有登陆战发生，如果登陆，他们甚至走不出海滩。"在同一天，驻诺曼底地区的德军第7集团军司令杜尔曼将军也认为此种天气不会有登陆战发生，因此召集他的高级将领们到160公里之外进行沙船演习。6月6日凌晨，盟军百万大军已箭在弦上，登陆战即将开始，飞机已经发动，舰船已经开出，然而诺曼底的德国海军气象站却提出，这种天气不要说登陆，甚至连空袭也不可能。

6月6日凌晨6时许，盟军部队开始陆续登陆，由于德军群龙无首，准备不足，加上盟军又掌握着制空权，因此除了奥马哈登陆场受到德军的激烈反抗外，其余各登陆场进展都相对顺利。

奥马哈海滩宽不足200米，表面上看没有遮蔽物，只设有一道低矮的防波堤。然而，看上去一览无余的狭窄沙滩上，却隐藏着无数杀机。

战前，"沙漠之狐"隆美尔曾到奥马哈视察防御设施，他对德军设置的障碍物和火力配系非常不满，便命令守备部队立即加固这一地段的防御工事。于是，德军在水下修筑了三道用钢筋和水泥构筑的屏障，并在屏障之间布设了水雷；在岸上修建了许多能够扫射滩头的坚固支撑点和战壕；在盟军有可能登陆的进出道路上布置了大量的地雷。同时，隆美尔还把德军战斗力极强的第352摩步师调到奥马哈。因此，整个西线战场上，奥马哈可以说成了真正的"大西洋壁垒"。德军为在此登陆的美军第5军第1师准备了最残忍的炼狱手段，即使是日军在硫磺岛上的防卫，也难以同奥马哈相比。

不幸的是，盟军的侦察部门并没有发现奥马哈德军兵力部署和防御体系的重点变化。而法军提供的情报也只是说，德军在奥马哈海滩仅配置了6门射程为12海里的155毫米口径的法国火炮。

于是，从一开始，奥马哈登陆的战斗就进行得非常激烈和残酷。

只见一艘登陆艇冲上了海滩，前方的登陆斜板刚刚放下，就听见一场巨大的爆炸声，海滩上卷起一阵阵火舌，登陆艇被德军设在海岸绝壁上的火炮击中了。这些炮台设置的位置较高，射界开阔，几乎可以打到海滩的任何角落，却又很隐蔽，一般人难以发现。

又一艘登陆艇勇敢地向岸滩冲去，突然它被地雷线挂住了，就在操纵手继续向前冲时，地雷爆炸了，登陆艇笼罩在一片烟火之间。

好不容易冲过障碍物的登陆艇放下了第一批登陆士兵，当戴着钢盔的突击队员叫喊着向岸边冲击时，岸上响起了一阵激烈的枪声。在德军的猛烈打击之下，许多士兵倒下了，鲜血把海水染红了……

危急时刻，冲过死亡线的美军两个突击营的官兵凭借绳梯，登上了悬崖峭壁，消灭了德军部分海岸炮台。同时，第1师师长泰勒上校冒着出现误伤的危险，坚决要求驱逐舰用炮火进行压制射击，德军的火力才被压下去。

然而，德军嚣张的火力气焰并没有击溃美军官兵的士气，相反，却极大地激发了美军官兵的斗志。副师长科塔准将大喊着："在这块海滩上，待着不动只有两种人，一种是死人，另一种是垂死的人。让我们冲出这个鬼地方吧！"他冲锋在部队前面。士兵也毫不示弱，他们满不在乎地说："人总有一死，也只有一死。我们都欠上帝一死。"

就这样，奥马哈成为一个血染的登陆场。尽管在战斗进行得最艰苦之际，美军地面部队司令布莱德雷将军曾经考虑过撤离奥马哈，但形势还是向好的方向一点点明朗起来。

经过一整天的激战，美军终于登上了海滩。当然，代价也是惨重的，美军伤亡官兵达3400名之多，29辆水陆两用坦克下水后，只有2辆上岸，数十辆两栖装甲车沉没……

与奥马哈登陆相比，在犹他登陆场、金滩登陆场、剑滩登陆场及朱诺滩登陆场的盟军官兵就幸运得多了，他们几乎没有遭到像样的反扑。

于是，在指挥所里焦急等待的艾森豪威尔很快就接到了令他满意的报告。在发给马歇尔的

∧ 美军官兵在诺曼底海滩登陆。
> 从空中拍摄的诺曼底海滩。
> 几名盟军士兵正在抢滩登陆。

电报上，艾森豪威尔写道："除了杰罗将军登陆的海滩之外（那里十分猛烈的炮火使得难以登陆），其他海滩登陆的行动都按预定计划进行，看来一切顺利。"最后，艾森豪威尔又补充说他前天所视察过的英美部队，士气高涨，保证能完成任务。

至6日晚，盟军近10个师的部队登陆成功，57500名美军和75215名英军及加拿大军队的官兵，先后踏上法国的土地诺曼底，并占领了数个8~10公里的登陆场，尽管这些登陆场相互间尚未建立起联系，但为后续部队登陆创造了条件。盟军的登陆部队前进了1.6~2.4公里。至7日，在诺曼底滩头，盟军从天而降的空降兵和从海上突击的登陆兵加在一起，已经有17.6万人，各种车辆2万辆。盟军以伤亡和失踪8000人的代价，打破了德军苦心设置的"大西洋壁垒"，粉碎了德军的反扑。

6月7日早饭过后，艾森豪威尔登上英国"阿波罗号"布雷舰去视察滩头阵地。"阿波罗号"紧靠奥马哈滩头下了锚。布莱德雷到舰上汇报战场情况。他告诉艾森豪威尔，目前部队从滩头阵地向内陆推进的情况良好，但是还有使人担心的地方。德军在顽强抵抗，幸亏他们难以对战斗进行增援，因为桥梁和铁路运转中心都被炸毁。法国抵抗运动的贡献远远超出艾森豪威尔寄予的期望。尽管空军并没有有效地压制海岸炮台，但是海军的炮火支援开始不断地发挥越来越大的作用。

事实证明，艾森豪威尔在6月5日上午做出的发动"海王星"行动的决定是非常关键的。如果他在6月6日决定把进攻推迟到6月19日，盟军将遇到20年不遇的最恶劣的天气。就连艾森豪威尔回想起来也感到有些后怕，他在回忆录中写道："如果那几天的天气都不好，可以预料，后果将是可怕的。秘密被泄露，突击部队被迫撤回……复杂的行动计划将作废，部队士气将下降。至少再等14天或28天，这时200多万人将陷入无能为力的困境之中。这实在太可怕了。"

艾森豪威尔在天气上的赌博赢得了胜利，"海王星"行动的胜利，标志着"历史上最困难、最复杂的战役已使盟军重返欧洲大陆"。

第六章

缓慢撕裂的僵滞战局

PA 3-27

1890-1969 艾森豪威尔

遭到当头棒击的德军统帅部虽然仍处于恍惚之中，登陆场却因卡昂这颗钢钉迟迟难以扩大，艾森豪威尔再三命令英军加快进攻节奏，我行我素的蒙哥马利步履蹒跚，进展缓慢，盟军总司令亲赴诺曼底，僵局出现转机，受伤的隆美尔名正言顺地逃离了战场……

>> 滩头阵地上来了美英要人

当隆美尔接到盟军在诺曼底登陆的电话时，愕然了。他手拿着电话，久久没有开口。对方电话挂断后传来的"嘟嘟"声，也没有把他从吃惊中唤醒。

"怎么了？"妻子觉察到了隆美尔的失态，小心翼翼地问。

"没什么。"隆美尔缓缓地放下电话，抱歉地对妻子说，"前线战事有变化，我必须赶回诺曼底。"

"对不起。"隆美尔俯下身子，在妻子面颊上轻轻吻了一下，旋即便推门走了出去。

隆美尔跳上汽车以后，便命令驾驶员火速赶往诺曼底。途中，隆美尔的指挥车就像疯了一样，一路上喇叭声响个不停，时速达到100公里。

下午5时，隆美尔到达兰斯，他向指挥部打了电话，询问前线战况。情况很糟糕，他得知英军有7个师已经上岸。在卡昂周围，也有英军的两个空降师着陆。而美军的两个空降师已经进入瑟堡半岛。"大西洋壁垒"已经被盟军撕开了一个长达30公里宽的口子。

更令隆美尔感到恼火的是，在盟军开始登陆10多个小时以后，德军"B"集团军群的参谋长竟然仍没有判明盟军的主攻方向，没有组织起有效的反扑。

当然，隆美尔也承认，就是他也没有弄明白盟军的真实意图，他也搞不清楚盟军在诺曼底登陆的背后是否还有另一场大规模的战役。但这个时候，隆美尔已经来不及考虑其他方向盟军的进攻，他厉声说："我们必须立即反攻，把盟军赶下海去。"

然而，组织有效的反攻并不像说说那样容易。由于缺乏统一的指挥，德军在盟军的猛烈进攻面前已经晕头转向，不知所措了，各级部队的失误也越来越多。

这样，当6月6日晚上10时，隆美尔终于赶回西线德军"B"集团军群指挥所的时候，盟军的登陆部队已经控制了诺曼底海岸，近150平方公里的桥头堡阵地基本连成一片。

这个时候，隆美尔得到的敌情分析却是，多佛尔海峡角现在还笼罩在一片烟幕中，英吉利海峡可能还有另一次大规模进攻。但是隆美尔已经没有时间思考第二次进攻了，他必须应付眼前的紧急情况。

隆美尔第一件事是将电话打给了第7集团军参谋长贝姆塞尔，他厉

★隆美尔（1891～1944 年）

德国陆军元帅，有"沙漠之狐"之称。1891 年，出生于德国的海登海姆。在第一次世界大战中，他的勇敢表现使他荣获德国最高蓝十字勋章。1940 年，隆美尔受命指挥第 7 装甲师。先后在西欧、北非、意大利作战。1941～1943 年，任驻北非德国远征军司令，与英军作战。1943 年底至 1944 年，任驻法国 B 集团军司令。1944 年，他被牵扯进德国高级将领密谋杀害希特勒事件中，后被迫自杀。

∧ 手拿元帅权杖的隆美尔。

声命令："不管发生什么情况，你必须阻止盟军占据滩头阵地。"

隆美尔★没有得到希望的回答，电话的另一端传来了贝姆塞尔绝望的回答："这已经不可能了！"

隆美尔愤怒了，大骂贝姆塞尔无能。然而，短暂的沉默之后，贝姆塞尔挂断了电话。隆美尔有些吃惊地听着电话里的忙音，他明白责骂已经无济于事，战况的进展比自己想象的还要糟糕。然而这只狡猾的狐狸并不想轻易地放弃，沉吟了一会，隆美尔又拿起了另一部电话，命令第 21、第 12 装甲师在 7 日清晨发动反攻。这是隆美尔曾经寄予重大希望的机动突击部队。

但这时德军已失去战场上的主动权，隆美尔的命令已经没有战前那种效果了。第 21 装甲师当时只剩下 70 辆坦克，战斗力大大削弱。第 12 装甲师部署在 120 公里以外，在奔袭途中又遭到盟军空军的轰炸，赶到隆美尔指定的进攻出发地域时，已经是 7 日 9 时多。隆美尔无可奈何，只得推迟反攻的时间。也就是从这一天开始，盟军的登陆部队开始建立统一的登陆场。

盟军在诺曼底登陆的消息传到德国，德国上下一片惊慌，为了摆脱被动局面，德军开始陆续加强诺曼底的反击力量。但是，希特勒、伦德施泰特、隆美尔等高级指挥官仍然认为，加莱是盟军的主攻方向，诺曼底是盟军进攻的次要方向，只是盟军在进攻之初把诺曼底的规模有意搞大了。在这种错误的判断下，德军作战越来越被动。为了控制局势，鼓舞士气，隆美尔几乎没有离开他那辆指挥车，从这个指挥所赶到另一个指挥所，亲自去指挥部队。但是，由于德军失去了制空权，他即使是身为西线德军"B"集团军群的司令官，也时时受到盟军空袭的威胁。只要他的车一发动，就会发现头上有盟军的飞机在盘旋，轰鸣声和爆炸声震耳欲聋。

到这个时候，隆美尔还没有认清盟军的真正意图，因此与希特勒一样，他并不赞同从加莱抽调兵力增援诺曼底。直到深夜，美军第7军的一份作战命令突然送到隆美尔面前，才使他大吃一惊。

事情是这样的，美军在奥马哈海滩登陆时，由于受到德军火力的压制，加之风大浪急，有的登陆工具受到严重损坏。几名德军官兵从漂到岸边的一条破船上，发现了美军的作战命令。隆美尔看完上述文件后，倒吸一口凉气，他已经感到形势的严重了。诺曼底就是盟军的主攻方向，盟军在诺曼底投入了如此之多的兵力，大有必得之势。隆美尔隐隐地感觉到诺曼底之役，将直接关系到纳粹德国的生死存亡。

然而，希特勒的干预却使隆美尔忧心如焚，简直不知道该如何指挥部队。德国统帅部收到英国广播电台发出的消息，盟军将于10日在比利时发动进攻。希特勒得知这一消息以后，再次怀疑诺曼底不是盟军的重点进攻方向，便改变了调军队增援诺曼底的决心。他命令，编制有2.1万名官兵的党卫军第1装甲师继续留在比利时，不得调去支援诺曼底。

隆美尔得知这一命令，犹如被当头泼了一盆冷水。隆美尔多次向德国最高统帅部提出申请，要求把最好的机动力量调到诺曼底，现在这支部队也依靠不上，他仿佛已经嗅到了死亡的味道。

然而，希特勒没听隆美尔近乎乞求的陈述，没有给隆美尔增加部队和空中力量，反而命令隆美尔把德军的防御重点放在东翼，依靠现有兵力从卡昂地区向英军进攻。希特勒的一意孤行，使盟军的登陆行动按照预定计划顺利地进行着。

战斗进行到6月12日，盟军登陆地段基本稳固，连成了一个正面宽80公里、纵深13~19公里的登陆场。

这一天，战火弥漫的诺曼底出现了一组新镜头。艾森豪威尔陪同前来视察的马歇尔总参谋长、英国国王和阿诺德将军，乘坐一艘驱逐舰，登上了奥马哈滩头阵地。中午，他们在布莱德雷的指挥总部吃了硬饼干，并同一些军长和师长讨论最近的作战情况。尽管马歇尔没有当面称赞艾森豪威尔的胆略和指挥艺术，但是在给罗斯福总统的报告中，他写道："艾森豪威尔和他手下的人冷静而自信，以非凡的效率完成了无比巨大和复杂的任务。"

奥马哈之行象征着"霸王"行动的成功。如此多的重要人物能够安全地登上法国，清楚地表明滩头阵地是牢固的。盟军方面已经有十多个师投入战斗，而且每天还在增加。人工港湾已经就位和启用。虽然还有问题，但这伟大的进攻已经收到了效果。

诺曼底登陆是在一年的第6个月、一个礼拜的第6天、一天早晨的6点钟开始的。这也许是纯属巧合，但无论是把它看作吉兆抑或凶兆，战役还是取得了出人意料的成功。

▽ 盟军在诺曼底海滩开辟的登陆场。

>> 登陆后的艰难扩展

为了巩固登陆场，扩大战果，从 6 月 13 日开始，盟军兵分两路，向法国内地挺进。英军主要向卡昂进攻。美军主要向瑟堡进攻。这个时候，盟军突然发现他们是在一个由灌木篱笆、河岸和坍陷的公路分隔开的许多小块田地的国家里作战。在这里，坦克部队不能展开，而步兵必须逐一地越过篱笆前进，进展十分缓慢，而且代价很大。12 日之前势如破竹的攻势不得不放慢了脚步。

< 英军在卡昂与德军展开游战。

★卡昂战役

1944 年 6 月 6 日，盟军在诺曼底实施登陆后，英军第 2 集团军为协助美军在圣洛地区实行突破，将德军装甲部队牵制在卡昂地区，而集中 10 个步兵师、3 个装甲师、1 个空降师和 6 个装甲旅，共 1350 辆坦克，对卡昂地区的德军展开了猛烈进攻。6 月 25 日至 29 日，英军第 8 军在击退德军装甲部队后，切断了卡昂—法莱斯公路。7 月 10 日，英军攻占了卡昂城，有力配合了美军对圣洛地区的进攻。至此，诺曼底登陆战役第一阶段胜利结束。

而天公似乎也不作美，英吉利海峡的飓风狂浪阻断了英国与欧洲大陆之间的海上交通，舰艇无法航行，大量的船舰被迫搁浅。同时，风暴也严重破坏了 6 月 19 日新建成的人工港，舰艇无法停靠，飞机无法起降，一切滩头登陆活动被迫停止。尽管希特勒还没有从"肉馅行动"的欺骗中清醒过来，盟军没有在这个时候遭到德军致命的反击。但是，缓慢的挺进情况却使旗开得胜的欢腾逐渐冷却了下来。

按照原计划，盟军在登陆之后，要迅速占领卡昂、科蒙、圣洛以及来赛等地，以在西欧大陆建立起稳固的战线，确保盟军继续在诺曼底地区有效登陆，并为下一步收复西欧大陆创造条件。

蒙哥马利率领的英国第 2 集团军发起了卡昂战役★。在这里，他的对手是"阿拉曼"战役中的手下败将隆美尔。当蒙哥马利获悉"沙漠之狐"隆美尔将在战术上指挥防守部队时，就预言隆美尔将把从师一直到营，甚至到连的任何立即可用的部队投入连续的攻击。对于再次战胜隆美尔，蒙哥马利有充分的信心，他甚至表示，他能在第一天就攻占卡昂，但事实却是，经过两个星期的激战，卡昂仍在德国人手里。

事情的过程是这样的。6月14日，当美军突破了德军在圣索沃方向的防线时，蒙哥马利提出，英军必须得到一定的弹药贮备后才能对卡昂发动进攻。

对于蒙哥马利再次推迟英军对卡昂的出击时间，艾森豪威尔非常气愤。但考虑到盟军在作战中的团结，艾森豪威尔没有大发雷霆。6月18日，他写信给蒙哥马利，没有谴责，更多的是鼓励。他说："我完全理解，你需要贮备适当数量的炮兵弹药。但是，我非常希望，一旦攻击开始就有一股维持很久的势头。"

同时，艾森豪威尔还向蒙哥马利承诺："我们将从各个仓库给你调拨弹药和军需物资。"

很快，蒙哥马利就送给艾森豪威尔一份措辞委婉的请求书。请求书中写道："我们将在今后两周或更长时间内艰苦作战，我衷心地请求你帮助，别让访问者前来。我要牢牢地掌握战斗，因为这是这一时期极其重要的战斗，要使事态按我们希望的方式发展，不能混乱，不要让我们自己被任意摆布。我没有时间接待来访者。"他的意思很明显，是要艾森豪威尔不要干涉他的指挥。

蒙哥马利这样讲也是有一定道理的。一方面，此时伦敦上空的导弹严重影响了英国士兵的情绪；另一方面，英国部队的士气在德军炮火下遭到重创。英军第49师的一个营受到德军迫击炮和榴弹炮"地毯式"轰炸★。两个星期后，该营只剩下12名军官，营长和排长以上的军官在营指挥所里被炸死。

更为严重的是，该营3/4的人对炮火有歇斯底里的反应，有些年轻士兵甚至在自己方面的大炮开火时也要发病。这样，部队的士气崩溃了，纪律也瓦解了，逃兵开始增多。一名中校营长向蒙哥马利报告说："我有两次不得不站在一条道路的尽头，拔出我的左轮手枪对着往后败退的人……三天

∧ 进攻卡昂的英军坦克纵队。

★ "地毯式"轰炸

"地毯式"轰炸又称"方块式轰炸"。第二次世界大战时期，美国空军所发明并采用的对敌方阵地的毁灭性的轰炸摧毁方式。此种轰炸方式是建立在美国拥护世界上数量最多，性能最为先进的轰炸机群和储量极其丰富的弹药的物质基础上，即以最密集的轰炸机群对准备摧毁的敌方阵地地区，按区域实施最猛烈的轰炸，按该地区平方米数投下经计算足以摧毁一切生物和武器的相应吨位的炸弹，以摧毁敌人的一切战斗力，为其陆军进攻打开通路，取得战斗的胜利。

前一名逃跑的少校被打死了……因为我命令他帮我在迫击炮火密集时阻止士兵乱跑,而他自己却逃跑了。"

接着那名中校又说："在这种情况下,我拒绝再去断送那些好端端的生命了。"他强调说,有两位同僚也同意他的意见。

对此,蒙哥马利不得不报告陆军部,说他已经解散该营,因为它不再适合战斗。他还写了一条附注："我认为这个营长显示出失败主义者的心理状态,不是个'合适的小伙子'。"

因此,在这种情况下,似乎不能说蒙哥马利推迟对卡昂的进攻是为了保存实力,因为他太需要一次伟大的胜利来恢复部队对他的信赖了。他也许正在等候进攻卡昂的最佳时机。

在这种情况下,蒙哥马利要求他的部队保持冷静。他对艾森豪威尔保证,只要能保证军队使用合适的装备,他们就会很好地作战,就不难击败德国人。

6月25日,英国第三十军团终于在卡昂地区开始取得了有限的进展。但是,天气极端恶劣,出现暴雨,云层很低,蒙哥马利又在出击前等了很长时间。这使德军有了足够的时间进行喘息,并又向卡昂地区增派了两个装甲师。就这样,尽管蒙哥马利向艾森豪威尔报告说,"我准备在东翼向敌人摊牌,决一死战。"但是在经过激烈战斗后,英国第三十军团的进攻在维莱博卡日到卡昂一线停顿了下来。

艾森豪威尔对此十分不满,他极力克制自己,没有大发雷霆。但蒙哥马利却为自己辩解说,他从来没有打算在直通巴黎的道路上的卡昂突破滩头,他的战略是固守他的左翼,而让布莱德雷在右翼突破。

虽然艾森豪威尔不赞成蒙哥马利处理战斗的方法,但他并没有对蒙哥马利发布强制命令。在整个6月后半月和7月,艾森豪威尔虽然一直鼓励蒙哥马利进攻卡昂,但他并不坚持。而蒙哥马利也不断允诺"突击"德军,但他的豪言壮语并没有化为有力的行动。同时,蒙哥马利还把进展不力的责任归咎于布莱德雷,说美军应同时在北面进攻瑟堡和在南面进攻古当斯。蒙哥马利说:"布莱德雷不想冒这个危险。"蒙哥马利又以他那种典型的高傲的绅士口吻说:

∧ 驻守瑟堡的德军指挥官下令向美军投降。

"我不得不沉住气带动美军，让他们有时间去做好准备。"

6月27日，布莱德雷指挥的美军进攻瑟堡的战斗取得重大进展，瑟堡的德国守军被迫投降。这是盟军的一大胜利，它使登陆部队的物资供应有了保障。这也等于将了蒙哥马利一军。这样一来，盟军将领之间的相互斗争和背后攻击更为激烈。有人甚至议论说，蒙哥马利为了保存实力，使英军迟滞不前，让美军承受重大伤亡。艾森豪威尔没有轻信这些话，在较长一段时间里，他都耐心地鼓励蒙哥马利指挥英军向卡昂进攻。

但是，由于蒙哥马利的固执己见，夺取瑟堡以后，美军在遍布灌木篱的地形上作战，进展比预定计划迟缓。

诺曼底登陆开始出现胶着状态，陷入了僵局。

>> 全局的要点在卡昂

卡昂是法国西部铁路公路交汇的一个枢纽，也是德军战略预备队机动时的必经之路。东面的德军要接近卡昂到达诺曼底的桥头堡阵地，必须要经过卡昂。因此，卡昂是两军夺取的焦点。但13个师的训练有素、作风顽强的德军仍在西线负隅顽抗着。直到6月底，蒙哥马利率领的英国部队也没有在卡昂取得突破性的进展。

为激发官兵的斗志，艾森豪威尔决定亲赴前线，视察部队，并了解战况。7月1日，他飞赴诺曼底。

在会见布莱德雷时，艾森豪威尔开玩笑说，他只需要带着一床铺盖，一名副官和一名勤务兵，"只需要一条遮着一块油布的战壕"。

在诺曼底的五天，艾森豪威尔视察了部队和战场，不仅同布莱德雷及军长、师长们进行了交谈，并且深入前线部队，与士兵们打成一片。美国士兵很高兴看到他们的总司令来到前线，当艾森豪威尔的汽车经过时，士兵们欢呼跳跃，大大地激发了他们的情绪。但是，由于军、师司令部都是德军零星炮火的目标，前线指挥官都非常不愿意看到总司令出什么问题。他的老朋友、第15军军长韦德·海斯利普更是干脆要艾森豪威尔离开。他说："我并不是担心你被打死，我只是不想让人说，最高统帅是在我这个军的区域内遭到不幸的。你要是想被打死，请别死在我的阵地上。"

7月5日，也就是艾森豪威尔来到前线的第四天，他在一个战斗机场获悉，空军将要执行一次飞行任务。于是，艾森豪威尔对布莱德雷说，他想一道去，从空中看看这个灌木丛生的国家。一开始布莱德雷不同意，但是艾森豪威尔坚持要去。当他爬上野马式战斗机时，最后说了一句："好，布雷，我答应你不飞往柏林。"然而，他却飞越了德军防线。对此，《纽约时报》写了一篇特别报道，标题是《艾森豪威尔飞越纳粹防线》。

艾森豪威尔视察诺曼底期间，为了扩大登陆战果，美军第1集团军所属的第8军、第7军、第19军、第5军开始从右至左展开，分别在7月3日、7月4日和7月7日发动了新的攻势。

但是在德军的顽强阻击下，美军这次进攻并不顺利。7月10日，美军的进攻行动陷入了僵局。德军虽然受到了重创，但仍然执行希特勒坚守每一寸土地的命令，不轻易后撤。同样，美军的伤亡人员也超过3万多。为了摆脱僵局，布莱德雷决定改变4个军在宽大正面上全线出击的战法，以第7军为先锋，集中兵力攻克圣洛地区。

为了配合美军的进攻行动，艾森豪威尔反复劝说蒙哥马利必须加快进攻节奏。

然而，艾森豪威尔的到来似乎并没有激起蒙哥马利的战斗激情，蒙哥马利仍旧按照自己的节奏指挥着战争。尽管他一次又一次地向艾森豪威尔保证，他正在制定"快活林"作战计划，英军即将发动一次大规模的攻势，但艾森豪威尔总是见不到英军的实际行动。蒙哥马利的做法引起了一些美军将领的不满，他们指责艾森豪威尔根本管不了蒙哥马利。

7月8日，英军部队终于开始从北面和西北面向卡昂发动猛攻。黎明，盟军的重型轰炸机对预定目标进行了猛烈的轰炸，在德军的防御工事投下了2000多吨炸弹；紧接着，英军的地面部队开始攻击，但遭到德军装甲部队的顽强抵抗。第二天，英军便又在卡昂城奥恩河北岸地区停步不前了。

对于蒙哥马利的拖延，就连英国的空军副总司令特德也看不下去了。特德与盟军参谋长史密斯一起劝说艾森豪威尔，声称卡昂久攻不下完全是蒙哥马利的过错，并坚持要艾森豪威尔迫使蒙哥马利采取行动。

特德还埋怨说，蒙哥马利不公正地把他的失败归咎于空军，特德还说："陆军看来没有准备自己去打仗。"巴顿对此情况，意见更大，他在日记中写道："艾克被英国人捆住了手脚还不知道。可怜的人！"

在这种情况下，艾森豪威尔不得不请丘吉尔"说服蒙哥马利骑上自行车蹬着走"。然而，蒙哥马利却总是一面不断保证要发动巨大攻势，取得巨大战果，一面却按兵不动。

7月12日，蒙哥马利终于对艾森豪威尔谈到另一次代号为"快活林"的攻势，并要求空军予以全力支援。按照蒙哥马利的部署，英军定于7月16日开始行动。但是，由于天气等种种原因，蒙哥马利又一次决定推迟行动，改为18日向卡昂发动攻击。

7月18日，"快活林"战役打响。战斗一开始，英国的皇家空军轰炸机和美军第8、第9航空队便先后出动2100多架次重型轰炸机和中型轰炸机对德军阵地进行了猛烈轰炸。很快，卡昂这座美丽的城市成了一片废墟，还导致了2000名法国人被炸死，1300多人被炸伤。

7时45分，英军的坦克部队首先发起冲击。

德军在卡昂城共设置了五道防线。

第一道防线已经被盟军的航空兵彻底炸毁，英军畅通无阻地穿了过去；第二道防线上部署的88毫米大炮和虎式坦克，也大部分被炸毁了，尽管未被炸毁的坦克成了阻击英军的障碍，但并没有阻止英军前进的步伐；第三道防线由步兵把守，英军同样轻易地越过了这道防线。

英军在突破第四道防线时，受到了较大的阻力。隆美尔在卡昂城南布尔古比山梁上秘密部署了80门88毫米大炮，12门口径更大的火炮，194门野战炮，270门六管火箭炮，这些兵器的发射管总数达到1632管。在这个山梁后面，德军还部署了党卫军步兵师，45辆V型坦克，80辆其他类型的坦克。

更令蒙哥马利感到吃惊的是德军的第五道防线。这是一道英军情报部门没有侦察出来的防线，德军在这道防线上，一共部署了3个步兵师、2个装甲师，拥有200多辆坦克，556门火炮，一些轻型反坦克武器和高炮，这是一群具有相当战斗力的部队。

由于战前英军没有发现德军如此强大的火力配置，不得不为突破这条战线付出沉重的代价。

这场攻克卡昂的战斗，英军先后伤亡4000人，损失500多辆坦克，这些坦克相当于英军坦克总数的1/3还多。终于，7月19日，由顿普西指挥的英军第2集团军占领了卡昂城。此举吸引了德军大量的预备队，配合了在卡昂以西地区作战的美军部队。但是英军占领卡昂数平方公里的地区后，部队被飞机轰炸的弹坑和雨水所阻，被布尔古比山梁上的德军部队所阻，难以前进。

就在英军犹豫徘徊之际，德军抓住英军立足未稳的有利时机，利用第五道防线上的步兵师和125辆坦克组织了一次反击。尽管德军这次反击的规模不大，阵地也无法恢复，但使英军的坦克损失了100多辆。有人评论说，德军的这次反击，是隆美尔与蒙哥马利多次较量中的一次小胜。

7月20日下午，天空中电闪雷鸣，倾盆大雨下个不停，雨水淤积在由于飞机轰炸和坦克碾压造成的尘土上，使卡昂周围几乎变成一片沼泽地，部队难以行动。蒙哥马利权衡利弊，命令部队停止进攻。这时候，英军没有突进到预定目标法莱士。

艾森豪威尔对蒙哥马利停止进攻甚感不快，大发雷霆。对于英军的进攻结果，艾森豪威

∧ 美军与德军在法国南部展开激战。

尔也感到非常不满意,他埋怨说:"用了8000多吨炸弹,部队才推进10公里。每公里要付出1000吨炸弹的代价。如果我们的部队都这样进攻,盟军很难有希望越过法国。"美国军官得知蒙哥马利发出停止进攻的命令后,也大为不满,纷纷指责英军根本不像是一次突破,英国应该把不愿积极进攻的蒙哥马利封为贵族,送进上议院,或者让他当马耳他总督;特德则要求蒙哥马利要对"英军这次失败"负责。

于是,艾森豪威尔致信蒙哥马利,催促蒙哥马利恢复进攻,并再次表明"时间就是生命"。然而,蒙哥马利却拒绝再次进攻。当艾森豪威尔得知蒙哥马利不肯接受他的建议时,气得脸色铁青,他甚至考虑要当即解除蒙哥马利的职务,但遭到丘吉尔、艾伦·布鲁克等人的反对。

丘吉尔认为,英军已经占领卡昂,这就是胜利,这是不容否认的胜利。为此,他还专门给蒙哥马利发电报,电文说:"热烈祝贺你攻占了卡昂城。"

而斯大林也把英军占领卡昂看作是西线战场一个不小的胜利,即发电报说:"祝贺英军解放卡昂城,取得辉煌的新胜利。"

确实,蒙哥马利停止进攻也有其迫不得已的苦衷,人员、装备损失过多是一方面,但另一方面,部队的给养跟不上也是原因。

正如丘吉尔所说,尽管蒙哥马利没有突破德军的纵深阵地,但攻占卡昂的确是一个不小的胜利。随着美军的进攻取得了新的进展,在7月18日攻占交通枢纽圣洛,分割了德军"B"集团军群后,美军、英军和加拿大的军队已经抵达卡昂、科蒙、莱赛一线,至此盟军形成了正面宽150公里、纵深13~35公里的登陆场,从而使诺曼底登陆战役进行到一个新的阶段。

而这个时候,艾森豪威尔却把突破德军纵深阵地的希望寄托到两名美军将领身上,一名是布莱德雷,另一名是巴顿。

> 激战过后的卡昂成为一片废墟。
> 蒙哥马利与英军将领在法国南部。

>> "沙漠之狐"名正言顺地逃离战场

当艾森豪威尔为蒙哥马利的固执、任性感到头疼的时候，德军"B"集团军群总司令隆美尔的日子似乎更不好过。

这倒不是隆美尔对每天从一个阵地跑到另外一个阵地感到厌烦，主要是他已经对战争失去了信心。尽管在希特勒"寸土必争"的命令下，隆美尔在苦苦支撑，但他心里很明白，"B"集团军群不可能长期守住诺曼底海岸，失败是不可避免的。

7月3日，隆美尔就瑟堡半岛和瑟堡要塞等地的战况向希特勒提交了一份报告。在报告中，隆美尔详细陈述了无法坚守的原因：德军驻扎在诺曼底的部队实力太弱，很多部队的士兵都是超期服役的，第709师的士兵平均年龄已经36岁；德军装备极其落后，不能满足战争的需要，弹药量太少，要塞的防御工事也未能按期完成，给养补充情况很差；德军的指挥系统混乱，集团军群总部对于西线装甲兵团，多管火箭炮旅和高炮部队，都没有指挥权，无法统一调配和部署部队。

但作为军人，生性不肯服输的隆美尔并没有放弃。尽管他知道自己的努力于事无补，还是坚持酝酿对盟军的反扑计划。他认为，即使战略局势已经无法挽回，也应该在战术上取得成功。特别是对老对手蒙哥马利，他一定要报阿拉曼战役的一箭之仇。

186

> 隆美尔经常奔波在各个部队之间，给坚守阵地的德军打气助威。

于是，隆美尔继续奔波在各个部队之间，看望坚守阵地的官兵，每天至少奔跑400公里。

隆美尔坐在那辆指挥车里，把一张作战地图摊开在膝盖上，一边走一边思考下一步的作战计划。道路已经被炸弹彻底毁坏了，到处是坑坑洼洼的弹坑以及被炸毁的汽车，还有成群的从诺曼底逃出来的难民。指挥车拼命地按着喇叭，想加快速度。难民的马车或牛车上都挂着一块白布，以希望盟军飞机不要轰炸这些难民的车队。在难民流中，隆美尔的绿色指挥车非常显眼，这是非常危险的。为了避免盟军飞机的轰炸，隆美尔的汽车开得飞快，车后扬起一阵阵灰尘。

隆美尔的车驶上了第179号公路，前往维蒙提尔。但是，刚刚行驶了几分钟，就听到一阵飞机的轰鸣声，紧接着天空中有两架飞机俯冲下来。隆美尔刚对司机喊了一声："丹尼尔，快开到树丛里隐蔽。"爆炸声就响起来了，机关枪也随即猛烈地扫射下来。

隆美尔拉开车门，准备寻找一处隐蔽的场所。突然，一颗炮弹在车子前方爆炸了，弹片飞到他的脸上，并把司机的一个肩膀削掉了。于是，指挥车失去控制，摇摇晃晃地撞到一棵树上，隆美尔同车上的其他成员一起被抛出车外。隆美尔感觉被什么东西击中了头部，眼前一黑，他失去了知觉。

数小时后，隆美尔在贝尔内空军医院睁开了眼睛。尽管身上和脸上的伤口令他疼痛难忍，但他还是有几分高兴。这毕竟可以使他名正言顺地离开法国战场，他可以不再在西线战场上痛苦地煎熬了。

德军西线总司令克卢格得知隆美尔负伤后，立即打电话到医院询问，一名主治医生告诉他："元帅到1945年前都恢复不了。"克卢格暗自高兴，现在隆美尔不再干涉他了，他可以完全按照自己的战术去组织诺曼底的防御了。

之后，克卢格巧妙地暗示希特勒下命令，正式接替了隆美尔"B"集团军群司令的职务，同时继续担任德军西线总司令。隆美尔8月8日从巴黎回到德国，在赫尔林根的别墅里治疗。至此，德军在诺曼底失去了最顽强、最有军事指挥才能的统帅，处境日益不妙。艾森豪威尔在这场较量中的上风形势越来越明显了。

第七章

千军横扫

PA 3-27

1890-1969 艾森豪威尔

诺曼底的僵局由"眼镜蛇"作战计划全面突破，成为此战的转折点。随后，艾森豪威尔将虎将巴顿调上前线，挥出这只攒足力量的重拳，横扫布列塔尼半岛，在法莱兹击垮德军的反扑，席卷法国，解放巴黎，并在这场战争的第三年成为美军五星上将……

> 布莱德雷（左）与柯林斯将军在前线。

>> "眼镜蛇"为突破僵局出洞

按照"霸王"行动计划，诺曼底战役将分为两个阶段。在第一个阶段，盟军要建立起稳定的滩头堡。之后，才能以此为基础向法国境内扩展。然而，布莱德雷攻占瑟堡后，蒙哥马利却没有取得夺取卡昂的最终胜利，两军在诺曼底形成了僵局。尽管局势对盟军有利，但艾森豪威尔还是迫切需要打破这一僵局。

"眼镜蛇"行动是为了打开在诺曼底的僵局而设计的、以美军为主的一次进攻作战行动。继6月27日，布莱德雷攻下瑟堡以来，美军就一直在潮湿的乡间小树林里顽强战斗。但是，由于德军凭借有利地形和预先构筑的工事顽强抵抗，美军进展缓慢，伤亡惨重。美军第1集团军自踏上诺曼底以来，已经死伤62000人，其中死去的近10000人。露天墓地上，到处都是一排排尸体，有些已经腐烂发臭了，因为收尸队实在忙不过来。

在这种情况下，布莱德雷提出了用航空兵进行饱和轰炸开辟通路的新战法。布莱德雷告诉柯林斯将军，他将通过饱和轰炸来为柯林斯的第7军团通过敌人的防线开出一条血路。这一想法使他的参谋人员不以为然地挑起眉毛，因为英军最近已做过类似的尝试，结果发现他们轰炸的弹坑给坦克的前进带来了麻烦。最后，在布莱德雷的坚持和劝说之下，柯林斯同意冒险干一次。

就这样，一个"眼镜蛇"行动的计划产生了。

布莱德雷计划动用大量的美国空军，并投入4个步兵师和两个装甲

★ "眼镜蛇" 行动

1944 年 7 月 25 日，美国第 1 集团军进行的一次作战行动的密语代号。英文为 "Cobra"。"眼镜蛇" 行动是为了打开在诺曼底的僵局而设计的、以美军为主的一次作战行动。由于 "眼镜蛇" 计划受到天气条件的限制，曾一度推迟行动时间。该行动得到英军的配合。此次作战行动的目的是，在向阿弗朗什的进攻中，将德国军队从科蒙到海岸之间的军事防线一举捣毁。"眼镜蛇" 行动的胜利成为诺曼底登陆战役的一个重要转折点。

师，进行地面攻击。具体地说，首先美国空军要出动 2000 架飞机携带炸弹，连续对圣洛—珀里尔公路以南那块长 6500 米、宽 4500 米的矩形地域进行密集的地毯式轰炸。之后，美军步兵师和装甲师要穿过这一地域对德军发动强攻。由于上述地区离美军的阵地只有 1800 米，在轰炸期间又有美军部队在附近开进，因此，空军的轰炸必须准确无误，不然美军的炸弹就会落到自己部队的头上。

要实现上述计划须具备四个方面的基本条件，一是天气有利，二是行动保密，三是打击突然，四是精确命中目标。为了满足这些条件，"眼镜蛇" 计划被一次又一次地推迟了时间。

同时，"眼镜蛇" 计划需要得到英军的配合。当艾森豪威尔得知蒙哥马利已经阻止英军的装甲师继续推进时，又一次致信蒙哥马利，要求英军保持强劲的攻势。

在信中，艾森豪威尔耐心地劝说蒙哥马利，他写道：

"布莱德雷指挥的作战地域，时间紧迫，我们不仅要夺取布列塔尼半岛，而且必须迅速夺取之。因此，我们必须动用一切力量来打击德军。地形对美军不利，德军的阻击力量也很强。我们比任何时候都更加清楚地认识到勇敢进攻的重要。布莱德雷的进攻一开始，阁下率领的军队也应保持强大的攻势。我们两支军队必须并肩前进，荣辱与共。"

7 月 20 日，艾森豪威尔下达了 "眼镜蛇" 战斗命令。按照计划，美军第 1 集团军 4 个步兵师、2 个装甲师及数千架飞机开始启动并投入作战。布莱德雷对 "眼镜蛇" 行动★相当自信，也感到很轻松，他对柯林斯说："如果进攻顺利，我们到达阿弗朗什只要一星期时间就够了。"

然而，"谋事在人，成事在天"。第二天，由于天降暴雨，"眼镜蛇" 出击被迫推迟。

按原计划，艾森豪威尔要飞赴诺曼底观察战役开始时的情况。行动推迟之后，艾森豪威尔还是冒雨乘飞机到了诺曼底。当时，黑云密布、电闪雷鸣，空中只有艾森豪威尔乘坐的那架 B – 25 飞机在飞行。

当艾森豪威尔走下飞机时，已经等候多时、被雨水浇透了的布莱德雷放心了，但他还是掩饰住高兴恶狠狠地说："这样坏的天气还飞行？"

艾森豪威尔咧开了那张阔嘴，露出了惯有的那种笑容，说："没有人能阻止我飞行。这是担任最高司令的乐趣。"

"你简直不要命了。"布莱德雷责备道。

艾森豪威尔开玩笑说："没有关系，当我摔死的时候，你们就在雨天保存我的尸体，在暴风雨中把我埋葬了。"

布莱德雷接着汇报说："由于天气原因，我已经下命令停止进攻。"

艾森豪威尔看了看布莱德雷，又看了看滂沱大雨，无可奈何地摇了摇头，自言自语道："这鬼天气，真是要命。"

雨下了一整天，第二天也依然没有停止的意思，艾森豪威尔只好飞回伦敦。

7月24日上午，天气开始放晴。艾森豪威尔立即催促布莱德雷命令部队全力出击，他说："我们在这个时候突破，总的损失会减少到最低限度。美军的突破一旦成功，战果是无法估量的。"

布莱德雷更是喜出望外，第1集团军整装待发。

然而，真是风云变幻，气象万千。中午时分，天气又突然变坏，一层厚厚的乌云压在目标上空。布莱德雷只好决定，战斗再次推迟24个小时。

7月25日，天气晴朗。

上午9时40分，美军第1集团军的部队开始发动进攻。与以往战斗不同的是，布莱德雷没有组织炮兵火力打击，而是用空军的1500架重型轰炸机、380架轻型轰炸机、550架战斗轰炸机对德军阵地进行地毯式的猛烈轰炸，先后投下了4700吨炸弹和燃烧弹。那一刻，圣洛地区硝烟弥漫，变成一片火海，德军遭到重大杀伤，几乎无力还击。

但是，由于美军飞行员在空中判断目标时出现失误，美军的部队也蒙受了误伤带来的损失，美军先后被自己的炸弹炸死111人，炸伤490人，美军在前线视察的麦克奈尔将军也被自己的飞机炸死了。

当空军的炸弹落在自己阵地上的报告雪片般地传到布莱德雷的指挥所时，布莱德雷神情紧张，并一度有意撤销"眼镜蛇"作战计划。但是，考虑到美军如果再次推迟进攻，德军必将加强圣洛地域的防御，这将对盟军今后的作战行动造成困难。于是，布莱德雷决定继续干下去。

事实证明，这是一个正确的决策。

盟军空军的战果是辉煌的。航空兵投下的高爆炸弹、燃烧弹和杀伤弹的威力很大，至少炸死了德军1000名官兵，勒尔指挥的装甲师基本上被消灭，德军士气一落千丈。按照当时一名军官的形容，那时的战场简直是"月球上的景色"。

∧ 盟军的飞机对德军目标实施"地毯式"轰炸。

> 美军士兵冒着炮弹掀起的尘土向前进攻。

　　7月26日，美军两个装甲师开始投入战斗，第5军和第8军分别从左右两翼成梯队向前开进。柯林斯的第7军在关键的地段发挥了重要作用。尽管前进道路上有不少地雷和险境，但美军的装甲部队采用迂回战术，迅速获得突破，残余之敌也被步兵师肃清干净。

　　艾森豪威尔对计划的进展非常满意，他鼓励布莱德雷："你们需要的物资已经堆积如山，我们必须使德军一刻也不能喘息，直到达到我们的目的。"

　　至7月27日，柯林斯已推进到古当斯，而在柯林斯右翼的第8军，也在特罗伊·米德尔顿的指挥下，攻克了格朗维尔和阿弗朗什。德军的防御全线崩溃，美军突破德军的防线，向前推进了15~20公里。布莱德雷的部队也已经切入敌阵，很快就将取得完全突破性的胜利。

维尔河以西的德军在撤退途中，忙不择路，把公路挤得水泄不通。由于没有组织好防空，当盟军的飞机前来轰炸时，德军部队伤亡惨重，扔下大片尸体。

此刻，艾森豪威尔意识到在法国的战争进入关键时刻，是把巴顿的部队紧急调到欧洲大陆扩大战果的时候了。想到胜利的前景，艾森豪威尔不禁露出了微笑。于是，他在一方面命令布莱德雷发动战役的同时，另一方面继续加大对蒙哥马利施加压力。7月28日，艾森豪威尔致电蒙哥马利："时间对我从来没有这样重要。我们不应等待天气或诸事齐备……我强烈地感觉到，现在用3个师进攻比5天后用6个师进攻更为有利。"他催促蒙哥马利一个小时也不要浪费。蒙哥马利也开始有了迫切感，命令丹普西部队要不顾一切，"不怕伤亡，加紧活动"。"必须随时随地尽可能骚扰、攻击、袭击敌人。"

7月30日，美军的装甲部队向前挺进了60公里，到达半岛底部的阿弗朗什。

7月31日，美军第1集团军前进至塞纳河地区。至此，美军已经向南推进了60公里。

至此，"眼镜蛇"出击圆满结束。作为一次十分成功的突进、突击和突破，"眼镜蛇"行动成为诺曼底登陆战役的一个重要转折点，美军的作战将被作为"圣洛突破"★的典范载入史册。从此，局势的天平开始向美军大幅度倾斜了。

< "眼镜蛇"战役中，德军目标遭到美军飞机的轰炸。

★"圣洛突破"

1944年7月25日，美军发动代号为"眼镜蛇"的攻势，在圣洛、莱赛一线向德军发动进攻。美国空军的3000架轰炸机在90分钟内将4200吨炸弹投在圣洛西面仅宽1公里、长5公里的德军阵地上。随之，美军第1集团军的6个师发动强攻，很快突破德军阵地。30日占领了阿弗朗什。8月16日，英、加、波的军队占领法莱兹。至8月19日，与美军完成阿尔让唐—法莱兹包围圈，将德军8个步兵师和两个装甲师包围，击毙德军1万人，俘虏德军5万人。

>> 挥出蓄势已久的重拳

"眼镜蛇"行动的胜利结束，意味着盟军按照计划已经初步完成了"霸王"计划的第一阶段，即"海王星"行动。下一步，就是"霸王"行动本身了，也就是扩大第一阶段占领的地区，包括布列塔尼半岛、卢瓦河以南的所有港口以及卢瓦河和塞纳河之间的地区，盟军将对顽抗的德军发动大举进攻。

为了推动战局发展，乘胜扩大战果，艾森豪威尔决定在8月1日组建巴顿的第3集团军。由考特内·霍奇斯将军接任美国第1集团军司令，而布莱德雷将升任由第1、第3两个集团军组成的第12集团军群司令。直到远征军最高司令部在欧洲大陆设立前进指挥所为止，布莱德雷将继续接受蒙哥马利的作战命令，但实际上是在艾森豪威尔的直接指挥下战斗。

与希特勒的 V－1 导弹一样，巴顿也可以算得上是艾森豪威尔的秘密武器。

诺曼底登陆战役打响一个月以来，这位英勇善战、作风顽强粗鲁的"血胆将军"，却在远离英吉利海峡的英国中部地区焦急地等待着。

为什么在"霸王"行动初期不启用这员猛将，艾森豪威尔在战略上有着独特的考虑。

一方面，巴顿将军在德军中享有相当的声誉，德国人把他看作盟军最具有挑战性的将领。正是利用这一点，艾森豪威尔虚构了一个威胁加莱海峡的美国第1集团军。按照安排，巴顿大摇大摆地在伦敦剧院看了几次戏，光顾了几家酒吧，照片和行踪也频频在报纸上曝光，以使希特勒对巴顿将指挥第1集团军从加莱发动进攻深信不疑。

于是，当蒙哥马利和布莱德雷指挥大军向诺曼底挺进时，巴顿指挥的部队却在肯特集结，形成一支假的进攻部队，并连续发出大量指挥部队的电讯，让德军感到盟军的司令部设在肯特。6月6日，盟军在诺曼底登陆的当天，英国皇家空军投放了大量锡箔片，形成一道金属丝干扰带，造成有一支舰队向东行使的假象。就这样，由于希特勒和德军统帅部深受欺骗，在盟军发起诺曼底战役后数个星期，希特勒还以为诺曼底只是盟军的一个佯攻方向，不敢把加莱的部队调往诺曼底。

另一方面，艾森豪威尔把巴顿视为其"秘密武器"，准备在关键的时候派上用场。1944年春，在诺曼底战役开始之前，艾森豪威尔便推荐巴顿出任了美国第3集团军司令。当时巴顿是一个争议很大的人物，尽管艾森豪威尔觉得公布对他的新任命将会引起"不仅是美国，而且还有英国的新闻界的批评"，但艾森豪威尔还是力排众议，将巴顿扶上了第3集团军司令的宝座。

就这样，巴顿在执行对德军的欺骗计划期间，一边密切注意着"霸王"战役的发展，一边加强对第3集团军的战备训练。这支部队除了少数军官是老兵外，大多数人是未参加过战斗、刚入伍不久的新兵。他们不仅缺乏军事知识、打仗经验，而且害怕打仗。

为了消除士兵们对战争的恐惧心理，巴顿进行了反复的动员。为了激发士兵的斗志，他

∧ 艾森豪威尔在启用猛将巴顿的问题上匠心独运。

鼓励他们："战争是人类所能参加的最壮丽的竞赛。"

"战争会造就英雄豪杰，会荡涤一切污泥浊水。所有的人都害怕战争。然而，懦夫只是那些让自己的恐惧战胜了责任感的人。责任感是大丈夫气概的精华。好男儿应当报效祖国。美国人可以为他们都是好汉而感到自豪。"

"要记住，敌人也和你们一样害怕，可能比你们更害怕。"巴顿还说，"他们不是超人。我们已经消灭了敌人的精锐部队，我们在下次战斗中将要碰到的并不是他们的精华。此外，你们还要记住，无论是在肉搏中还是在战斗中，总是进攻者取胜。"

同时，巴顿还注意用非常简洁清晰的语言，把作战的基本原则传授给士兵们。

"不让敌人进攻你的办法，就是你去进攻他，"巴顿说，"不停地向他进攻。这样可以防止敌人重整旗鼓……战斗中的死亡是因为时间和敌方有效火力在起作用。你们应以自己的火力去压制住敌人的火力，以迅速的行动来缩短时间。"

尽管巴顿在训练工作上尽心尽责，但他还是时刻关注着战局的进展。7月份，当诺曼底两军形成僵局时，巴顿为此烦躁不安。确实，作为美军中一位最骁勇的将军，当同僚们都在激战之际，他却被置于一边，眼睁睁地让岁月蹉跎，这种焦急等待的滋味实在不好受。

"我有一种可怕的感觉，"巴顿在战役发起日写道，"在我投入战斗之前，战斗就会结束。"

巴顿认为，时间的拖延对他很不利。他经常对副官科德曼抱怨无法参加战斗，担心战争可能会突然结束。一段时间以来，巴顿心情急躁，坐立不安，甚至变得沉默寡言，几乎悲观失望。为了强迫自己进入正常的精神状态，巴顿开始在流动指挥车中睡觉，并经常挎着枪套，以便随时投入战争。

终于，7月2日，当蒙哥马利和布莱德雷在诺曼底的进攻受挫的时候，巴顿接到了艾森豪威尔的电话，要求巴顿火速赶到法国，准备投入战斗。

放下电话，巴顿兴奋不已。他意识到，"霸王"行动已经到了关键时候。他真想一手包办，去赢得整个战争的胜利。

四天之后，巴顿登上一架C－47飞机，在4架P－47战斗机的护航下，飞越英吉利海峡，来到诺曼底战场。当飞机降落在法国西部的一个简易机场之后，巴顿立即乘坐一辆汽车，迫切地赶往布莱德雷的指挥部。在数英里的行程中，巴顿将军看到海滩上被毁坏的舰船，看到道路上的累累弹坑，看到被盟军摧毁的残余工事，一股指挥千军万马冲锋搏杀的激情涌上心头。

然而，令巴顿感到失望的是，在指挥所里，巴顿得知布莱德雷只是让他出谋划策而已，并没有马上把第3集团军投入战斗的意思。

"你将在第8军督战，"布莱德雷告诉巴顿，"身份是集团军副司令，同时，你还要尽快使第15军投入战斗。"

"什么？"巴顿简直不敢相信自己的耳朵，他临行之前，在英国集结的第3集团军官兵已经进入了紧张的战前准备状态，各类武器装备整装待发，只等待一声令下，美军的这支主力部队就会迅速越过英吉利海峡，到欧洲大陆去创造新的战绩。对于布莱德雷的任命，巴顿没有想到，也难以接受。

"什么？"巴顿再一次提高了声音。

"对，巴顿将军。你目前仍旧是'霸王'战役中的神秘人物，你目前的使命也是高度机密，"布莱德雷笑着说，"你将会使德国人捉摸不定。"

"可是，我……"巴顿还是不死心。

"是这样的，"布莱德雷解释说，"现在对你的任命只是一个权宜之计。你知道，第3集团军有4个军，第8军、第12军、第15军和第20军。目前，一部分部队正通过海峡进行集结，已经在诺曼底的部队借给第1集团军参战。弥尔顿将军的第8军已经装备起来。"

布莱德雷拍了拍巴顿的肩膀，接着说："组建第8军的目的，是在科唐坦西部牵制德军，支援第7军对德军形成包围。"

"你的担子不轻呀！"布莱德雷盯着巴顿说。

巴顿的神情活跃起来，他冲着布莱德雷敬了一个军礼："是，将军阁下，一小时之内，我便开始工作。"

尽管监督一个军，与作战并无正式联系，同指挥一个集团军更是大相径庭，但巴顿已经相当满意了，因为他看出第8军可以成为奏出他的战争前奏曲的理想乐器，曲子的乐谱正在他的脑子里形成。

第8军暂时由4个步兵师和2个装甲师组成。当时的任务是"不要受'眼镜蛇'战役中向库坦塞斯以北挺进的限制"，尽快向前推进。但是，由于撤退的德军在每条公路上都留下了许多破烂和燃烧着的车辆，一路上人车拥挤，地雷遍地，要迅速推进看来是不可能的。

∧ 战争间隙，巴顿（左）、布莱德雷（中）、蒙哥马利（右）合影。

　　那个时候，影响第8军取得进展的主要问题是路上的障碍，而不是德军的抵抗。整整一个晚上，步兵的先头部队离阿弗朗什还有60公里之遥，而混乱和拥挤却愈演愈烈。在这种情况下，步兵究竟能走得多快和多远呢？巴顿心急如焚，他当机立断，改用装甲部队来做开路先锋，以加速部队的推进。

　　巴顿改用装甲兵来打头阵，不仅加速了第8军的前进速度，而且使整个战局大为改观，加速了德军的崩溃。在第4装甲师开向塞朗斯的同时，第6装甲师在24小时之内就抵达了第8军西翼西埃纳河上的罗克桥附近。

　　然而，这个时候，巴顿对盟军的进展仍不满意。除了在第8军督战，他更希望第3集团军能够投入战斗。

　　一天，巴顿拦住了布莱德雷，问道："第3集团军何时投入战斗？"

　　布莱德雷表情严肃地说："将军，现在还没有战机，请你耐心等待吧。"

　　巴顿急了，马上给艾森豪威尔打电话，请求立即把第3集团军投入战斗。

　　艾森豪威尔听了巴顿将军的陈述后，让助手布尔将军对他说："将军，您放心，现在没有任何人有要把你排斥在外的意图。相反，我们大家都非常渴望，第3集团军能够尽快地投入战斗。但是，你们还必须再等待战机。"

　　巴顿渴望参加战争，他认为他的部队只有上战场才能创造出奇迹来。尽管在第8军督战已经显示出他"陆战之王"的风范，但他更希望能够指挥自己的部队，加速战役的进程。

　　巴顿对于战局的缓慢进展感到失望，在一篇日记中他写道："我对进展迟缓感到相当失望，我确信，如果由我来指挥，我可以在2天之内突破。只需要利用空中轰炸在前面开道，率领几个装甲师突击前进，就可以达到目标，而无须全线出击。"他还自信地说："我可以肯定，如果盟军能够按照我设想的作战计划行动，诺曼底战役的时间将缩短一半。至于功劳，我毫不在意。"

艾森豪威尔深知巴顿的求战热情，但现在还舍不得用这支奇兵，他要激励英国军队再打几个胜仗，巴顿指挥的第3集团军应该在最关键的时候上阵。

这一天来到了。7月28日，巴顿接到了艾森豪威尔要他指挥第3集团军参战的指示。

当天晚上，巴顿就在军用帐篷里召开了一次第3集团军指挥、参谋人员会议。同往常一样，他步履矫健地走了进来，神态威严地在前排坐下来，凝视着墙上的地图，倾听情报处长和作战处长的汇报。之后，巴顿向全军指挥员作了临战前的动员。

"诸位将士们，我们安排在8月1日12时正式进入交战。你们大家长期忍耐和坚贞不屈地等待这一伟大时机的到来，对此我要向你们表示感谢。现在我们就要开始行动，我相信你们的表现会同样出色。"

他停了一下，猛喷了一口雪茄烟，眯着眼睛，继续说："无疑，将会有人不时发一些牢骚，说我们逼得太紧。对于此类抱怨，我毫不在乎。我还是相信这古老的格言：平时多流一滴汗，战时少流一滴血。我们逼得越狠，就越能多杀一些德国人；我们杀敌越多，自己的牺牲就会越小。催逼意味着减少伤亡。我要大家记住这一点。"

"我还要你们记住另一点。不要为我们的侧翼担忧。我们必须警诫我们的侧翼，但不能舍此而无所其他作为。不知哪个笨蛋有一次说起要保障侧翼，从此以后，世界上所有那些人都拼命要警戒他们的侧翼。我们第3集团军不做这种事情。让敌人去担心它的侧翼吧，我们不担心。"

"此外，我也不想有人向我报告说：'我正固守阵地。'我们什么也不去固守，让德国佬去干那种事。我们要不断前进，除了揪住敌人以外，对守住任何东西没有兴趣。我们就是要紧紧抓住敌人不放，把它打得魂不附体。"

"我们的基本作战计划是前进，不管我们是从敌人的头上、脚下还是从敌群中穿过去，就是要一往无前。大家要记住，从此时此地起，直至我们不成功便成仁，我们要永葆大无畏的精神。"

这只攒足了力量的重拳，终于可以出击了。

>> "血胆将军"的进攻速度

8月1日，艾森豪威尔正式对外宣布，整个远征军编成两个集团军群：美国第1集团军和第3集团军编成第12集团军群，由布莱德雷指挥，美国第9航空队负责支援；英国第2集团军和加拿大第1集团军编成第21集团军群，由蒙哥马利统率，英国皇家空军负责支援。组建后的两大集团军群要挥师东进，第12集团军群在南，第21集团军群在北，展开大规模的陆上进攻。

8月1日，盟军开始全线进攻，死水一潭的前线僵局噩梦结束了。

"血胆将军"巴顿的任务是率领美军第3集团军★，用一部分部队夺取布列塔尼半岛，其余部队向东、南方向突击。

当天，巴顿的部队就从阿弗朗什出发，奇迹般地越过了阿弗朗什公路。这在行动开始前是被认为不可思议的，因为连接阿弗朗什大桥的这条公路，日夜处在德国空军的定期攻击之下，要过去是非常困难的。然而，巴顿却成功了，他很快便让部队通过了这条公路，并直插布列塔尼半岛。

这使艾森豪威尔十分高兴，他忍不住地夸赞道："这是了不起的好消息。"

鉴于形势的迅速变化，第二天的午餐前，艾森豪威尔在布歇公园的大厅里与副官布彻进行了会谈，及时调整作战计划。他满脸笑容地说："如果听到的情报是可靠的，那么我们很快就要席卷布列塔尼，并在诺曼底把德军分割开来。"

同时，艾森豪威尔做出重大决定，对行动前所做的计划进行了调整。在原计划当中，考虑到布列塔尼及其港湾的重要性，艾森豪威尔准备让巴顿的部队集中在布勒斯特。但是，由于巴顿的惊人战果，加上德军左翼空虚，艾森豪威尔决定由巴顿集团军中4个军中的一个军，向布列塔尼挺进，而其他部队的主力，"则集中力量去完成消灭德军的任务，并尽可能扩大战果"。

对于巴顿的安排，艾森豪威尔可谓是费尽苦心。为了防止这一"秘密武器"再弄出什么乱子，艾森豪威尔把稳重、周到的布莱德雷置于巴顿之上。

★美军第3集团军

美军第3集团军于1918年11月在美国组建，1919年7月解散。迪克曼为当时的集团军司令。1933年10月1日，在美国重新组建。第二次世界大战期间，克鲁格和巴顿曾为第3集团军司令。在该集团军编成内参战的军包括美军第3军、第8军、第12军、第15军和第20军。可以说，美军第3集团军是美国陆军最有影响的集团军之一。

这样，从巴顿雷厉风行的行动第一天起，布莱德雷小心翼翼的影子，加上风云莫测的前景，或多或少地影响了巴顿的热情，不过这并没有使巴顿气馁。他非常珍惜这次参战的机会，并了解老朋友艾森豪威尔的一片苦心。

但是，巴顿就是巴顿，在任何时刻，他都有着自己的看法和考虑。他对参谋长加菲将军说："布莱德雷将军只不过是想要在塞鲁河上取得一个桥头堡，而我想要的则是布雷斯特和昂热。"

如今，布雷斯特这颗布列塔尼半岛上的宝珠已经成为囊中之物，巴顿狂热的目光便开始指向阿弗朗什以南近160公里的曼恩——卢瓦尔地区的古都昂热。巴顿意识到，在未来向德国边境大胆挺进和对巴黎进行大规模包围时，这是个必经之地。

巴顿的精力让人感到吃惊，这位50多岁的胖老头穿梭在前线巡视，从一个部队飞快地到另一个部队，突然出现在人们面前，速度快得好像他可以同时出现在几个地方。第3集团军全军上下，从军长到普通士兵，都被巴顿的巨大干劲带动起来，甚至他的上司布莱德雷也被情不自禁地拖入他的磁场。原先在高一级司令部冷清的气氛中只准备拿下一个桥头堡的作战计划，大有可能发展成为席卷整个欧洲大陆的一场赛跑。

速度是巴顿最崇尚的东西。在他看来，速度就是一切。然而，8月4日，他突然发现第8军第6装甲师停止了前进的步伐。上午11点，巴顿出人意料地出现在位于梅尔德利亚克附近麦田里的第6装甲师的指挥所附近。

师长格罗将军闻讯后立即从自己的帐篷里走出来迎接，当他满脸堆笑地走近集团军司令时，他看见了一张正在竭力抑制心头怒火的脸。

巴顿大声咆哮："你坐等在这里干什么，为什么不向布雷斯特进军？"

"进军奉命停止，将军。"格罗师长有些害怕，小心地解释着。

"奉谁的旨意？"巴顿继续怒吼道。

"奉军里的命令，将军。"格罗答道。这时他的参谋长递过来米德尔顿军长用铅笔写的条子。

巴顿一把夺过条子，看完后就把它塞进口袋。然后，转过身来对格罗说道："关于这件事，我会去见米德尔顿。你不要理会这个命令或其他任何要你停止前进的命令，除非这个命令是我下的。开路吧，一直开到布雷斯特为止。"

巴顿的判断是正确的，当格罗的装甲师马不停蹄地于8月7日到达布雷斯特之时，已经失去了最好的进攻时机。

就在一天以前，布雷斯特的确有被格罗部队一攻即克的可能，因为当时这个港口城市的防务极度虚弱。但是，由于停止前进耽搁了时间，德军增加了兵力，再加上希特勒下了死守到最后一个人的命令，对布雷斯特的进攻打得相当艰苦。直到8月18日，耗时10天，动用了3个步兵师，付出几乎死伤1万美国人的代价，才攻克布列塔尼半岛上这个最大的港口城市。

> 美军坦克向前线推进。

巴顿让大家记住"由于动作迟缓，失掉战机所造成的血的教训"。

　　巴顿怀着矛盾的心情关注着战局的发展。为了使战斗能够按照他的意志进行，他锲而不舍地对集团军群司令布莱德雷一而再、再而三地劝说。

　　"我觉得你用不着担忧，布莱德雷将军，"他说，"战争就是敌我双方的一场智力和体力竞赛，要想取得战争的主动权，必须出其不意，攻其不备。"

　　在巴顿的职权范围内，第3集团军快速向前推进着。第9航空队对第3集团军的支援，进一步加快了巴顿的脚步。战斗机和战斗轰炸机保护两翼，而重型轰炸机则继续在德军防线后方封锁敌人的交通。同时，法国抵抗运动的活动大大增加了德军的困难，德国人只能在夜间调动部队，补给严重不足。

　　艾森豪威尔没有看错，巴顿的表现令人称赞。在一个月的作战中，巴顿指挥的第3集团军战果辉煌。这支部队有时在相距900公里的两条战线上同时作战，并防卫卢瓦尔河一线750公里的侧翼。在头26天内，前进了650公里，解放了法国200万平方公里的土地，共毙伤及俘虏德军近14万人。尽管第3集团军也伤亡了4万多人，相当于第21集团军群从进入欧洲大陆至8月底伤亡总数的一半。但到9月12日，在诺曼底登陆战役发起后的第98天，巴顿指挥的第3集团军已经到达原计划350天才能到达的地方，在德军坚强防御下达到这种进攻速度，被人们看作是一个奇迹。

但是，由于巴顿在诺曼底行动中的欺诈任务还没有完成，最初艾森豪威尔不能对报界公布巴顿的名字。当他终于发布这一消息后，巴顿的名字占据了报纸的头版头条，并在世界引起轰动。艾森豪威尔再次证明了自己的判断是正确的。

而巴顿与布莱德雷的配合也越来越默契了，巴顿传记的作者拉迪斯拉斯·法拉戈对此有一段精彩的论述："在8月的前两个星期之内，它的规模似乎还不足以同时容纳布莱德雷和巴顿两个人。巴顿在战役中的突然出现活像驯马表演场上那扣人心弦的一刹那——圈门突开，群马中的一头矫捷烈马一下子冲进场地。如果可以比喻的话，那么巴顿就是驯马场上乱蹦乱跳、试图把背上的骑马人甩下来的烈马，而布莱德雷则是那位拼命想坐稳鞍垫的骑手。"

"在这些日子里，巴顿进展很快。"法拉戈说，"显然，他是在以一种空前的速度和力量，并在很大程度上以随机应变的办法来左右这次战役，从而突破了'霸王'战役的预定界线。与此同时，布莱德雷竭力设法使战役恢复一点'秩序'，并根据合情合理的模式，以谨慎的方式按部就班地展开既定战役。布莱德雷虽然没有被自己的节节胜利冲昏头脑，但却逐步摆脱了那种过时的总计划，胆子愈来愈大。他力图用自己的计划取代原定方案，适应已经变化了的情况及瞬息万变的战局。"

>> 盟军的坦克开进巴黎街头

希特勒和德国统帅部在柏林密切关注着局势的进展，准备随时找到盟军的弱点，以对盟军发起致命的反击。

终于，希特勒欣喜地发现，在阿弗朗什，盟军有一处狭窄的连接处存在着断点。于是他要求克卢格在阿弗朗什发动一次坚决的反攻，以切断美国先头部队的退路，恢复通向大西洋的防线。为了确保这次反击的成功，希特勒决定亲自指挥这次战役。

然而，希特勒没有想到的是，他使用无线电报发布的命令，大部分被英国的"超级"间谍系统截获。这样，艾森豪威尔几乎在同时掌握了关于这次反攻的全面计划和大部分具体细节。

艾森豪威尔敏锐地觉察到，这是一次良好的歼敌机会。他要在法莱兹设置一个口袋，让德军钻进他的圈套。

尽管当时的西线德军总指挥克卢格元帅已经意识到希特勒的此举行不通，毕竟盟军已经在阿弗朗什的东部和北部地区修筑了有利的防御阵地，巴顿的通过阿弗朗什的第3集团军也拉长了美军阵地的防御纵深，但是他已经没有争辩的余地了。

按照希特勒的指示，克卢格拼凑起4个装甲师。在8月6日夜发起了反击。

受到德军装甲师进攻的是美国第30步兵师。很快，第30步兵师就被德军包围了。如果不是事先知道克卢格的兵力和意图，在如此关键的地区受到如此规模的进攻，必然会在盟军最高统帅部引起恐慌。然而相反，据艾森豪威尔的看法，德军正一步步走进他设置的陷阱。第二天上午，艾森豪威尔电告马歇尔："敌人的反攻，使我们看来有极好机会包围和消灭大量敌军。"

8月7日，艾森豪威尔在诺曼底设立了前进指挥所，这是在苹果园中用帐篷架起来的司

∧ 美军与德军在法国南部展开激战，这是德军被击毁的火炮和坦克。

令部，靠近格朗维尔，离莫丹不到40公里，几乎就在克卢格的通道上。

艾森豪威尔指示布莱德雷用少量部队固守莫丹，将能调动的每一个作战师都火速调往南面，并用炮兵和战斗轰炸机支援突击部队的两侧。为了消除作战部队的后顾之忧，他向布莱德雷保证："如果德军暂时从莫丹突破到阿弗朗什，从而切断向南穿插的部队，我们将用空军每天给先头部队空投2000吨补给。"

第30步兵师与德军的战斗是惨烈的。美军占据了有利的防守地形，在数倍于己的德军的疯狂打击下坚守着。其中，驻守317高地的美军，当援军到达时，已经仅剩357人了。

与此同时，巴顿的部队正迅速地向南和向东挺进着，以尽快对德军形成一个包围圈。由于第9航空队的战斗轰炸机击溃了德军的小股抵抗，使巴顿的突击部队能够保持自己的机动速度。至8月11日，巴顿到达阿朗松，对德军的包围圈逐渐收紧了。

　　然而，盟军最终还是没有抓住全歼德军的机会。尽管早在8月2日，艾森豪威尔就向蒙哥马利提出了保持进攻的要求，强调不论发生什么情况，都不许失去进攻势头，并许诺"在紧急情况下，我们会用飞机空投大量物资给他们"，"只要你还有一颗子弹，我知道你就会继续打击下去"。然而，8月11日，蒙哥马利做出了放慢向法莱兹进军的决定。理由是尽管美国部队离法莱兹较远，但他们前面没有德军。

　　美军方面，8月12日，巴顿强烈要求布莱德雷，让他的第15军一路向法莱兹挺进，以便将德军全部包围在诺曼底，但是遭到布莱德雷的拒绝。就这样，盟军失去了这一转瞬即逝的机会。德军在8月11日接到希特勒打击美军侧翼的命令后，利用法莱兹包围圈的缺口，开始后撤。

　　8月13日，艾森豪威尔以盟国远征军总司令的名义，向全军发出了通报，号召他们英勇顽强，坚决歼灭敌人。

　　这样，从8月13日至8月20日，盟军的包围圈才逐渐合拢。期间，德军为了避免被全歼的危险，拼命地为保持行将封闭的包围圈缺口而战斗。拼死抵抗的德军扛住了盟军战斗机的猛烈轰炸，使大约50000名士兵逃脱了灭顶之灾。当然，德军的损失还是惨重的。8个步兵师和2个装甲师几乎全部被歼、被俘，只有一小部分逃回塞纳河彼岸。

　　法莱兹战场，无疑是德军最巨大的"死亡阵地"之一。七零八落的装备、横尸沙场的马匹、支离破碎的残肢断臂几乎把所有的道路、公路和战场出口阻塞了。在这个包围圈封闭48小时后，艾森豪威尔巡视了整个战场。他说："那里的景象只有但丁才能形容。你完全在死尸和烂肉堆上一气行走几百码而没有踩到别的东西。"

　　这场胜利来之不易。但艾森豪威尔知道，德军不到完全丧失抵抗力时,是不会放弃战斗的。德国在1944年将比以前任何一年生产出更多坦克、大炮和其他武器,因而远征军要进行艰苦的战斗。因此,他给妻子梅蜜的信中,一再提起这个问题。8月11日,他告诉梅蜜:"不要轻信报纸。胜利虽然是美好的,但是,只有彻底消灭残暴的德军,战争才能结束。"

法莱兹战役★之后,当人们陶醉于胜利,更加盼望德国崩溃时,艾森豪威尔说:"我真不明白国内的人怎能这样自我陶醉于结束我们这里的战斗,我们还要经历很多苦难。上帝啊,我恨这些德国人!"

但是,不管怎么说,法莱兹一役过后,盟军离巴黎的距离越来越近了。

对盟军来说,巴黎是一块磁铁,吸引着每一个人,每个师、军和集团军的指挥官都想得到解放巴黎的光荣。

而在敦促盟军进攻塞纳河时,艾森豪威尔曾经考虑绕过巴黎,以便使他的后勤部队不必供给城市的人口。但是,巴黎市民发动了起义。同时,现实表明,盟军也不可能在向德国边境挺进时,将一个由德军占领的巴黎留在身后。最后,艾森豪威尔做出了解放巴黎的决定。

8月25日,是法国人民为之庆贺的一天。这一天,勒克莱克将军所统率的法国第2装甲师、美国第4步兵师在法国抵抗组织游击队的增援下,进入了巴黎。

对巴黎市民来说,更为幸运的是,当时驻守巴黎的德国军官没有按照希特勒的命令炸毁这座城市。

当天,勒克莱克将军接受了德军的投降。盟军将士争先恐后地登上了埃菲尔铁塔,高高升起了胜利的旗帜。从此,被德国占领达四年之久、有法兰西荣誉之称的这一伟大城市解放了。

巴黎举行了在这次战争中从未有过的振奋人心的盛大庆祝游行。成千上万的巴黎市民涌向街头,欢呼着,跳跃着,激动得流下泪水。姑娘们不顾一切地爬上驶来的坦克车,拥抱、亲吻着解放她们的士兵们。巴黎所表现出来的狂欢情绪是任何时候、任何场合下都无法比拟的。

游行一直持续了很多天。当8月27日,艾森豪威尔正

↓

★法莱兹战役

1944年8月10日,英美军队为合围并歼灭法莱兹、莫尔坦、阿尔让唐地域的德军集团并向塞纳河畔挺进而发动进攻。美军第12集团军群和英军第21集团军群南北对进,使德军坦克第5集团军和第7集团军陷入在"法莱兹口袋"的包围圈内。19日盟军在尚布瓦会合,完成对德军的包围。至8月22日,盟军肃清了包围圈内的全部德军。在法莱兹战役中,盟军共包围德军8个步兵师和两个装甲师,俘虏德军5万余人。

式进城对戴高乐进行访问时，街上依然挤满了狂欢的市民。艾森豪威尔乘坐的汽车在欢呼声中穿过人群，车上洒满了人们扔来的鲜花。由于巴黎市民一次又一次地表达对他的爱戴，汽车只能像甲虫一样慢慢地向前爬行。

在爱丽舍宫，戴高乐将军像欢迎老朋友一样欢迎艾森豪威尔的到来。

"艾森豪威尔将军，你是一个真正的战士，并且是一个言而有信的人。"

说完，戴高乐走上前来吻了艾森豪威尔的双颊，十分严肃而庄重地向他表示敬意。

"现在，我已经被巴黎所有的人都亲吻过了。"艾森豪威尔微笑地回答。

巴黎的解放标志着诺曼底战役的结束。诺曼底登陆战役，是有史以来规模最大的一次两栖战役，就其宏大的布局，以及杰出地执行计划的情况来讲，也是战争史上绝无仅有的。在整个过程中，盟军先后动用了 36 个师，总兵力达 188 万人，其中陆军 153 万人，空军飞机 13700 架，海军各型舰艇 9000 多艘。从 6 月 6 日至 7 月初，美国、英国、加拿大的 100 万军队，17 万辆车辆，60 万吨各类补给品，成功地渡过了英吉利海峡。到 7 月 24 日，战争双方约有 24 万人伤亡，其中盟军伤亡 12.2 万人。至 8 月底，盟军一共消灭或重创了德军 40 个师，德军的 3 名元帅和 1 名集团军司令先后被撤职或离职，击毙和俘虏德军集团军司令、军长、师长等高级将领 20 人，缴获和摧毁德军的各种火炮 3000 多门，摧毁战车 1000 多辆。德军损失飞机 3500 架，坦克 1.3 万辆，各种车辆 2 万辆，人员 40 万。

同时，诺曼底战役的胜利，是欧洲反法西斯战争的又一转折点。从此，欧洲反法西斯盟国的武装力量从东、西、南三面攻击德国，使战争进入了粉碎德国法西斯的最后决战阶段。可以说，没有诺曼底登陆，就没有第二战场。没有诺曼底登陆，就没有希特勒法西斯的迅速崩溃。

艾森豪威尔的名字和这次战役的胜利紧密地连在了一起，他成为当时世界上名声斐然的人物。1944 年 12 月 15 日，艾森豪威尔因指挥诺曼底登陆作战有功，被授予陆军五星上将军衔。

▽ 1944年8月27日，巴黎图书馆前，艾森豪威尔与布莱德雷合影。

第八章

大合奏中的不谐之音

PA 3-27

1890-1969 艾森豪威尔

英美两国之间必然存在不同的政治、经济、军事利益，分歧一再发生。盟军总司令不仅需要高超的军事才干，也必须具备优秀的政治智慧，居中协调是他在考虑战争问题的同时，经常要做的工作。但妥协不可能是无原则的，无限度的，艾森豪威尔也会雷霆大震，针锋相向……

< 在"龙骑兵"行动中实施空降的美军士兵。

★ "龙骑兵"

"龙骑兵"是第二次世界大战期间盟军实施的法国南部登陆战役的代号，英文为"Dragoon"。此战役最初代号为"铁砧"，1944年7月27日易名为"龙骑兵"。战役目的是配合诺曼底战役，在法国南部发动进攻，以加速击败德国法西斯的进程。该战役作战计划是夺取法国南部正面宽约90公里、纵深25公里的登陆场，占领土伦港及马赛港，然后向里昂发展攻势。"龙骑兵"行动于1944年8月正式开始，9月3日顺利结束。

>> 军事活动必然受制于政治考量

攻占法国西北部和首都巴黎的重大胜利，极大地鼓舞了盟军的士气。自此以后，盟军继续挥师东进。至8月31日，美军第12集团军群直逼德国边境，而巴顿的第3集团军先头部队更是已经在凡尔登越过了马斯河。蒙哥马利的坦克部队也在一周之内向东横扫了400公里，杀入比利时北部。

然而，正当盟军势如破竹、所向披靡之际，却出现了一个很重要的问题：盟军最高统帅部之间没有一个意见一致的进一步的作战计划，特别是艾森豪威尔与蒙哥马利之间，在打败德国的战略方针上产生了严重的分歧。

其实，英美两国最高统帅的矛盾可以追溯到诺曼底登陆之前。当时，艾森豪威尔为了确保诺曼底登陆能够具有足够的登陆艇，推迟了"铁砧"行动计划。但这一协议是在艾森豪威尔同意"铁砧"计划将在以后进行的前提下达成的。

于是自1944年6月诺曼底战役打响后，艾森豪威尔就一直不得不把他的时间分别使用在诺曼底和伦敦。而在伦敦，他差不多每天忙于"进行在整个战争期间与丘吉尔首相之间最长的、最持久的争论"。

这一争论从6月份开始，经过整个7月份，在8月份达到了高潮。争论的核心是已经更名为"龙骑兵"★的"铁砧"行动（在法国南部的登陆行动）是否实施。

213

艾森豪威尔建议由德弗斯将军率领部队在马赛港登陆，进攻法国南部。他认为，美军应该再得到一个港口，以便使在美国已准备就绪的增援师能由此迅速攻入欧洲。丘吉尔首相却认为，盟国远征军已经得到了及时使用布列塔尼半岛各港口的保证，没有必要再发动"龙骑兵"行动。相反，应该把部队更适当地用于意大利战役，以便最后通过亚得里亚海的顶部进攻巴尔干国家。

但艾森豪威尔反对这样的改变，于是在整个诺曼底战役期间，艾森豪威尔与英国首相进行了无数次激烈的辩论，双方互不让步。

为了达到说服艾森豪威尔的目的，世界上最能说善辩的政治家丘吉尔甚至发表了这样一篇声明："如果那一系列事件真的要发生，那么，我亲爱的将军，我就没有别的办法，只有到英王陛下那里，把我的官印交出去。"

发表这一著名声明的时候，是在1944年8月初，当时米德尔的突击部队正越过布列塔尼半岛迅速向西开进，巴顿的第3集团军等部队也正以同样飞快的速度向东朝勒芒开进。丘吉尔和艾森豪威尔坐在风景宜人的诺曼郊外，就这一问题进行激烈地交锋。很显然，丘吉尔极力想取消这一行动。

丘吉尔最初是同意这次进攻的，1943年11月，德黑兰会议上，丘吉尔、罗斯福和斯大林在讨论战略行动时一致同意，对法国的进攻要从两个方面进行———一个是从法国的北部，也就是"霸王"行动；另一个就是从法国南部，即"铁砧"行动。

而且，事实上英军参加"龙骑兵"行动的部队数量很少。这次行动将主要由美军第6军的三个精锐师——第3、第36和第45步兵师参加。在他们身后，是由法国的7个师编成的法国第1集团军，英军只是提供部分空降部队。

然而，盟军在诺曼底取得出乎意料的巨大成功，却使得这位首相坚持认为，已经没有必要发动"龙骑兵"行动了。

于是，丘吉尔像连珠炮似地阐述了英方的立场，他说："我们已经用不着马赛港以及由此向北的交通线，美军可以经由布列塔尼进入。通过法国南部实施的进攻，在地理上距离法国北部的部队甚远，以致两者之间没有战术上的联系。"

丘吉尔适时地停了一下，观察艾森豪威尔的反应后说："但是，如果把德弗斯将军指挥下的部队，用于在意大利向前推进，进入巴尔干国家，

∧ "二战"期间，英国首相丘吉尔与艾森豪威尔等合影。

并从南面威胁德国，这一行动对于赢得这场战争所起的作用，要比坚持原计划的行动路线更为有效。"

"同时，我们进入巴尔干国家将会点燃这个地区公开反抗希特勒的烈火，并能为这些反抗部队提供武器和装备，使他们能更有效地进行反抗活动。"丘吉尔补充说。

面对丘吉尔的咄咄逼人，艾森豪威尔毫不让步，他心平气和地详尽陈述了自己的意见。他说："过去的经验证明，我们可能会对布列塔尼各港口的使用大为失望。我们不但要预料敌人会进行顽抗，而且我们断定，即使是攻占了这些港口，它们也已经被有效地破坏掉了。而马赛则不会遭到如此严重的破坏，因为敌人的防御部队大部分为抵抗我军进攻已往北调动了。我们应当迅速夺取马赛，不让敌人有很多时间去进行破坏。"

与丘吉尔不同的是，艾森豪威尔没有停顿，他一口气说完了他的全部理由。

"如果没有'龙骑兵'行动的进攻，我们就必须保护从布列塔尼半岛底部到我们进攻的先锋部队最前端的右侧。这将意味着我们必须把大量的部队置于右侧，而不能机动。这样，参加以后进攻行动的部队就将明显减少。"

"我们目前只有瑟堡这个永久性港口，由此出发的各条路线根本不能维持前线我们作战部队的需要。在我们取得北方的安特卫普和南方的马赛或与此相当的港口设备以前，我们的给养工作和后方勤务工作将永远赶不上最终征服德国的需要。"

∧ 1944年，艾森豪威尔与丘吉尔、布鲁斯等人在法国兰斯。

"另一个因素就是美国政府花大量费用装备和供应了一批法国师。这些部队当然希望为解放法国而战，再没有别的理由能使他们这样热情和忠诚地战斗，也没有别的地方能使他们获得必要补充来补偿战斗损失。这些部队当时驻在意大利和北非，只有通过法国南部的开放，才能迅速投入战斗。"

最后，艾森豪威尔加重了语气："我坚决认为，我们的部队应在瑞士边境和北海之间这个广大范围内进行最大限度的集结。因为在那里，我们能以最快的速度向德国心脏突进，并最后与来自东方的苏军会师。"

双方争执不下，谁也无法说服对方。

为了加强自己的说服力，丘吉尔还为"龙骑兵"行动描绘了一幅血淋淋的惨景。他认为那支部队将苦战多个星期，在三个月内向北的进展不会超过里昂，而且将会遭受巨大的损失。对于这一点，艾森豪威尔针锋相对地反驳说："很可能首相并不相信我们情报部门的可靠性，但是我们相信，除了大部分不能调动的师外，只有很少德国部队留在南方。因此，我们断定，德国的防御外壳很快会被捅破，而德弗斯的部队将会以迅速的步伐向北推进。"

在取消"龙骑兵"行动未果的情况下，丘吉尔又转而将行动的目标港口由马赛改为布勒斯特。他说，这样做的最大好处不仅是参加"龙骑兵"行动的部队能在法国西北部做出贡献，而且亚历山大在意大利的部队消耗会比较小，因为亚历山大仍有可能在冬季前推进到的里雅斯特。

但艾森豪威尔认为这是一个荒唐的建议。因为战役目标的地点移动了2500公里，并超出空军掩护的范围。同时，要想在11天内做好战争准备，是根本不可能的。而且，由于没有计划，也不知道需要多少运输力量，对目前的军事行动或以后战役的影响也没有估计。

于是，尽管丘吉尔夸夸其谈，历史将表明，艾森豪威尔如果不把"龙骑兵"的地点从法国南部移向布勒斯特，他就失去了一个绝好的机会，但艾森豪威尔还是不为所动。

为什么丘吉尔会如此固执地要求取消"龙骑兵"行动，或将目标改为布勒斯特呢？丘吉尔的一句"美国人对英国的利益无动于衷"道破了天机。

　　与最初丘吉尔以各种理由反对"霸王"行动一样，如今他又反对向法国南部登陆的"龙骑兵"行动，其根本目的就是拖延战争的进程，让苏联红军和德国军队去死拼，而他却利用远征军去攫取战后英国在巴尔干各国的特殊利益。

　　对于这一点，艾森豪威尔看得很清楚。但是，他认为，如果丘吉尔为了政治上的考虑需要延长战争，除非与罗斯福总统达成共识，否则，单从军事角度来辩论这个问题，他是不会做出妥协的。他在日记中写道："我认为，在这个具体问题上，我个人必须是自己的责任和决定的主宰。只要这个改变出于军事理由，我就拒绝考虑。他不承认有政治的因素在影响着他，但我十分确信，一个有经验的军人，如果是严格地从军事角度考虑问题，对于坚持进攻法国南部的计划的明智性，是不会提出疑问的。"

　　幸运的是，美国总参谋长马歇尔和总统罗斯福都反对丘吉尔阻挠"龙骑兵"计划。面对丘吉尔火药味十足的电报，罗斯福总统当天就给予了答复，毫不含糊地支持"龙骑兵"计划要在8月中旬开始行动，并拒绝了向巴尔干推进的计划。

　　为了争取罗斯福的支持，丘吉尔频繁地向美国发电报，并想利用罗斯福对戴高乐的成见达到目的，为此，他甚至断言，"龙骑兵"计划只能让戴高乐从中得到好处。

　　令艾森豪威尔感到高兴的是，丘吉尔的阻挠没有获得成功，"龙骑兵"计划最终如期开始了。

　　尽管丘吉尔对此非常不满意，但是在"龙骑兵"计划开始的第一天，也就是1944年8月15日，他还是以其典型的豪爽姿态，登上了一艘驱逐舰，视察了为"龙骑兵"行动提供支援而对法国南部进行的炮火轰击。

　　从军事观点来看，"龙骑兵"行动极为成功。登陆是在土伦到戛纳之间一条70公里宽的战线上进行的。第一天，登陆部队就击溃了德军的守兵，占领了纵深达30多公里的滩头阵地。又过了4天，美军第45师已经抵达了离登陆地点240公里的格勒诺布尔，俘虏德军第19集团军5.7万余人。至8月28日，在破坏很小的情况下，盟军一举解放了土伦港和马赛港。之后，盟军又以极快的速度向里昂进军。这样，就消除了丘吉尔要进行 3 个月浴血奋战才能占据里昂的担心。

更为重要的是，马赛港的解放，为日后进军西欧发挥了重要作用。从 1944 年 9 月到 12 月，马赛港卸下的物资吨数比盟国远征军最高司令部所拥有的任何其他港口都多。直到 1945 年 1 月，当安特卫普全面开展工作时，才取代马赛港而成为盟国远征军的主要港口。而在当时，即在最后一次战役中，将近 1/4 用来攻击德国的武器和弹药，也还是通过马赛港运进欧洲的。因此，艾森豪威尔从不怀疑他做出的决定是正确的。

∧ 向前线急驶的美军装甲部队。

>> 与桀骜的蒙哥马利之间的争执

就在英美最高统帅之间就"龙骑兵"行动发生争论的同时，蒙哥马利也突然向艾森豪威尔发难了。

事情是由于两国的媒体引起的。诺曼底登陆的胜利，引起了两国媒体对取得胜利荣誉的激烈争吵。特别是美国报纸，公然抱怨"英国人统治着盟国远征军"，因为英国人领导着主要的陆海空部队，而艾森豪威尔不过是一个"傀儡"。对此，马歇尔很不高兴。8 月 17 日，马歇尔告诉艾森豪威尔："陆军部长史汀生和我，以及显然所有的美国人民，强烈地认为，你负责直接指挥美国部队的时间已经到来。美国地面部队不能再受英国人的指挥和制约了。"

于是，8月19日，艾森豪威尔告诉蒙哥马利和布莱德雷，他打算在盟国远征军最高司令部于法国设立具有适当通信设备的前进指挥所之后，立即亲自指挥陆上作战。同时，他还拟订了一个作战计划，蒙哥马利的第21集团军群向东北，朝安特卫普和鲁尔进发；布莱德雷和巴顿的第12集团军群则从巴黎向东直指梅斯。

蒙哥马利对这一安排大为光火，派他的参谋长去见艾森豪威尔，对这两个决定提出抗议。蒙哥马利强调，他应继续保持整个战役中的全部地面部队的战术协调控制权，"在取得巨大胜利之后，现在来改变指挥系统，会延长战争时间"。同时，蒙哥马利还提出，结束战争最快的办法是把巴顿留在巴黎，并要求将新近运来的补给品，大部或全部交给他的第21集团军群使用。但是，艾森豪威尔断然拒绝了他的要求。

蒙哥马利并不死心，便邀请艾森豪威尔在第二天到他设在贡德的司令部来共进午餐，讨论未来的作战问题。

会谈开始前，蒙哥马利就给了这位盟国远征军总司令一个下马威。蒙哥马利拒绝艾森豪威尔的参谋长史密斯将军入内，只同他一个人单独会谈。

蒙哥马利摆出了一副十足的绅士派头，站在地图面前，双腿叉开，背着手，昂着头，阐述他的"高见"。蒙哥马利建议由他的第21集团军群单独向鲁尔地区进攻，布莱德雷的部队担任支援任务。否则，结果将是失败。

同时，蒙哥马利对艾森豪威尔说，他"不应降格参与陆上作战而成为一名地面部队的总司令"。他说最高统帅"应高瞻远瞩，以便不偏不倚地观察整个复杂的问题"，而由别人替他指挥陆上作战。

这已经不是蒙哥马利第一次给艾森豪威尔难堪了，出于对他的尊重，艾森豪威尔平静而坚定地解释说，由于马歇尔的坚持和美国公众的意见，他必须指挥陆上作战。他甚至说如果美国公众认为布莱德雷比他更能胜任这一工作，他愿意在布莱德雷的领导下工作。他打算在9月1日接过指挥权。

蒙哥马利不能动摇艾森豪威尔对指挥问题的决心，于是便转移到实际问题上来。他要求巴顿按兵不动，空降集团军和第1集团军归他领导，并能优先得到一切可以得到的补给品，以便由他越过加莱海峡，向安特卫普和布鲁塞尔挺进，直捣鲁尔。

经过两人长时间的多次争论后，艾森豪威尔作了某些让步。蒙哥马利得到指挥空降集团军以及在第21集团军群右翼和布莱德雷的左翼之间，"有进行必要的作战协调权力"。此外，第21集团军群优先得到补给。

艾森豪威尔安抚蒙哥马利的做法，使布莱德雷和巴顿大为不满。布莱德雷气得发疯，他大声嚷道："这算什么最高统帅！"巴顿则非常厌恶地指出，蒙哥马利"有办法鼓动，如簧之舌使艾克接受他自己的思想方法"。于是，巴顿向布莱德雷建议，他们以辞职来威胁。"我认为这样摊牌后，我们会取胜，因为艾克不敢将我们解职。"但是，布莱德雷不愿做得这么绝，他劝巴顿要顾全大局，不要影响两国关系。

为了保证蒙哥马利的突击计划，汽油被调往霍奇斯的第1军，巴顿的第3集团军被迫在巴黎东南部原地待命，只能进行一些微不足道的侦察任务。"英国佬又得逞了。"巴顿在日记中恨得咬牙切齿。很快，人们所熟悉的"偏执狂"，从巴顿身上一下子冒了出来，他认为假如他能偷到些汽油，就能打赢这场战争。很快，巴顿的想法变成了行动。由于巴顿以其独特的性格在后勤补给部队的黑人士兵中颇有声望，于是，一个汽车连替他偷到一些准备供给其他部队的汽油。很快，他又自行其是，开始了他的"旋风"式的进攻。

蒙哥马利可谓"大获全胜"，更让他感到高兴的是，在艾森豪威尔宣布直接指挥盟军地面部队后，丘吉尔为了安抚自尊心受到严重打击的蒙哥马利，决定将他晋升为陆军元帅。于是，8月31日，蒙哥马利收到了丘吉尔的一封信，信中写道："非常高兴地通知阁下，经我提议，英王陛下极为愉快地批准，自9月1日起晋升阁下为陆军元帅。王室对阁下亲临法国指挥这场值得纪念的也许是决定性的一战所建立的卓越功勋，深表嘉奖。"

于是，蒙哥马利决心以行动表明他也能像巴顿一样迅速地前进。9月3日，英军第2集团军装甲禁卫师攻入布鲁塞尔。9月4日，第11装甲师冲进安特卫普。

然而，蒙哥马利并不知足。在如何选择合适的进攻路线问题上，他继续纠缠着艾森豪威尔不放。

尽管艾森豪威尔宣布了给予蒙哥马利的第21集团军补给优先权，但他并没有屈从蒙哥马利的压力，停止布莱德雷第12集团军的向东进击。于是，8月30日，巴顿越过马斯河，向巴黎以东推进了160多公里。然而，这时巴顿的汽油用完了，但他还想继续推进。

9月2日，艾森豪威尔到凡尔赛去见布莱德雷、霍奇斯和巴顿，讨论未来的作战问题。在会见之前，艾森豪威尔曾表示，他要狠狠地批评巴顿，因为巴顿把战线拉得太远，造成了补给的困难。但是巴顿却狡猾地抓住了机会先讲，他高兴地告诉艾森豪威尔，他已经在摩泽尔——夸大地说——在梅斯巡逻。"艾克，如果你让我得到正常的分配的吨数，我能

Λ 英军坦克在荷兰境内作战。

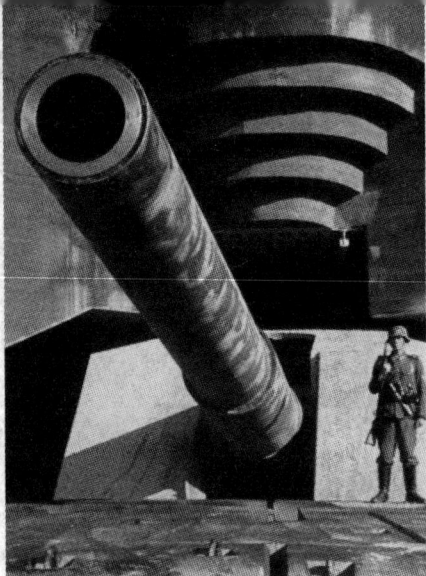
∧ 德军士兵在齐格菲防线地段警戒。

★ "齐格菲防线"

"齐格菲防线"又称"西部壁垒",即"西方壁垒"。第二次世界大战前,德国军队构筑的一条重要军事防线。1935年开始修筑,1939年竣工。防线沿德国西部边界北起荷兰南至瑞士,建立了一系列永备工事配系。防线全长500公里,纵深35~100公里,共约16000个筑成工事。它的组成是一个保障地带(纵深20公里)、一个主要地带(纵深3~8公里)和一个后方地带。盟军从1944年9月至1945年3月曾多次突破由德军驻防的"齐格菲防线"。

推进到德国边界,而且突破那条该死的'齐格菲防线'★,我愿意以我的名誉打赌。"

艾森豪威尔尽管对巴顿的进展感到很高兴,但他还是提醒巴顿:"小心点!你的名誉值不了多少钱!"

"我的名誉现在不错啊!"巴顿嬉皮笑脸地回答:"我的部队在前方,机会好得不能再好,希望阁下开恩,同意拨给第3集团军额外的汽油。保障我的军队继续前进!"

经过讨价还价,艾森豪威尔允许巴顿继续向曼海姆和法兰克福进攻。此外,还同意布莱德雷的请求,把第4集团军部署在阿登以南,巴顿的左面。

当蒙哥马利得知巴顿将得到更多的汽油,霍奇斯从他的右翼撤走时,勃然大怒。他威胁说:"如果企图采取折中的解决办法,分散我们必需的物资,势必使哪一次进攻都不能全力以赴,导致战争延长。"面对蒙哥马利的刁难,艾森豪威尔回答,他仍将优先补给第21集团军群,并在此基础上分配物资。

两天后,也就是在9月7日,蒙哥马利继续抗议,声称他在补给方面没有得到优先权，并要求艾森豪威尔能不能来见他，以解决在电报中谈不清楚的问题。

　　说实话，艾森豪威尔并不喜欢这个桀骜不驯的英国同事，但是出于维护大局的考虑，艾森豪威尔在很多方面对他做了让步。提出这样的要求，也是蒙哥马利的一贯做法。在整个战争期间，他只到盟国远征军总部拜见过艾森豪威尔一次，尽管他是经常被请去参加会议的。他总是坚持要艾森豪威尔来见他。但是9月7日他提出这样的要求是非常不合适的，因为艾森豪威尔刚刚遇到事故，行动还很困难。

　　艾森豪威尔是在9月2日出事的。艾森豪威尔在凡尔赛会见布莱德雷和巴顿后，返回格朗维尔的途中，他乘坐的L－5小型飞机碰上了暴风雨，汽油也快用完了，只好在沙滩上迫降。当艾森豪威尔跳下来帮助驾驶员把飞机推出沙坑时，他扭伤了膝盖。好在一辆路过的美军吉普车发现了他们，把他们送到格朗维尔。

　　艾森豪威尔的伤势比较严重，膝盖红肿，几乎无法动弹。医生给他的膝盖打上了石膏，要求他卧床一个星期。

　　蒙哥马利明明知道艾森豪威尔的伤势，但仍坚持要艾森豪威尔前去布鲁塞尔和他会见，而不是他到格朗维尔去。

∨ 1944年7月，艾森豪威尔与蒙哥马利合影。

9月10日下午，艾森豪威尔的飞机抵达了布鲁塞尔，由于他无法走下飞机，会议便在艾森豪威尔的座机中举行。然而，作为下级的蒙哥马利一登上飞机，就从口袋中拿出艾森豪威尔最近的指示，挥舞着手臂，激烈地把计划骂得一文不值，并指责总司令欺骗他。

蒙哥马利的声音很大，他甚至恶毒地攻击是巴顿而不是艾森豪威尔在指挥战争，要求把地面指挥权归还给他，并且宣称，两面出击最后将导致失败。

在蒙哥马利大喊大叫之际，艾森豪威尔强忍着膝盖的疼痛，默不作声。在蒙哥马利第一次停下来换口气的时候，艾森豪威尔欠起了身子，把手按在他的膝盖上说："冷静点，蒙蒂！你不能这样对我说话，我是你的上级。"

蒙哥马利嘟囔着说了几句道歉的话，但紧接着又提出了"单一冲击"计划。即在单一司令官的指挥下，集中第12和第21集团军群的40个师，以压倒优势的兵力向北发动大规模的进攻，以横扫日趋崩溃的德军，从阿登高原的北面侧翼打过去，迅速占领鲁尔地区，最终夺取柏林。

但是艾森豪威尔断然拒绝了这一计划。因为这与他推行的全线挺进、全面出击的"宽大正面"战略相悖。艾森豪威尔反复说明，应该首先逼近莱茵河，摆开阵势，正面横渡莱茵河，之后，才能将兵力用于一个进攻方向。

经过一阵激烈的争吵和讨价还价，艾森豪威尔最后同意了蒙哥马利提出的一项代号为"市场—花园"的计划。

>> "市场—花园"行动后的摊牌

按照预定计划，"市场—花园"行动，分为两个部分，空降部分称为"市场"行动，计划使用空降部队，组成"地毯式"进攻；紧接其后的"花园"行动则由英国第30军参加，其先头突击部队由皇家禁卫装甲师担任，计划沿着空降部队开辟的道路前进。最终目标是夺取位于荷兰境内、莱茵河下游阿纳姆的一座桥头堡。

蒙哥马利之所以提出"市场—花园"行动，也是有一定原因的，当时伦敦正遭受德军Ｖ－2型导弹的袭击，英国的专家们通过对弹道和其他参数的研究，判断导弹发射场就在荷兰的鹿特丹或阿姆斯特丹附近。于是，英国政府致电蒙哥马利，敦促其进攻部署Ｖ－2导弹的整个地区。

"市场—花园"计划一出笼，即遭到了布莱德雷等美国将领的反对，他们认为太冒险。但是经过了激烈的辩论甚至是争吵之后，艾森豪威尔最终还是同意了这项计划。他同意的原因，除了想利用当前的进攻态势一举在莱茵河对岸建立一个桥头堡外，激励空降部队的斗志也是重要的因素之一。

"市场—花园"行动是空降部队自诺曼底登陆以来第一次有机会证明他们不是吃干饭的。

∧ "市场—花园"行动实施前，艾森豪威尔在前线视察。

虽说空降部队在当时已经被认为是一支强有力的突击力量，但对那些渴望参战的空降兵来说，这段时间的追击是一段令人沮丧的日子。因为50多天以来，由于地面部队的快速推进，使得原计划的18次不同规模的空降计划被取消。同时，各级司令也都很想试验一下空降部队的作战效果如何。

艾森豪威尔早就想动用大规模的空降部队作战，却因各种压力而被迫放弃，这次既然蒙哥马利主动提出来，艾森豪威尔理所当然想利用这个机会来检验一下空降部队的威力。同时，面对英国国内要求摧毁V－2型导弹发射场的呼声，艾森豪威尔也想通过对阿纳姆的进攻来减轻压力。

当然，"市场—花园"计划也存在着一些明显的缺点。行动是从比利时与德国的边境向北，而不是向东推进，这使得英军第2集团军和第4集团军之间出现一个缺口。霍奇斯不得不调动部队来堵住这个缺口，这就意味着各支部队的距离拉得更开，战线比以前更为宽阔。同时，尽管英军占领了安特卫普★港，但是德军仍控制着凯尔特河的河口，盟军仍无法利用安特卫普这一欧洲最大的港口。

"市场—花园"行动的预定日期是9月17日，但是在行动之前，蒙哥马利再次对艾森豪威尔耍了他的小聪明。第二天，蒙哥马利在返回到他的司令部之后，给艾森豪威尔发去一份电报，声称由于补给问题，他将把这次行动推迟到9月26日。

艾森豪威尔闻讯后立即派他的参谋长史密斯将军，去见这位浑身长刺的新陆军元帅，答应从美军各卡车连队和战区空运补给中每天拨给他1000吨物资。蒙哥马利似乎满意了，他答应把作战时间重新改回9月17日。望着史密斯离开的背影，蒙哥马利的嘴角露出了一丝得意的微笑。然而，要从美军和战区资源中再拨出这么大数量的补给品可不是一件小事。这意味着到达瑟堡的3个美军师将失去交通工具，这些卡车将用来为"市场—花园"行动运送补给。同时，因为要为这次行动提供支援，艾森豪威尔不得不暂时使布莱德雷无法使用他的相当一部分部队。

行动按预定时间开始了，所有三个空降师都按时空投了下去。到午夜时分，美国第101和第82空降师已经在埃因霍恩和内伊梅根附近的预定区域站稳了脚跟。而英国的第1"红色魔鬼"空降师却偏离了目标——空投在埃因霍恩以西近12公里的地方——失去了突然袭击的效果。尽管出了这点小差错，这个师还是在白天占领了埃因霍恩公路大桥的北端。

紧接其后的"花园"行动就没有"市场"行动这么顺利了。英国第30军的进攻遇到了

> 准备对安特卫普实施轰炸的美军飞机。

★安特卫普

安特卫普是比利时重要港口城市，位于比利时北部。同时是西欧的一个重要海港，战略地位十分显著。"二战"期间被德国军队占领。在"不列颠之战"过程中，该港成为德国为完成"海狮"计划而确定的运输舰队停泊地之一。1940年9月14日夜，英国皇家空军对安特卫普港实施空袭，德国运输舰只遭到重创。1943年4月初，美国空军轰炸安特卫普，使该市工业区和市区受到严重破坏。安特卫普被盟军控制后，德国法西斯曾向该市发射导弹。

∧ 德军莫德尔陆军元帅。

出乎意料的激烈抵抗。原因很快就搞清楚了，德国的沃尔特·莫德尔陆军元帅在接任司令官后的短短时间里，极其有效地对德军部队进行了重新组织。在埃因霍恩这个地区，莫德尔集结了一支由伞兵和党卫军装甲部队组成的相当可观的部队。

经过一个星期的激战，由于缺少足够的后勤支援，加之恶劣的天气，盟军的防守地区被压缩到一个大约只有1平方公里的地域。于是9月24日晚，蒙哥马利收到了第1空降师从阿纳姆发来的电报，说："全体官兵已精疲力竭，缺粮缺水，又缺武器弹药，高级军官伤亡惨重……即使敌人发动轻微攻势，也将一触即溃。"蒙哥马利不得不下令进攻部队撤至下莱茵河南岸阿纳姆以西地区进行防御。"市场—花园"行动遂宣告结束。

"市场—花园"行动是盟军在诺曼底登陆开始以来进行的规模最大的一次空降作战。其中，伞降部队2万人，1.4万人乘滑翔机降落；飞机运送了将近5千吨以上的物资，包括2千辆车辆和568门火炮。同时，盟军付出的代价也是巨大的。英国空降部队伤亡、失踪7000多人，美军第82空降师损失1400多人，美军第101空降师损失了2000多人。如果把波兰第1伞兵旅、美国滑翔机驾驶员和空中运输部队的损失计算在内，这次空降作战使盟军遭到11850人的伤亡。而在地面作战阶段，英军也损失了将近1500人。

与原先雄心勃勃的计划相比，"市场—花园"是一次失败的行动。它既没有能够包抄齐格菲防线，也没有能在莱茵河下游建立一座桥头堡。

"市场—花园"行动的失败，蒙哥马利应负主要责任，因为他在指挥上过度消极。同时，由于携带该计划的一名美国军官被俘，使德军迅速了解了有关详情，并及时做了准备。

但是，在艾森豪威尔看来，任何人的责任都没有自己大。他认为既然自己批准了蒙哥马利的计划，就应该承担一切责任，而不应该把责任推给别人。他做了深刻的反省，并时时提醒自己今后要避免再出类似的问题。

但蒙哥马利却毫无自我批评的意思，他把失败的责任推给别人。他对艾森豪威尔说："我不能同意说，我们的想法是相同的。但我相信，你会同意我在这个问题上非常坦率。"同时，蒙哥马利还要求用有约束性的命令使巴顿停止前进，并催促艾森豪威尔"把一切都投入左翼"。

9月20日，艾森豪威尔把盟国远征军总部迁移到凡尔赛。三天之后，艾森豪威尔在凡尔赛的新总部召开了自登陆以来最大的一次军事会议。共有23位将军、海军上将和空军元帅出席会议。事实上，除蒙哥马利由他的参谋长德·基恩甘代表外，盟国远征军中的重要人物，全都出席了。

∧ 德军向盟军发起了反击。

到了10月9日，艾森豪威尔终于受不了蒙哥马利的一意孤行了。

事情的起因是这样的，拉姆齐海军上将给艾森豪威尔送来一份报告，提到加拿大部队由于弹药短缺，在11月1日前不能完成任何任务。而这一切的主要原因是安特卫普港无法投入使用。

怒气冲冲的艾森豪威尔立即给蒙哥马利发了一份电报："除非在11月中使安特卫普港投

入使用，否则我们整个作战行动将陷于停顿。我必须强调，从瑞士到英伦海峡整个战线上的作战行动，我认为安特卫普是最重要的，而扫清入口通道障碍的战斗，需要你亲自过问。"尽管艾森豪威尔把电文中有刺激性的言辞都删掉了，但还是忍不住加了一句："你最了解哪里是你的集团军群的重点。"

蒙哥马利对这一指责很不服气，当天就回敬了艾森豪威尔一份电报。"请你代问拉姆齐，他有什么资格向你报告他根本不可能知道的、有关我的作战行动的情况。"蒙哥马利说，加拿大部队已经在进攻，而且"并没有弹药短缺"的情况。至于安特卫普，他声称："那里的战斗正由我亲自指挥。"

然而，过后不久，当艾森豪威尔的参谋长史密斯打电话询问蒙哥马利什么时候可以在安特卫普采取行动的时候，却受到了蒙哥马利激烈的谩骂。史密斯被气得满脸通红，说不出话来，只好把话筒塞到副手摩根将军手中，让摩根告诉蒙哥马利："除非安特卫普很快打开，否则将切断对你的补给。"

这个威胁激怒了蒙哥马利，他恶狠狠地丢下话筒，旋即给史密斯写了一封态度恶劣的信。在信中，蒙哥马利把"市场—花园"行动的失败，归咎于他的部队和布莱德雷部队之间缺乏协作。同时，蒙哥马利又一次开始指责盟军总部的作战计划，并再次要求掌握地面部队的指挥权。

艾森豪威尔对此毫不客气地说："如果蒙哥马利对盟国远征军最高司令部的作战计划仍采取消极对抗态度，则我们之间确实存在着分歧，为了今后能有效地作战，必须从根本上解决这一问题。"

接着，艾森豪威尔提出："如果你作为伟大盟国之一在这个战区中的一位高级司令官，觉得我的想法和指示竟然危及作战的胜利，那么我们有责任把这个问题向高一级当局提出，以便采取他们可能选择的任何行动，即使是重大的行动。"

艾森豪威尔的话已经说得很明白，如果蒙哥马利再一意孤行，那么艾森豪威尔将向盟国参谋长联席会议报告，对两个人的职务做出调整。蒙哥马利清楚，如果事情真的那样发生了，自己有可能失去指挥作战的机会。终于，这位元帅低下了他骄傲的头。在给艾森豪威尔的回信中，他写道："我和我们全体将士百分之百按你的要求去做，我们已经把安特卫普放在了最优先的位置，而且我们毫无疑问将完成它。"他允诺："你将再听不到我重提指挥权问题。"在电文的最后，蒙哥马利签署了"您非常

∧ 蒙哥马利在前线指挥战斗。

忠诚的下属，蒙蒂"。

　　然而，蒙哥马利似乎是一个很难改正错误的人。两个月之后，也就是1944年圣诞节之后，当艾森豪威尔准备再次发起新的进攻的时候，蒙哥马利老毛病又犯了，他再一次写信指责艾森豪威尔的作战方针，并又一次提出应该由他全权指挥地面作战。

　　艾森豪威尔没有丝毫退让，相反，他针锋相对地发出了与蒙哥马利相反的指示。同时，对于蒙哥马利提出的全权指挥地面作战的要求，艾森豪威尔简洁地做了回答："我不同意。"并命令蒙哥马利仔细阅读他的指示。以前对蒙哥马利信件和指示中的含糊态度，现在完全一扫而光。

　　同时，艾森豪威尔向这位英国元帅亮出了最后的底牌。他说："我很难过，我们之间产生这样一条不可逾越的信念方面的鸿沟，以致我们将不得不把我们的分歧提到盟国参谋长联席会议上去。"艾森豪威尔表示："随之而来的混乱和争吵，肯定将损害对共同事业的良好愿望和献身精神，这种愿望和精神使盟军成为历史上绝无仅有的一支军队。"但是如果蒙哥马利要坚持，他就没有别的办法。

而盟国远征军最高司令部内部,对蒙哥马利的意见也是很大的,他们普遍认为蒙哥马利必须离职。

狂妄的蒙哥马利却不以为然,甚至叫嚣道:"让我离职,哪一个能代替我?"

然而,当蒙哥马利听到弗雷迪·基恩甘说"已经安排好了,亚历山大将军★将接替你"的消息时,脸色顿时发白,瘫坐在椅子上。

"弗雷迪,我该怎么办?怎么办?"蒙哥马利急切地向基恩甘求助。

"还有没有弥补的措施?"蒙哥马利已经完全失去了昔日不可一世的派头。

基恩甘拿出了一份已经拟好的电稿,说道:"签字吧!当前唯一的办法是向艾克承认错误,并要求撤回或撕毁你要求单独指挥地面部队的那封信。"

终于,这位傲气十足的元帅都照办了。同时,他在给艾森豪威尔的信中又补充了一句:"亲爱的艾克,你可以信赖我和在我指挥下的全体指战员,百分之百地全力以赴来执行你的计划。"

之后,蒙哥马利与艾森豪威尔的摩擦少多了,蒙哥马利虽然不能完全符合艾森豪威尔的要求,但比原来要好得多。

艾森豪威尔的心情也开始好了起来,他被参议院批准晋升为五星上将,这使他和马歇尔、麦克阿瑟还有蒙哥马利同级。更让艾森豪威尔高兴的是,丘吉尔许诺授予他的情人凯瑟琳一枚大英帝国勋章。

> 英军亚历山大将军在北非。

★亚历山大将军 (1891～1969年)

英国陆军元帅。勋爵,后为伯爵。1891年12月,生于爱尔兰。毕业于参谋学院和帝国国防大学。参加过第一次世界大战,战后晋升为准将。1939～1940年,任英国驻法远征军第1师师长和步兵军军长。1942年8月,领导英国中东指挥部,任司令。指挥与隆美尔的作战,并取得胜利。因领导北非的军事行动被授予突尼斯勋爵。1943年,任地中海战区盟军最高司令。1946～1952年,任加拿大总督。1952～1954年,任英国防部长。1954年辞职。

05

英美西欧登陆条件

1943年10月，莫斯科外长会议期间，英国方面向苏联正式提出英美西欧登陆条件，又称"伊斯梅计划"。10月21日，伊斯梅将军代表英、美两国向会议提出了盟军西欧登陆的三项条件："如果英吉利海峡的气候有利""在西北欧的德国空军力量大量缩减""发起进攻时，德在法预备队不超过12个师，以及在头两个月内德国没有可能从其他战场向法国调遣15个师以上的兵力"。10月29日，英国首相丘吉尔致电英国外交大臣艾登，把在欧洲开辟第二战场的日期推迟到1944年7月。

苏军1943年秋季反攻

1943年8月23日，苏军在库尔斯克会战中取得决定性胜利并攻破乌克兰第二大城市哈尔科夫。苏军最高统帅部决定，继续发动秋季进攻，尽快解放苏联的领土，勇猛追击德军。自9月起，苏联红军在苏德战场南部和中部全线出击，彻底肃清了高加索地区的敌军，并将克里米亚半岛的敌军与陆地上封锁起来。9月25日，苏军解放了斯摩棱斯克。11月底，苏军攻下戈梅利。这时苏军已解放了大片领土，沉重地打击了德军。1943年秋季反攻为1944年苏军大反攻奠定了基础。

∧ 1943年秋，苏军在秋季反攻中向德军发起冲锋。

∧ 在防御工事中的德军士兵。

retrieva

诺曼底德军反击战

盟军在诺曼底成功登陆后，法西斯德军负隅顽抗。1944年8月5日，在希特勒的直接命令下，德军第5装甲集团军以4个装甲师的兵力，在空军300架歼击机的支援下，向诺曼底阿弗朗什地区发动疯狂反突击，妄图分割在这一地区的美国第7军和第19军。在进攻中，德国党卫军第2装甲师占领了莫尔坦。由于盟军强大的空中优势，双方激战至8月12日，法西斯德军面对战局既定事实及兵力上的劣势，不得不停止反击并开始撤退。

盟国空军空袭汉堡事件

1943年，英美空军为削弱德国抵抗意志，制定了代号为"蛾摩拉战役"的大规模空袭德国工业城市汉堡的计划，尔后盟国空军对汉堡进行了4次大空袭。7月24日至25日，英国出动791架轰炸机，并首次采用铝箔干扰雷达的掩护手段。7月25日至26日，美军235架飞机也参加了轰炸。在整个战役中，英美空军共出动轰炸机17021架飞机，投弹9000余吨，汉堡民众死伤达10万以上。另外，该城32平方公里完全被烧毁，76.8平方公里遭到严重破坏。

06

∧ 轰炸过后的汉堡。

"欧洲堡垒"

"欧洲堡垒"是德国对其欧洲大陆防御系统的一种称呼。这一防御系统包括欧洲西海岸的"大西洋墙"和欧洲南部地中海沿岸及沿海岛屿的防御工事、军事部署和补给运输线。德国对这一系统的吹嘘带有某种心理战的成分。事实上，从挪威诺卡普到比斯开湾之间，从芬兰延伸至克里米亚，并沿地中海沿岸向南至北非的前沿阵地长达上万公里的海岸线上仅有少数战略要地筑成了真正的坚固防御工事。1944年6月，盟军有力地突破"大西洋墙"进占欧洲并从西面打击德军，证明该防御系统是不成功的。

"土星"

"土星"是英国制订的一项作战计划的密语代号，英文系"Saturn"。1943年12月4日至6日，美英首脑举行第二次开罗会议。会议期间，美国总统罗斯福和英国首相丘吉尔特邀土耳其总统到开罗会晤。土耳其方面不愿对盟国做出更多承诺，仅就配合英国的"土星"计划表示了支持。后在《美英土三国开罗会议公报》中确认了这一协议。"土星"计划的主要内容是在土耳其境内集结一支盟国军队，但土耳其最终也没有采取针对德国法西斯的军事行动。

retrieva
07

< 隶属于美太平洋舰队的英军舰艇参加了太平洋对日作战。

太平洋舰队第57突击队

太平洋舰队第57突击队是"二战"后期调到太平洋战场归美军指挥的英国舰队的代号。1944年夏，盟军在法国诺曼底登陆后，英国海军在大西洋及地中海已无敌手，于是抽调由4艘航空母舰、"乔治五世"号战列舰和"安森"号战列舰及5艘重巡洋舰和10艘驱逐舰组成的英军太平洋舰队，由伯纳德·罗林海军中将指挥开赴太平洋，接受美国太平洋舰队司令尼米兹的指挥。参加太平洋对日作战，这只舰队被称为第57突击队。后该突击队参加冲绳作战，担任防止日本海空军从中国台湾来支援的任务。

08

英国海军加入太平洋战区事件

1944年夏以后，德国主要海军舰只大多被击沉，潜艇部队也失去战斗力，英国海军在大西洋和地中海已无战斗对象。经英美两国首脑商定，由英国4艘航空母舰、2艘战列舰、3艘巡洋舰、15艘驱逐舰组成的太平洋舰队自大西洋经印度洋开赴太平洋，编入美国海军尼米兹上将指挥的舰队。1945年1月24日至29日，英国海军太平洋舰队在驶向澳大利亚途中对苏门答腊的炼油厂进行轰炸借以获得对日作战经验，使侵占缅甸的日本航空军失去燃料来源。

盟国与匈牙利停战事件

1944年5月12日，苏、美、英三国政府发表宣言，要求包括匈牙利在内的四个轴心仆从国退出战争，停止与法西斯德国合作。9月苏军进入匈牙利境内，10月末苏军逼近布达佩斯。12月22日，包括匈牙利共产党在内的独立阵线各政党的代表正式组成了匈牙利临时国民政府。1945年1月20日，由苏联元帅伏罗希洛夫代表盟国同匈牙利在莫斯科签署了《苏美英对匈牙利停战协定》。协定的签署标志着匈牙利正式退出战争。

美德海军最近距离攻潜战

在第二次世界大战时期，美国和德国最近距离的攻潜战事件发生在1944年5月6日。美国海军护卫舰"巴克莱"号行驶在佛得角以西500海里处时，发现一只升出水面的潜艇，当辨别出这是德国U－66号潜艇时，双方距离已近至无法使用炮火。"巴克莱"当机立断，高速撞向德军舰艇，双方舰只卡在一起，双方舰员用轻武器互相射击，混战中，双方舰只在震动中脱离。美军乘双方分离之时向敌潜艇投掷了大量手榴弹，引起德军潜艇汽油桶爆炸而沉没。

美军舰艇向德军潜艇发射深水炸弹。

第九章

最后的反扑

PA 3-27

1890-1969 艾森豪威尔

阿登森林再次成为希特勒的希望所在，德军在盟军的眼皮下完成了西线所剩力量的最大集结，突然杀将过来，一时陷英美军队于混乱之中，艾森豪威尔临危不乱，调整部署回马一锤，战局得以扭转。盟军将士们用生命和鲜血换来大捷，希特勒在西线的孤注一掷输得血本尽光……

> 希特勒及其手下将领策划在阿登地区向盟军发起反攻。

>> 始料未及的德军大反扑

自诺曼底登陆以来，盟军在西欧战场上步步向前推进。至1944年9月中旬，已由法国西北部扩大到南起地中海北到莱茵河的广大地区，前进至贝尔福、南锡、梅斯、卢森堡、列日、安特卫普、根特一线，在部分地段还已经逼近或楔入齐格菲防线。这样，不仅攻占了法国，还几乎占领了比利时全境，进逼荷兰边界。10月，美军率先占领了德国历史名城亚琛，也就是查理曼大帝的王宫所在地；11月底，又攻克洛林和阿尔萨斯大部分地区，其中包括梅斯和斯特拉斯堡等地的要塞。盟军在西欧的战场已连成一片，法西斯德国可谓是危在旦夕。

尽管盟军乘胜追击，在全线发动了猛烈进攻，但是由于战线过长（700公里），而且均保持攻势，使得盟军兵力明显不足，突破齐格菲防线的努力未获成功，进攻被迫慢下来。为此，12月中旬，艾森豪威尔所在的盟军统帅部不得不做出停止全线进攻的决定，着手为突破齐格菲防线进行准备。

然而，大势已去的法西斯德国并不甘心他们的失败。为了扭转战局，由希特勒一手策划的一场大规模的反击战正在密谋之中。

希特勒选择的进攻发起地为卢森堡、比利时和德国交界处的阿登地区。这个地区位于霍奇斯的美军第1集团军和巴顿的第3集团军的结合部，霍奇斯负责地区的北部，巴顿负责南部，之间大约150公里宽的防区则由刚从第3集团军转交给第1集团军指挥的第8军防守。

之所以选择这一地区，是因为希特勒认为该地区是"现有部队肯定能突破的地方……防线单薄，他们也不会料到德国人会发起袭击。因此，充分利用敌人毫无防备的因素，在敌机不能起飞的气候下发起突然袭击，我们就能指望取得迅速的突破"。因此，希特勒决心不顾一切地推行反击计划。

★阿登地区

阿登地区位于比利时南部的一处高地，其中的一部分延伸到法国和卢森堡境内。阿登地区系欧洲莱茵板岩山脉的西端，大部分属于高原型地面，高度平均400米，最高点博特朗日山高694米。阿登地区由马斯河水系的狭窄的深河分成两部分。北坡没有森林，而在南坡有果园、农田及落叶松林。在"一战"中，阿登地区被称为无法穿越的地区。第二次世界大战期间，德国军队曾于1944年12月至1945年1月在这一地区实施对盟军的攻势。

被希特勒不幸言中。盟军确实不仅认为阿登地区不适宜自己发起进攻，而且也忽视了它可能成为德军用来作为进攻的路线。

阿登地区的对面除了几乎无法通行的艾弗尔地区，似乎不存在任何东西。对这一地段，盟军本来认为这一地区即使被德军占领也没有什么大不了的，因为阿登和艾弗尔地区从未被看作是必须夺取的"关键地区"，只是一个障碍而已。早在第一次世界大战中，福克就曾经说过，"阿登是个几乎无法穿过的地段"。

当然，盟军的指挥官并没有忽视这片森林的历史。在过去的75年中，德军曾数次派出过不同规模的部队通过这个森林密布、道路不便的山区对法军作战，其中两次取得了决定性的胜利。最后一次是在1940年的5月和6月，当时纳粹的装甲部队在伦德施泰特的率领下，越过了阿登山脉，在色当渡过了默兹河，之后迅速地沿着高原挺进到法国海岸，直接导致了英军从敦刻尔克的撤退和法国的投降。

但是，4年前的老对手伦德施泰特如今已经被希特勒解除了职务。同时，盟军已经建立起力量空前强大的战争机器，它具有法国在1940年所缺乏的一种重要的战争决胜因素——机动性。盟军部署在这个地区的美国陆军部队，都装备着很多坦克和卡车，可以闪电般的速度进行机动。

在盟军指挥官中，有一个人直觉地预言，德军也许会冒这样一个巨大风险，对阿登地区★发起大举进攻，这个人就是巴顿。他在11月24日的日记中写道："第1集团军正在犯一个严重的错误，将第8军留在固定的位置上，德军极有可能正在他们东边集结。"然而，巴顿的预测并没有引起其他人的重视。

当然，艾森豪威尔并未排除德军在这个地区采取行动的可能性。有一次，艾森豪威尔对着地图，用铅笔在这条战线上标下每一个师的位置，他曾经不止一次地提到过美军在这个地区兵力薄弱的情况。有一次他还评论说："我们也许可以在我们的手里发现一个'淘气的小凯塞林'。"

在艾森豪威尔的敦促下，布莱德雷也认真地考虑过这种形势。为此，布莱德雷还特地跑

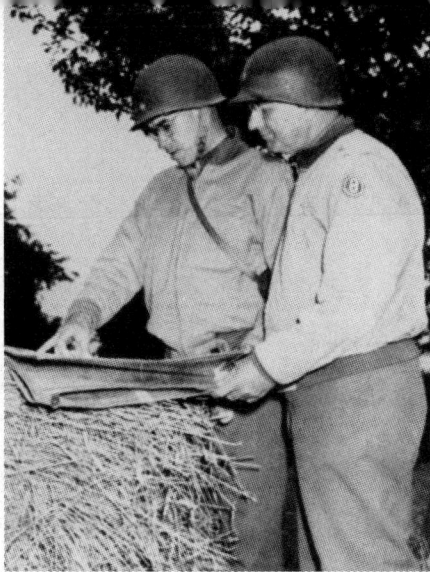

> 布莱德雷与米德尔将军一起研究作战计划。

到阿登山区一趟，同负责那个地区地面作战的第8军司令米德尔将军详细地讨论了前线的情况。因为，米德尔的第8军部队当时就部署在阿登山脉中段的巴斯托尼。

布莱德雷和米德尔一起巡视了这个树木繁茂的前线，两个人走在被浓荫遮蔽的小路上，讨论着该地区的布防情况。

米德尔对布莱德雷说："将军，你觉得由3个师防守140公里长的战线是否——"

米德尔没有把话说完，而是用疑问的语气把问题交给了布莱德雷。

布莱德雷停住脚步，看着米德尔，问："你怎么认为？"

"现在我们每个师的人员都缺编很多，如果德军从该地区发动进攻的话，我担心——"米德尔说出了心中的疑虑。

"别担心，特罗伊。他们不会从这个地方上来的。"布莱德雷宽慰米德尔。

"也许不会，布莱德雷，但是他们以前从这里通过几次。"米德尔补充道，"不过，我个人认为，德军在阿登的进攻将无法实现任何战略目标。"

"如果德军真的从阿登发动进攻的话，你有什么考虑呢？"布莱德雷询问道。

米德尔考虑了一会，回答说："如果他们真的从这里来，我们可以往后撤到默兹河一带进行阻击作战。毫无疑问，我们可以迟滞他们的前进，直到你打击他们的侧翼。"

布莱德雷对此感到很满意，出于战略上的考虑，他把新近到达的第9装甲师调给了米德尔，并安排了一个名叫"橡皮鸭子"的佯动部队到这个地区行动。米德尔把第9装甲师的一个步兵营部署在战线上,以便使他们能够方便地获得其第一次作战经验。

两个人一致认为,在默兹河这个难以逾越的障碍以东的阿登地区,没有任何东西可以成为值得德军发动进攻的目标。

之后,布莱德雷将视察的情况向艾森豪威尔作了详细的汇报,在一起研讨了那里的局势。这种讨论的方式对他们两个来说,已经不陌生了。早在23年前,两个人都曾在西点军校就读,除了在一起参加橄榄球比赛,他们还经常以非常随便的方式讨论问题。

两个人坐在一张长沙发上,手里拿着一张大比例尺态势图。布莱德雷双膝之间夹着一根像钓鱼竿似的长长的指挥棒,概要地讲述了他对德军在阿登地区发动一次全面攻势时可能的做法。布莱德雷认为,由于盟军在西侧集结了重兵,敌人在没有扩大其突入盟军集结地区基地的情况下,肯定无法渡过默兹河。因此,如果德军真的向阿登发动进攻,巴顿指挥的第3集团军25万部队和第1集团军剩下的21.5万部队可以对其进行合围,在德军的脖子上卡断这次进攻,而使反扑的德军成为瓮中之鳖。

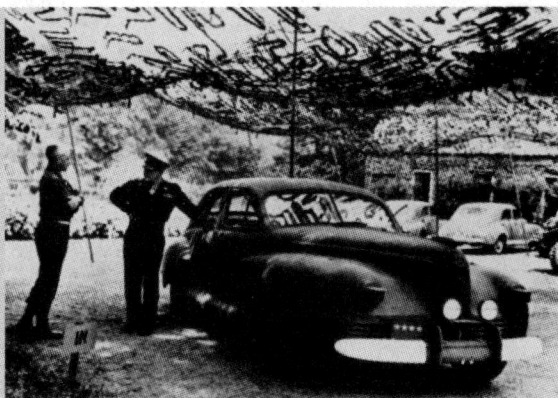

> 艾森豪威尔在听取布莱德雷的汇报。
> 时任德军陆军参谋长的古德里安前往希特勒官邸汇报前线战况。

艾森豪威尔仔细地听着布莱德雷的汇报,权衡着各种可能的作战方案。他心里很清楚,由于总统决定把一部分部队调到太平洋地区,美军已经没有足够的人员补充了。陆军部最近已经把每月兵员补充额从8万人减少到6.7万人。而自诺曼底登陆以来,连续、激烈的战斗使精锐的作战部队遭到严重伤亡,编制短缺的情况相当严重。同时,有一部分新近补充的部队没有作战经验。在这种情况下,如果加强在阿登地区的防守兵力,那么盟军将不得不放弃继续进行消耗德军力量的冬季攻势的希望。

尽管在考虑补充兵员减少的情况时,布莱德雷用近乎暴怒的声音嚷道:"难道他们不知道我们还可能输掉欧洲的这场战争吗?"但是,他们两个都明白,他们必须在要么冒以稀疏兵力防守阿登地区的风险,要么放弃冬季进攻之间做出选择。

然而,在这两个人的脑子中,谁也没有真的认为会输掉欧洲的这场战争。他们的考虑全都集中在将于下月开始的盟军突入德国境内的攻势上了,于是艾森豪威尔接受了前者,完全批准了布莱德雷在前线的部署。

艾森豪威尔做出了一个错误的选择。

对于这一点,艾森豪威尔事后也承认:"在阿登地区只部署四个师,以及冒德军在这个地区进行大规模突击的风险,其责任在我。从 11 月 1 日起的任何时候,我本来可以巡视整个前线的防御阵地,在等待增援部队的同时能够使我们的战线完全不怕敌人的进攻。但是,我的基本决定是,把这场攻势继续进行到我们的力量的极限为止。正是我的这一决定,应该对德军 12 月份的进攻在其第一周内所取得的惊人胜利负责。"

然而,历史是不可以假设的,艾森豪威尔将因为这一选择面临他作为最高统帅以来的第二次严峻的考验。

>> 希特勒在西线的孤注一掷

对于纳粹德国来说,要执行"监视莱茵河"计划已经很困难了。连年的征战,特别是诺曼底战役以来,德军伤亡巨大、损失惨重,已经没有再发动如此大规模战役的能力了。

但是,盟军已经打到第三帝国的大门口,纳粹首脑们被迫要做好本土作战的准备。于是,15 岁到 18 岁的孩子和 50 岁到 60 岁的男子都被应征入伍,同时纳粹还在大学、中学、机关和工厂里到处搜寻入伍者。据不完全统计,仅 1944 年 9 月到 10 月,就有 50 万人参加了陆军。以至于战时生产部长艾伯特·斯佩尔向希特勒抗议说,技术工人的应征入伍,严重影响到军火生产。

　　然而，决定孤注一掷，倾尽全力向盟军发动一次强大攻势的希特勒已经顾不上这么多了。在他脑子里，只有阿登反扑的作战计划：切断美军第3和第1集团军，深入安特卫普，夺回艾森豪威尔的主要供应基地，压迫英国和加拿大军队沿比利时和荷兰边境撤退。只有这样，才可能不但使英美联军遭受惨败，解除德国西部边疆的威胁，而且能够使他转过身来对付苏联军队。正如4年之前一样，德军将再一次在阿登森林取得大的突破。

　　于是，自深秋以来，希特勒就在为他的最后一掷到处搜罗残兵余卒。10月间，他居然拼凑了近1500余辆新的或改装的坦克和重炮，12月份又拼凑了1000多辆；戈林答应提供3000架战斗机，征调了28个师，包括9个装甲师，供突破阿登森林之用；准备了6个师，拟在主要攻势发动之后，进攻阿尔萨斯。

　　这算得上是一支相当可观的力量，虽然远远比不上1940年伦德施泰特在同一战场上所使用的兵力。同时，要拼凑这样一支兵力，必将取消对东线德军的增援。东线的德军司令官们认为，这种增援是击退苏联准备在1月发动的冬季攻势所必不可少的。但是，当负责东线战场的参谋总长古德里安表示异议时，却被希特勒痛斥了一顿：

　　"用不着你来教训我！我已经在战场上指挥了五年德国陆军，在这一时期我所获得的实际经验，参谋总部无论谁也比不了。我曾研究过克劳塞维茨和毛奇，而且把他们所有的军事论文都读过。我比你清楚得多！"

　　其实，不只是古德里安反对这一计划，连陆军元帅伦德施泰特和莫德尔也对此极为担忧。他们知道改变元首的想法是不可能的，他们所能做的只能是力图说服希特勒制订一个能够与目前德军的兵员和物质实力相适应的作战计划。但是，没等伦德施泰特和莫德尔力陈己见，约德尔上将就已经传达了他所制定的"监视莱茵河"的详细计划。

　　然而，到这个时候，希特勒的计划仍只有少数高级军官知道。直到进攻正式发起的前4天，希特勒才发布了这次作战方案。

　　于是，阿登反扑的最后准备工作开始了。

　　然而此刻，面临危险的阿登地区，也就是所谓的"魔鬼前线"却沉浸在一片宁静的氛围内。由于盟军统帅部低估了德军的反攻能力，而且没有认真考虑到德军进行反扑的可能性，因此并没有对在阿登地区组织防御给予应有的重视。

德军大规模的兵力集结和调动，竟然没有引起盟军情报部门的注意，也是有原因的。一方面，希特勒采取了严密的措施，各进攻部队利用夜幕的掩护悄悄开进最后进攻阵地；为了掩盖火炮活动的声音，利用飞机不停地在前线上空飞来飞去，并在火炮的轮子上捆扎了稻草；建立了一支道路特种勤务部队，对损坏的机械进行应急修理，对受损的摩托车辆、坦克和火炮进行了伪装等；此外，在集结地域，还严禁在行军道路及岔路上设置路标以及部队指挥所、电话、电台报话站的标志——这样，通过上述各种严格的限制措施，德军在严寒中，以微不足道的损伤按预定计划开进了集结地区。

另一方面，由于盟军对反攻没有足够的估计，因此事先出现的蛛丝马迹也没有引起情报部门的足够重视。事实上，早在12月12日下午7时左右，情报官员就在阿登地区听到了坦克的声音、看到了白色的信号弹，却认为这只是德军例行的军队轮换。

12月14日，美军的28师情报部门抓到了两个穿越战线的老百姓，一男一女。由于这两个人都曾经在德国干过活，因此他们立即被送到审讯队。当审讯官员听到他们说德军有一支相当大的部队渡过乌尔河时大吃一惊，然而当他把这一情况上报时，上级却回电要求他们进一步审讯，了解情报的真实性。显然，上级并不相信那两个人所说的情况。12月15日，28师决定把那两个人送到第1集团军情报处进一步审问。他们到达时，已经是12月16日了。

同样，12月15日晚上，第28师又向上传递了一份异乎寻常的报告："掩体附近的德军第一次穿上了大衣，这些士兵的举动比任何时候都更加正规。哨兵换岗也比以前快了一倍。同时，还发现挖掘了许多散兵坑和架设电线的情况。"然而，第8军司令部对此也没有引起警觉。更有讽刺意味的是，就在希特勒发起阿登反扑的当天，美军第4步兵师在上午9时的定期报告中写道："情报科长离开了指挥所休三天病假。"

就这样，当德军为最后的反扑做好充分的准备之时，阿登地区的美军却对此一无所知。德军已经在阿登地区集中了包括党卫坦克第6集团军、坦克第5集团军和第7野战集团军在内的25个师、25万人的兵力。拥有各类火炮和迫击炮2617门、坦克和自行火炮900余辆、飞机800多架。

12月15日夜，德军装甲部队和步兵部队开始了最后的集结和动员。

离希特勒预测的发起时间——12月16日零时越来越近了，"魔鬼前线"的枪炮声即将打响……

>> 一片混乱中的中流砥柱

12月16日凌晨，位于比利时东南的阿登山脉一片静寂。

阿登山脉的冬天，经常呼啸着刺骨的西北风。这天夜里，风似乎格外大，月亮穿行在淡

淡的云层中,将灰白的光亮洒在那片萧瑟的树林里。地面和树枝上堆积着的几天来一直在下的那场大雪,反射着月亮清冷的光。一股死亡的味道升腾起来。

第8军的官兵还在沉睡着。

突然,空中响起了炮弹滑行的嗖嗖声,声音由远及近,接近了第8军的守地。在炮弹与地面接触的一刹那,随着巨响,夜空中绽放开了血红的一团团火焰。

做好精心准备的德军,在盟军毫无准备的情况下,突然发起了一场规模巨大的进攻战。成千上万枚炮弹吼叫着倾泻在了美军的阵地上,数以千计的坦克摇摇摆摆在向美军阵地驶来。蜷缩在睡袋中的美军士兵从睡梦惊醒,连滚带爬地钻入掩体,惊恐中甚至不知发生了什么事。紧随着,几百架探照灯又罩住了美军阵地,强烈耀眼的光刺得美军士兵眼花缭乱。一个小时之后,炮击停止了。

但是令人恐惧的沉寂转瞬即逝。身穿白衣的德军士兵,像魔鬼一样从阴霾里冒了出来。

< 德军向轻敌的盟军发起了进攻。
< 被德军俘虏的美军官兵。

在坦克的掩护下，他们迈着沉重而可怕的步子朝美军走来，一时间，美军损失惨重，阵脚大乱。

重返阿登地区的伦德施泰特元帅指挥着20万德军，潮水般地向美军第8军扑来。很快，纳粹的铁蹄就从孤立无援的第8军身上踏过去，包围了该军的两个团，逼近圣维特，并向维尔茨突进，在横扫奥斯魏勒尔和迪克魏勒尔地区之后，把第4师切割成无数孤立的小块。

布莱德雷在当天下午得到了德军发动进攻的报告。然而，他却乐观地认为，这次德军对阿登地区发动的进攻只不过是一次扰乱性质的袭击，目的不过是迫使巴顿的部队回援阿登山区，以推迟对"西线"的全面进攻。

在对艾森豪威尔的汇报中，布莱德雷的语气也非常轻松。因此，德军进攻的消息在各个军或军团的司令部没有受到重视。

当时，艾森豪威尔正带领整个参谋班子在凡尔赛的路易十四教堂，参加他的侍卫官米基·麦基奥的婚礼，这也是18世纪以来第一次在此举行婚礼。艾森豪威尔的心情很好，婚礼之后的宴会盛大而隆重，军官们在宴会上痛饮香槟酒，频频举杯。

也就是在那天早上，艾森豪威尔收到了蒙哥马利要求回英国度圣诞节的信件，还随信附了一张便条，提醒艾森豪威尔14个月以前，他曾与艾森豪威尔以5英镑作赌注，赌战争将在1944年的圣诞节到来之际结束。蒙哥马利在便条上写道："关于付钱之事，我想就安排在圣诞节吧！"

尽管德军选择的进攻地区和时间令艾森豪威尔感到吃惊，但更令他吃惊的将是德军进攻的规模和决心。他相信，按照他与布莱德雷商定的应对计划，很快就会将德军的进攻卡断。于是，除了密切关注战况的进展，艾森豪威尔并没有决定采取大的反击行动。

然而，事情却急转直下。

第二天，布莱德雷的作战指挥室里，一群情报人员正在紧张地忙碌着。当情报官在一幅巨大的形势图上标出德军14个师的具体位置时，布莱德雷忍不住惊叫起来："天哪！他们从哪儿搞到这么多兵力！怎么会这么神速，简直是从天而降！"

布莱德雷此时也意识到情况危急了，他一边向艾森豪威尔汇报，一边迅速召集巴顿及其参谋人员到他的司令部召开紧急军事会议。

布莱德雷向巴顿展示了情报部门从空中拍摄到的战场形势，照片显示：德军已在阿登山区突破了一个巨大的缺口，德国第5装甲集团军正在蜂拥而入，形势万分危急。

布莱德雷的计划是：由第1集团军在北部坚守，巴顿的南路部队停止在萨尔地区的攻势，调3个师火速增援阿登山区。

介绍完情况之后，布莱德雷做好了应付巴顿大发雷霆的准备，毕竟，这将取消巴顿一直渴望的对萨尔的攻势。

没想到的是，尽管巴顿确实非常失望，但他并没有把个人的打算置于全局需要之上。恰恰相反，巴顿挺身而出，顾全大局地服从了布莱德雷的分配，大大咧咧地说了一句："管他呢，只要能照样杀德国佬！"

巴顿的反应打消了布莱德雷的顾虑，于是他接着问巴顿："你对霍奇斯能帮点什么忙呢？"

巴顿考虑一下，严肃地回答说："布莱德雷，你知道我最精锐的3个师是第4装甲师、第80师和第26步兵师。我将马上停止第4装甲师的行动，让它在隆维集中，今晚就开始行动。明天早晨第80师将向卢森堡进发。我将命令第 26 师整装待命，只要提前一天通知，它就可以投入战斗。"

布莱德雷感到非常满意，他原以为这会引起一场风波，不料只提了一下就得到了巴顿的 3 个精锐师。

布莱德雷更想不到，第二天的上午，巴顿就召集第 3 集团军的全体参谋人员开了一次军事会议，以说服手下的参谋人员放弃进攻萨尔地区。会上，巴顿做了重要讲话："北面所发生的情况毋庸担心。你们知道，惊慌的现象在军队指挥系统传播是极快的，在当前这个紧要关头，我希望你们镇静，万事都极其谨慎，避免在部队中引起不安情绪。我们的作战计划已经改变，我们很快就要在阿登地区投入战斗，我们还必须发挥以往进军的高速度，并且要比以前任何时候都要快，我毫不怀疑，这一次你们会按照要求演奏一次快速进军的乐章。在进军途中，无论发生什么事，我们都要一如既往，继续勇猛杀敌，不论那些德军在哪里冒出来。"

最后，他胸有成竹地宣布了作战计划："假如我们能有第 1 集团军的第 8 军和我们自己的第 3 军，我将把它们当作 3 把斧子来使用。从左翼起，这些斧子的攻击顺序是：一把从迪克奇附近的地区砍向正北方；一把从阿尔隆附近砍向巴斯托尼；另一把从纳夫夏托劈向德军突击部队的左前方。"

正当布莱德雷与巴顿积极调整军事部署之际，接到报告的艾森豪威尔也意识到了问题的严重性，几乎被惊出一身冷汗。

艾森豪威尔认为，希特勒在穷途末路之时，使出这么厉害的撒手锏，是十分可怕的。盟军毫无准备，第 8 军势单力薄，难以抵挡。如果在盟军援兵未赶到阿登地区之前，德军就将第 8 军吃掉的话，希特勒在阿登山区发动的强攻就会把盟军赶回巴黎，也许会把盟军赶回海边。

两天以来，盟军在阿登地区的溃退已经陆续见诸报端，吸引了美国、英国乃至全世界人民的目光。就连刚刚破例连任三届总统的罗斯福也对此极为关注，罗斯福总统甚至动了用原子弹教训德国的想法。最终，罗斯福还是放弃了这一念头，他说："我相信，艾克会有办法教训德国佬的。"

然而，艾森豪威尔的处境并不像罗斯福总统说一句话那样简单。要是盟军真的败走巴黎或退到海边，他肯定要承担这一责任。艾森豪威尔心想，作为盟军最高司令官，在刚刚接管盟军地面部队的指挥权之际，就首战败北，令一度无往而不胜的美国部队遭受严重挫折，势必会辜负世界反法西斯人民的希望。更严重的是，一着不慎，有可能全盘皆输，使以往进攻纳粹的努力付之东流。这是艾森豪威尔继"霸王"行动之后，面临的又一巨大考验。他必须在关键时刻力挽狂澜，痛击德军，粉碎希特勒的野心。

为了缓解第 8 军的压力，必须尽快调兵遣将，对阿登地区实施增援。下定决心之后，艾森豪威尔手摸着刚刚绣在军服上的第五颗星，开始通知各集团军和各兵种的主要负责人，要

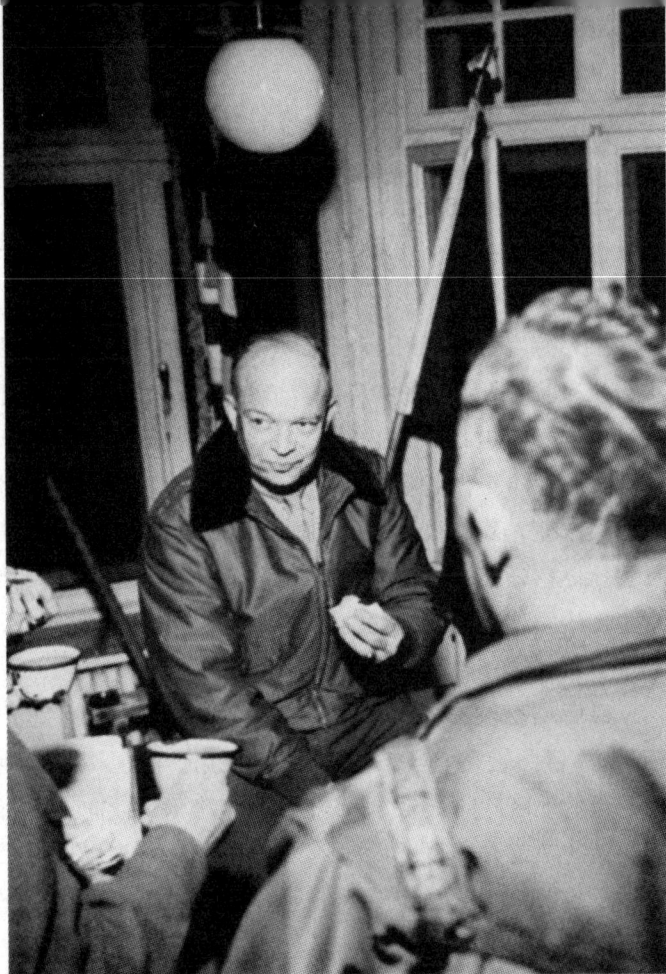

> 艾森豪威尔与属下轻松喝茶时，德军发起了突然进攻。

求他们务必在19日中午12点前赶到凡尔登，参加在布莱德雷的司令部召开的高级军事会议。

在这次会议上，艾森豪威尔的军事指挥才能得到了最出色的发挥。

会议开始时，与会者的表情都非常严肃，气氛也显得沉重和压抑。为了缓和气氛，艾森豪威尔用略带幽默的口吻道出了他的开场白："我们的机会来了，希特勒这个疯子已将他的一群肥羊赶进了我们的羊圈，我相信下次我们在这里开庆功会的时候，一定会有美味的烤全羊供我们下酒！现在，我们应高高兴兴地研究如何将这批羊干净彻底地赶进屠宰场！"

心直口快的巴顿接过话茬道："说得好，让我们振作起来，让这帮德国佬打到巴黎去，然后，我们再回过头来收拾他们，把他们捣碎吃掉！"巴顿咬牙切齿的样子，真的把大家逗笑了。

分析完战局之后，艾森豪威尔宣布了自己的决定：盟军必须以最快的速度做好进攻准备，迅速奔赴阿登战区，向德军的南翼发动强有力的反击。

"这次战斗最少要投入6个师的兵力，"艾森豪威尔对大家说，"但是，目前我们缺乏预备兵力，只能从巴顿的第3集团军抽调三个师。同时，布莱德雷的第12集团军群的指挥系统已经被完全破坏，北边的部队已经联系不上。在这种情况下，我们只有一种解决办法。"

艾森豪威尔停顿了一下，看了看大家的反应，接着说道："唯一合理的解决办法是把德军突破点以北的部队，也就是第1、第9集团军交给第21集团军群的蒙哥马利指挥。因为，目前他是唯一拥有预备队和指挥组织能力，可以帮助我们应付这场危机的人。"

再次起用蒙哥马利担任盟军陆军总司令，引起了布莱德雷和巴顿的不满，但是为了顾全大局，布莱德雷接受了只指挥突出部南部的美军部队的命令。

会议决定，采取南攻北守的方针。具体部署是：巴顿的第3集团军北上攻击德军的突出部；德弗斯的第6集团军群向东北靠拢保护巴顿的右翼；霍奇斯的第1集团军必须顶住从北面和南面突入阿登山区的德军，扼住西去的咽喉要道，坚守阵地，并准备由北向南反攻，与巴顿的第3集团军合击德国鬼子。

在这次对德军的反击行动中，巴顿被寄予厚望。

"乔治，你什么时候可以行动？"艾森豪威尔问巴顿。

"会议结束后便可以。"巴顿自信地答道。这一回答引起了会场其他人的窃窃私语，很多人认为巴顿在信口开河，并发出了轻微的讥笑声。

"不要开玩笑！"艾森豪威尔正色道。

"我来此之前已在南希安排好了家里的事，我马上去卢森堡指挥军队作战，立即从这里去，将军。"

艾森豪威尔信任地看了巴顿一眼，又问道："那你什么时候能开始进攻？"

"12月22日早晨。"巴顿果断地答道。

"别胡闹，乔治，这是一个严肃的问题。"艾森豪威尔严厉地说。

确实，对于在场的许多人来说，极少有人愿意承担这项战斗任务，因为他们很难按艾森豪威尔的要求，在极短的时间内把部队从正在作战的战场撤下来，并在做好充分准备的情况下，跨过冰冻的160多公里的道路，直接投入一场空前猛烈的战斗中心地区。因此，艾森豪威尔对巴顿在22日能发动进攻也表示怀疑。

巴顿仍不动声色地回答道："这根本不是胡闹，将军。请您相信，我已经做好了安排，我的参谋人员正在孜孜不倦地拟定作战细节。我肯定可以在 22 日发起一场强有力的攻势。"

会议结束后，巴顿发出了行动命令。于是，第 4 装甲师开始经过隆维向阿尔隆挺进。与此同时，第 80 师经过蒂翁维尔向卢森堡逼近。第 26 师已做好待命出发的一切准备。

巴顿走时，艾森豪威尔把他送出大门，心里非常感激这位尽管举止粗鲁，但骁勇善战的老朋友，他半开玩笑地对巴顿说："真有意思，乔治，每当我肩章上增添一颗星时，我就碰到敌军的进攻。"

巴顿耸了耸肩，做了个鬼脸说："每一次你遭到进攻时，艾克，我就来为你保驾。"目送着巴顿的背影，艾森豪威尔心里明白，对于德军的反击尽管有些晚了，但正在逐渐拉开序幕。

而正当艾森豪威尔为正面战场的激烈交锋而焦急的时候，德军特遣部队的行动又进一步加剧了盟军的混乱。这也就是希特勒提出的、与"监视莱茵河"计划同时进行的"狮鹫计划"★。

这一计划的行动分为两个部分。按照约德尔批准的，第 150 装甲旅参加这一行动。该旅由 2 个坦克连、3 个侦察连、3 个摩托化步兵营和一些防空和火力支援部队编成。这支部队的一部分将伴随迪德里希的先头部队前进，然后穿上美军和英军服装，迅速向前推进，以突然袭击的手段夺取默兹河上的安吉斯桥、阿米桥和休伊桥。

另外，还将部署九个由能讲流利的英语和美国俚语的德军官兵组成的分队，他们身着美式军服，驾驶美式车辆，佩带美式武器，在美军后方的道路上活动，散布灾难性的消息，改变路标，尽一切可能在盟军后方地域制造紧张和混乱。

一个小队杀死了美国的传令兵，切断了美军交通线，并装成美国宪兵在公路交叉处站岗，

< 执行"狮鹫"计划的德军士兵被美军俘获后执行枪决。

★"狮鹫"计划

"狮鹫"计划是法西斯德国在第二次世界大战期间拟定的一项军事行动计划。1944 年 12 月 16 日，德军在阿登山区对盟军发动反攻，为配合这一攻势，德军精心策划了"狮鹫"计划，即一支由 2000 人组成的会讲英语的德军特种部队，穿上美军制服，驾驶缴获来的美军坦克和吉普车深入美军后方从事破坏活动。阿登战役开始之后，"狮鹫"计划顺利实施。这些德军特种部队在美军后方杀死美国传令兵，给美国后方造成了极大的恐慌和混乱。

> 1944年11月间，美英军队联合作战。

> 在美军的监视下，伪装成美军士兵的德军士兵脱下美军军服。

煞有介事地拿着红旗或绿旗，胡乱指挥着美军运输车辆通行，让一整团的美军走错路。

另外一支则装成从前线溃败下来的美军，与真正退下来的美军走到一起，极力散布恐怖情绪，使美军战斗力全失。

第三支小队则把美军布莱德雷司令部与北面部队指挥官联络的电话线切断，使美军指挥部变成聋子和哑巴……

一时间，美军内部惶惶不安，真假难辨。

在整个阿登地区，在荒郊野外的小路上或在茂密的松林中，50万美军挤成一团。证件、军阶及口令、暗语都不能使每个人免于被盘问，两路相遇的军队，更是小心翼翼地玩起了文字游戏。为确认对方是美国人，要求回答的问题可谓千奇百怪，从美国的地理环境到当红影星，无奇不有。就连第12集团军群的总司令布莱德雷也不能逃脱。

布莱德雷曾经三次被士兵喝令要证明自己的身份。第一次士兵要求布莱德雷回答伊利州的首府在哪，尽管布莱德雷正确地回答出是斯普林菲尔德，但士兵却坚持说是芝加哥，布莱德雷还差一点被关起来。第二次问的是打橄榄球的规则，这对布莱德雷倒是小菜一碟。第三次要求布莱德雷说出一位名叫贝蒂·格拉布尔的金发碧眼女郎现在丈夫的名字，不过，士兵看到布莱德雷为难的样子，非常得意，但最终还是放他走了。

几天之后，被俘的几名德军信口开河地编造出他们正在策划刺杀艾森豪威尔的行动，这使人们对德军"狮鹫计划"的恐怖达到了顶峰。甚至有一份报告说，德军的敢死队队员将穿着牧师和修女的服装，在巴黎会师后，对和平饭店发动袭击，劫持艾森豪威尔。

美军保安人员对这一编造出来的谣言笃信不疑，盟国远征军最高统帅部四周被连夜装上了铁丝网，并在大门口停放了几辆坦克，警卫的人数也翻了两番，进门的证件被检查了又检查。如果那扇大门被重重一关，艾森豪威尔办公室的电话肯定会响个不停，询问他们的最高统帅是否还活着。

在这种情况下，艾森豪威尔的很多行动被取消了。他的参谋人员极力劝告他待在办公室，千万不要回宿舍，以免遭遇什么不测。艾森豪威尔为整天被禁闭在办公楼里感到恼火，但他也只能点燃一支香烟，在办公室里踱来踱去。闲下来的时候，他就会给梅蜜写信，告诉妻子"我被关在办公楼里，简直要发疯了"。

更有意思的是，由于艾森豪威尔在公众场合露面的次数减少，无孔不入的新闻界又开始猜测最高统帅的生死问题了。一天，梅蜜外出访问时，一名记者强烈要求对她进行采访，理由是想通过梅蜜证明一下她丈夫是否还活着。

艾森豪威尔的心情很郁闷，在英国陆军元帅蒙哥马利大踏步登上舞台，兵权在握，向北部的美军部队发号施令之时，他却像个逃亡者一样躲在司令部里浪费时间。不过，艾森豪威尔很清楚，改变这种局面的唯一办法，就是将德军越过阿登山脉的突出部分赶回到齐格菲防线，并利用这一机会重创德军，粉碎希特勒的最后一搏。

确实如艾森豪威尔所料，除了制造混乱，"狮鹫计划"的目的就是加速突破美军防线，向默兹河挺进，并在美军尚未到位时占领河上桥梁。

然而，随着盟军反击的开始，德军一开始势不可当的攻势就像火山喷发出的岩浆，流动慢慢变缓，直至凝固了。这个时候，希特勒一手策划的"狮鹫计划"的影响，便很快被消除了，没有能够对美军构成更大的威慑。

∧ 德军发起进攻时，盟军士兵在战壕内躲避。

>> 盟军将士用牺牲换来的大捷

阿登战役开始的前一个星期，德军在正面战场的袭击取得了巨大的成功。

按照预订计划，德军兵分三路。

右翼为德军第6党卫队装甲集团军，由于离默兹河最近，希特勒要求他们必须在列日的两侧占领默兹河的各渡口及默兹河支流韦萨尔河的渡口，同时在列日的东部建立一道强大的防线，之后越过艾伯特运河，攻入安特卫普。

∧ 美军部队冒着风雪行军。

中路先以3个步兵师为开路先锋，从登布拉特打开缺口，4个装甲师紧随其后，从缺口向大城市和交通运输中心列日发动进攻。

左路部队要求占领昂布莱夫河上的一个渡口之后，抵达并占领默兹河渡口。

其中，位于中路的德国第5装甲集团军原计划要在越过默兹河的同时，掩护第6党卫队装甲集团军的后部，以防范盟军后备部队袭击他们。然而，在推进中，第5装甲集团军进展迅速，首先在施纳—艾佛尔地区打开了一个缺口。该地区防线长达30多公里，是由刚刚开到的美第106师和第14骑兵大队一起防守。12月17日，德军发动了一次钳形攻势，包围了美军第106师的主要由新兵组成的两个团。在德军的打击下，约有8000余人投降。

施纳—艾佛尔之役的胜利，为德军进攻圣维特提供了必要前提。第5装甲集团军的第58军和第47军向防守奥尔河的美军第28师发动了如潮的攻势。刚在亚琛周围苦战两个月，损兵6000多人，正在休整补充的美第28师，在长达48公里的防线上不堪重负，被德军一举突破防线，被迫撤退。德军便渡过奥尔河，于17日上午占领了舍恩贝格，进而又推向圣维特。

> 被围困在巴斯托尼的美军。

与此同时，左翼的德第7集团军，有4个师渡过了奥尔河，其中第5伞兵师突至维耳次。

至12月20日，在正面战场上，德军的进攻部队已形成一支宽100公里、纵深30~50公里的突出部，并继续向前推进。

在盟军最高指挥部，艾森豪威尔的神经时刻紧绷着，时刻关注着巴顿第3集团军的行动。

布莱德雷从他设在卢森堡的办公室的窗户里，就能够看到巴顿部队的行动：他们在大雪中马不停蹄地奔跑着，士兵们的大衣上沾满了泥浆和雪花，凛冽的寒风迎面袭来，寒冷刺骨。指挥官站在坦克高高的炮塔上，用围巾遮住脸部御寒，调度和指挥各路大军分流行进。一天24小时，昼夜不停。看到这种情景，一向沉着稳健的布莱德雷几乎抑制不自己的感情，他的眼眶湿润了。

一切战前准备工作就绪后，巴顿便开始考虑美军首先应在何地挫败德军，他把目光投向了巴斯托尼。

巴斯托尼是一个不足4000人口的小镇，坐落在比利时东南部的一个狭小平原上，四周被稀疏的林地和丘陵所环绕。这一地区的战略地位十分重要，是当地的交通枢纽，阿登南部公路网中的7条公路在这里汇合。

然而，德军看起来对巴斯托尼却不屑一顾。在德军的作战计划中，巴斯托尼只是一个可能的补给中心。德军计划由一个较小的师——第26民兵师顺道占领巴斯托尼，为随后2个装甲师从该镇绕行提供支援和补给。

于是，巴顿便决定用精锐部队坚守该镇，破坏敌军的后勤系统，从而达到牵制大量德军的目的，使其无法绕道而行。然后，再由第3集团军在正面向敌发动进攻。

艾森豪威尔赞同这一决定，命令泰勒将军的第101空降师火速赶往巴斯托尼增援。这样，德军的第26民兵师还没有到达巴斯托尼就在比索尔吕前面受到阻击。

12月22日早晨6时，巴顿的第3集团军正式对阿登地区的德军发动进攻。进攻部队是第3军，由军长米利金负责指挥。米利金和他的参谋人员都是战场上的新手，但作战极其英勇顽强，他们迎着暴风雪大踏步前进，进展得相当顺利。左翼加菲将军的第4装甲师很快攻到了布尔农和马特兰格；右翼的第26师向前推进了30公里后才在朗布罗赫——格罗斯伯斯地区与敌军交上火；第80师前进了6公里后，在梅尔齐希遇到了德军的顽强抵抗，但很快肃清了该城的守敌。

这个时候，巴斯托尼这个小小集镇的重要性便赫然涌现在德国人面前。阿登进攻战役德军总指挥伦德施泰特高叫道："巴斯托尼具有极大的重要性。它若被盟军控制，就必然会影响我们所有向西推进的部队，破坏我们的补给系统，牵制住我军相当多的兵力。因此，我们必须立即攻占它。"

为此，伦德施泰特派出大批部队来围攻巴斯托尼镇，试图拔掉这个插入德军突击地区的障碍。奉命前来增援的是希特勒手下两名最勇猛的将军，大名鼎鼎的弗里兹·拜尔林和冯·卢特维兹。很快，德军便把巴斯托尼团团围住。

拜尔林认为，巴斯托尼内的美军已是瓮中之鳖，于是派出代表到巴斯托尼进行恫吓和劝降。面对不知天高地厚、狂妄自大的敌人，被困在巴斯托尼的第101空降师代理指挥官麦考利夫气愤地骂了一声"白痴"，便将前来劝降的代表送回了德军阵地。

麦考利夫的行为很快传遍了全镇，极大地激励了美军士兵的战斗热情。当天晚上，麦考利夫就发动了一系列突然袭击，打得敌人仓皇失措。稳定住阵脚的德军终于决定要全力拿下巴斯托尼，于是便连夜向该镇发动了全面攻击。德军猛烈的炮火向城内倾泻着如雨的炮弹，步兵跟在装甲部队后面往城里冲。巴斯托尼的守军快坚持不住了。

为了确保守住巴斯托尼，巴顿果断地做出向巴斯托尼提供大规模空军支援的决定。12月23日，在巴斯托尼坚守的美军突然发现空中出现了黑压压的一大片飞机。紧接着，德军阵地响起了一连串猛烈的轰炸声。很快，德军对巴斯托尼的炮轰就停止了。巴斯托尼的美军欢呼起来，他们纷纷向空中的飞机招手致意。

为了增援巴斯托尼，艾森豪威尔共派出了7个战斗轰炸机群、11个中型轰炸机群、第8航空队的1个师以及一些皇家空军的运输机。运输机全力向巴斯托尼空运各种物资，轰炸机则轮番向敌人重要目标实施猛烈轰炸。很快，盟军的轰炸给德军造成了极端恐怖的心理，德军的补给线也被破坏了。

紧接着，巴顿命令第4装甲师突破敌军的包围圈，进入巴斯托尼。尽管第4装甲师受到

∧ 美军第101空降师师长泰勒将军（左）事后向被围困在巴斯托尼的其副手麦考利夫致意。

德军强烈阻拦，但最终于12月26日凌晨2时30分，乘着德军正在休息和伸手不见五指的夜晚，杀出一条血路冲进了巴斯托尼，与坚守的第101空降师胜利会合。巴斯托尼的防御力量立刻得到了加强，巴斯托尼终于度过了最危险阶段，德军对巴斯托尼的围攻也开始告一段落。

这样，在德军向阿登地区前进了90公里，先头部队距马斯河只有4公里的时候，盟军便阻止了德军的前进。

之后，美军始终牢牢据守着巴斯托尼，使其成为美军向德军大举进攻的一个牢固支撑点。这个支撑点就像一个钉子一样，将德军的部队死死地钉在了这一地区。在第9装甲师和第80步兵师的增援下，第4装甲师逐渐扩大了已打开的走廊，并努力打通阿尔隆通往巴斯托尼的公路。12月29日，美军已彻底击溃了围攻巴斯托尼的德军。于是，巴顿便指挥美军第3集团军全力冲向了另一个目标——赫法利策。

1945年元旦在战火中不知不觉地来临了。巴顿用一种独特的方式迎接了新一年的到来。命令第3集团军的各炮兵阵地在午夜12点整用最猛烈的火力向敌人持续炮击20分钟。辞旧迎新的炮声消失后，巴顿和第3集团军的将士们听到了来自德军阵地的阵阵凄惨的哭叫声。

∧ 德军在阿登地区向盟军发起了反攻。

★阿登战役

1944年秋，希特勒为了改变盟军登陆后其在西线所处的不利地位，计划在阿登地区实施反扑，突破盟军防线。1944年12月16日凌晨5时30分，德军在猛烈炮火掩护下发起进攻，迅速突破美军防线。12月25日，盟军装甲部队在空军配合下顶住德军进攻，德军反攻到达了顶峰。盟军于1月3日发动大反攻，德军抵抗不住，节节后退。1月8日，希特勒下令撤退。此次战役是"二战"中最大的一次阵地战，德军伤亡与被俘约10万人，损失坦克800辆，飞机1000架。

> 阿登战役中阵亡的德军官兵的坟墓。

然而，希特勒并没有就此放弃他的反攻计划。他要求继续调集兵力，对巴斯托尼和斯特拉斯堡地域发起新的攻击，纠集了八个师的兵力，出动了1000多架飞机，对盟军机场，特别是对"突出部"附近的一些机场，进行了几个月以来最猛烈的轰炸，炸毁了盟军集中在机场上的260架飞机。

德军新的进攻行动，使盟军的形势再度紧张起来。为彻底击退德军的反扑，艾森豪威尔命令1月3日转入进攻，经过5天的激战，于1月8日击退了德军。此后，战场局势开始发生逆转，德军的进攻已是强弩之末，围歼德军的时刻已经到了。

1月16日，美军第1、3集团军在赫法利策会师。

其间，应丘吉尔的要求，苏联红军于1月12日至14日，在北起波罗的海南至喀尔巴阡山长达1200公里的正面上，对德军发起了强大的进攻，使柏林受到严重威胁。希特勒不得不从西线抽调兵力去加强对苏联作战的力量，盟军乘机迅速推进。1月23日，美军攻占圣维特。27日，第3集团军的前锋已抵达乌尔河。29日，将德军全部赶到反扑前的出发阵地。

德军在阿登地区的反扑被彻底粉碎，损失惨重。据统计，德军死伤和失踪达8.2万人，损失坦克和强击火炮600辆、飞机1600架，其他车辆6000余辆。阿登战役★之后，遭到严重削弱的德军，士气更加低落，已经彻底丧失了反攻的能力。希特勒妄想在西欧取得决定性军事胜利以迫使盟军妥协的企图彻底破产。

阿登的胜利，使艾森豪威尔从舆论对盟国远征军最高统帅的批评中解脱出来。艾森豪威尔又一次接受并经受了历史重任的考验。然而，当街头的法国群众向他欢呼致意的时候，艾森豪威尔的心情仍很沉重。尽管战役是以盟军的胜利而告终的，但是在这场战争中，盟军损失也相当严重。人员伤亡达7.7万人，大量武器装备战损。

更让艾森豪威尔难忘的是，当他视察战场的时候，看到了一幅令他刻骨铭心的图景。由于阿登地区的天气十分寒冷，一位美军机枪手中弹牺牲后，尸体被冻僵了，就一直保持着他战斗时的姿势。他手中缠着子弹袋，右手食指放在扳机上，枪口仍然指向德军阵地。战役的胜利是将士们英勇杀敌，用生命和鲜血换来的。一想到这里，艾森豪威尔就握紧了拳头，暗暗下了决定，他要在今后的战斗中，以最快的速度和最强有力的行动，彻底打败德国佬。

第十章

向莱茵河的挺进

1890-1969 艾森豪威尔

艾森豪威尔决定发起"莱茵兰"战役，这一次是最不走样地按照制定方案的盟军总司令的计划执行，完全按照他原先判断的进程发展的作战过程，唯一的一个小小例外就是巴顿抢在蒙哥马利之前渡过莱茵河。至此，德军的西线战场已面临全部崩溃……

∧ 美军攻占了鲁登道夫大桥。

★ "莱茵兰"战役

第二次世界大战时期盟军与德军在莱茵兰地区的战斗。1945年2月8日，英美加盟军共85个师向德军H、B、G集团军群不足60个师的兵力发动进攻，很快突破德军的齐格菲防线，肃清了自荷兰的阿纳姆至瑞士边界的莱茵河西岸的德军，进抵莱茵河畔。3月7日，美国第9装甲师进抵雷马根，控制鲁登道夫大桥，很快就有5个师的美军自桥上过河，到达莱茵河东岸。至3月21日，美军在桥东岸已建立了桥头阵地。至3月31日，盟军渡过莱茵河。

>> 勒马德军的最后一道防线面前

阿登战役失败之后，德军的军事形势更加困难。北非、比利时、法国、卢森堡、克里特、苏联、巴尔干半岛的大多数地区，意大利和波兰的许多地区、荷兰的一些部分、捷克斯洛伐克、南斯拉夫，甚至东普鲁士都已经失守；芬兰和意大利盟国已经失败；德国的三个主要工业区——鲁尔、萨尔和西里西亚有两个受到威胁，一个被苏军占领；德军的预备队也在阿登之役中几乎被全部消耗光。由于希特勒让德国人对阿登战役抱着过高的期望，因而这一战役的失败更加令人沮丧。

阿登战役接近尾声之时，因希特勒阿登反攻而搁浅的盟军西线进攻计划又重新拾了起来。经反复研究论证，1月中旬，艾森豪威尔把西线进攻计划呈报给盟军最高统帅部。

当时的情况是这样的。在苏军大举进攻，严重威胁柏林以后，希特勒不得不从西线调出7个师去加强对东线的防御，西线只留有59个师的兵力。但是，他们可以依托沿西部边境线构筑的齐格菲防线和天然障碍莱茵河，阻止盟军向德国本土推进。

齐格菲防线犹如一道坚硬的外壳，保护着德国的西部边界。齐格菲防线北起荷兰安平东南，南至瑞士与德国边境，全长约600公里。防线北段在莱茵河以西，南段在莱茵河以东，防护着鲁尔和萨尔两大工业区。攻破齐格菲防线，即破坏了德国的经济命脉。

为了尽快打破这个防御外壳，向德国本土推进，艾森豪威尔把这个总的军事行动计划分为三个阶段：首先是突破齐格菲防线，肃清莱茵河以西的德军；第二步强渡莱茵河，并合围鲁尔地区的德军集团；之后发动最后进攻，进抵易北河与苏军会师。

为了突破齐格菲防线，艾森豪威尔决定发起"莱茵兰"战役★行动。

★鲁尔

鲁尔是德国西部重要工业区，位于鲁尔河下游。第一次世界大战结束后，法国和比利时曾组成法比联军对该地实施军事占领，酿成所谓的"鲁尔危机"。第二次世界大战前，该地的鲁尔工业区是德国经济发展支柱。第二次世界大战期间，鲁尔成为盟军空中打击的重要目标。盟军对鲁尔区的工业中心城市、军事和经济目标及工业企业实施了大规模的空袭，给鲁尔区的生产带来了严重的破坏。战争后期，盟军曾想将鲁尔区从德国分离出去。战后，鲁尔仍是德国的重工业基地。

在该行动中，艾森豪威尔把蒙哥马利指挥的第21集团军群部署在北部下莱茵河地区，并决心在这里实施主要突击；把布莱德雷指挥的第12集团军群部署在莱茵河中游地区，在中路突破最坚固的部分；把德弗斯指挥的第6集团军群部署在南部萨尔盆地，配合中路部队实施向心突击，歼灭那里的德军集团。

具体要求是，蒙哥马利要消灭莱茵河以西和摩泽尔河以北的德军部队，并准备把主力放在鲁尔★以北强渡莱茵河；美军第1和第3集团军要沿着普吕姆—波恩总轴线向东北推进，随后在蒙哥马利的第21集团军群的南面发起一次进攻。摩泽尔以南的战线此刻仍然严格地保持防御状态。

这一计划高度体现了艾森豪威尔作为盟军最高统帅的智慧和经验，战役胜利完成后，盟军最高统帅部的参谋长史密斯曾评论说："在我所知的战役中，这一次是最不走样地按照制定计划的指挥官的规定执行。除

∧ 艾森豪威尔与英国总参谋长布鲁克元帅（左一）、蒙哥马利等人合影。

了一个小小的例外，战役完全按照最高统帅原先的估计发展。"

即便是艾森豪威尔本人，也对此非常满意。以至于若干年后，他还能够清楚地记得那个计划给他带来的兴奋。艾森豪威尔引述美国南北战争时南军总司令罗伯特·E·李将军的话说："幸亏战争是很可怕的，否则我们会变得喜欢它。"

但英国人却提出了异议。

英国总参谋长、陆军元帅布鲁克反对先消灭莱茵河以西的几乎全部德军部队，然后再考虑在某处渡过莱茵河的计划。他甚至把肃清莱茵河以西莱茵兰地区敌军的计划斥之为"分散兵力"。但是，艾森豪威尔却坚信，莱茵河以西的德军部队最容易打，而对那条难以逾越的水障——莱茵河实施渡河攻击，将给盟军造成惨重的伤亡。

如果盟军巩固了莱茵河与摩泽尔河的战线，那么就能以最少的兵力守住很大一段河流，从而能够把兵力集中在关键地区。因此，在经过一番激烈的争论以后，艾森豪威尔仍坚持派第6集团军群肃清科尔马口袋的敌军。为确保胜利，他考虑向担任该任务的法国第1集团军提供一支美国军队——弗兰克·W·米尔本的第21军。

布鲁克仍然不满意，经过几次拐弯抹角的提示之后，他终于向艾森豪威尔提出："我希望把第12集团军群部署在鲁尔以北，英军部队部署在中部。"

艾森豪威尔终于明白了，英国人的真实想法是担心他的计划，会耽误蒙哥马利率领的英军率先渡过莱茵河。艾森豪威尔对这种只考虑自己，不顾全大局的想法非常气愤，便毫不客气地回击道："鉴于英军会遭受损失，我自然也不急于想把美军放在战斗最激烈的地方，让他们去送死。我将用整整一个美国集团军的兵力来加强蒙哥马利的集团军群，因为我没有其他的办法可以向鲁尔以北提供必不可少的兵力，以迅速实施我的计划。我的计划根本不是根据哪一个人或哪一个国家获取荣誉而制订的。因此，我必须告诉您，我的看法是战斗的荣誉，怎么也抵不上为它付出的鲜血。"

但是，英国方面不依不饶，大有将此事捅上天的意思。盟军最高统帅部不得不向罗斯福和丘吉尔递交书面报告。报告写道：

"最高统帅确信，只要在作战行动上是办得到的，他就夺取莱茵河北岸诸渡口，而不必等待消除莱茵河整个河岸的敌人后才采取行动。而且，一俟南部的形势能够允许他调集必要的兵力而不致过度的危险，他就以最大的兵力和无比的决心在北部强渡莱茵河。"

这个时候，丘吉尔首相和罗斯福总统正在赴雅尔塔与斯大林会晤的途中，他们打算在马耳他的英国基地暂停一下，召开一个预备会议。艾森豪威尔便派他的参谋长史密斯将军飞赴马耳他，将报告递交给两位元首。结果，史密斯不虚此行，消灭莱茵河以西的德军部队的计划得到了同意。

英国的参谋长还是有些勉强，他再三强调要在保证把渡过莱茵河的主攻方面放在鲁尔以北的情况下，他才能同意该计划。这样，艾森豪威尔在报告中重申，把辛普森的美军第9集

> 1945年2月美军攻克了鲁尔河大坝。
V 美军准备向雷马根大桥一端的德军发起进攻。

团军置于蒙哥马利的指挥之下，直到战争结束。这就是说，把整个突破莱茵河的重心放在攻势的"左肩"，由蒙哥马利所部承担重担。

这下蒙哥马利满意了。他还写信给布鲁克表达了他的喜悦心情："艾克同意我所做的一切……我们遇上过一些风暴，但是天空现在晴朗了。"

艾森豪威尔对英国人这种斤斤计较的花招没有什么兴趣，他只是淡淡地笑了一下，说："随他去吧！"

在莱茵兰战役中，艾森豪威尔击败德军的计划设想分为三个阶段："真实行动"、"伐木工行动"和"低调行动"。

第一阶段"真实行动"，由蒙哥马利指挥英军第21集团军群及辛普森的美军第9集团军共同实施。这是一次非同寻常的机动战役。进攻从马斯河上的内伊奈梅根开始，绕过齐格菲防线的侧翼，然后切入该防线后方，进抵在马斯河后面保持静止状态的登普西英国第2集团军当面。由于需要穿过茂密的雷西瓦尔德森林及其后面的一些设防阵地，必须对行动提供支援，辛普森的美军第9集团军承担这一任务。

辛普森的第9集团军要先夺取鲁尔河大坝，在朱利希渡过鲁尔河之后，推进到莱茵河畔的杜塞尔多夫，然后向北与从北面来的加拿大第1集团军会合。

"真实行动"一开始时进行得很缓慢。美军于2月2日就开始进攻，经过一周的激烈战斗，终于夺取了鲁尔河坝。但是，在进驻鲁尔河大坝之后，美军发现，德军破坏了防洪闸，这样辛普森横渡鲁尔河的时间被迫推迟了两个星期。

2月23日，第9集团军开始对鲁尔河对面的德军发动进攻，由于辛普森发起进攻的时间比德军预料的早，从而达到了战役的突然性。经过5天的激战，2月28日，辛普森击溃了德军，开始向杜塞尔多夫挺进。

3月5日，莱茵河西岸杜塞尔多夫以北的敌军已被基本肃清。

第二阶段"伐木工行动"，由布莱德雷的第12集团军群实施。在这个行动中，美军第1集团军的霍奇斯将军接受了两项任务：一是协同辛普森同时向北攻击，保护第9集团军的右翼；二是向莱茵河挺进，并向南与摩泽尔河以北沿莱茵河由北而来的巴顿第3集团军相连接。这是一次完全由美军进行的钳形运动。

"伐木工行动"进展迅速，巴顿的第3集团军迅速渡过了乌尔河，除了维安登之外，在其他所有地方都突破了齐格菲防线。当3月5日美军在全线开始进攻的时候，巴顿以更加迅猛的速度向前推进。到那一天，柯林斯的第7军已渡过埃尔夫特河，并出人意料地抵达科隆郊外。

3月7日，第3集团军第4装甲师一路打到摩泽尔以北莱茵河畔的安德纳赫，科隆稳稳当当落到了美军的手中。与此同时，美国第1集团军正从东面向莱茵河逼近。"伐木工行动"的两条钳子就要合拢了。

3月7日的晚上，艾森豪威尔正在凡尔赛做东招待李奇微将军和其他的空降部队指挥官吃晚饭，这时来了一个打给他的电话。

"艾克，我给你带来了一个好消息！"电话线那头传来了布莱德雷抑制不住的兴奋的声音。这确实是一个爆炸性的消息，从波恩向南朝雷马根推进的第9装甲师的比尔·霍格的B战斗群，发现了一座可以使用的铁路桥。

要知道，夺取莱茵河上一座完整的桥梁谈何容易。自拿破仑以来，还没有一支外国军队能够渡过莱茵河。德军为了阻止盟军，在每座桥梁下都安放了足够的炸药。一旦感到大桥危急，德军就会瞬间将桥炸毁。之前，辛普森将军等人都曾费尽心思想占领一座能够跨过莱茵河的桥梁，但都失败了。他们只能眼睁睁地看着一座座桥梁被炸飞。

在跨越莱茵河的所有桥梁中，雷马根大桥也许是最不被盟军看好的大桥了。的确，经过雷马根大桥的所有公路，路面都很差，而且即使是过了雷马根大桥，迎接盟军的将是一片群山耸立的茂密森林，只有一些难以使用的公路蜿蜒期间。因此，盟军最高统帅部在制定作战计划时，谁也没有把雷马根大桥当作部队可以通过的桥梁。

德军也犯了同样的错误，没有及时炸毁雷马根大桥，只是在桥面上留下了几个坑。然而，当莱茵河上的其他大桥或被炸毁或无法通过时，雷马根大桥的重要性就显示出来了。在这之前，他们从未想到过盟军会在这个地方渡过莱茵河，盟军也从未料到能捡到这么一个大便宜。布莱雷德已经派了4个师过河，用来保护这个桥头堡和对付德军的慌忙反扑。

艾森豪威尔毫不犹豫地说："好，布莱德雷，我们原来预料有很多师会被牵制在科隆周围，但现在那些部队可以解脱出来了。去吧，至少把5个师的部队连同所有确保我们立足所必需的东西开过去。"

艾森豪威尔放下电话，向各位指挥官传达了这一消息，顿时餐厅里响起了一片欢呼声。艾森豪威尔举起酒杯，说道："这可能是我们的一个转折点。"

雷马根的桥头堡到3月9日，扩展了5公里的纵深。占领和巩固这个桥头堡将大大地缩短欧洲的战争。

3月10日，盟军已控制了摩泽尔河以北整个莱茵河西岸，只有摩泽尔河以南的帕拉廷纳特还留在德军的手里。现已到了进行莱茵兰战役第三阶段"低调行动"的时间了。

这次行动由德弗斯的第6集团军群所属的美军第7集团军实施。在此之前，第7集团军严格奉命在英德河后面进行战术防御，他们1月底曾在这里阻止了德军布·拉斯科威茨的"北风行动"。这次进攻3月11日在比较困难的情况下开始了。第7集团军在齐格菲防线上建立了强大的防御工事，从而推迟了"低调行动"计划的实施。

为使德弗斯的任务更容易进行，巴顿奉命渡过摩泽尔河，向上推进到齐格菲防线后面的莱茵河。在10天当中，巴顿沿莱茵河向曼海姆前进了将近160公里，离帕奇在劳特堡的前锋只有大约50公里。与此同时，帕奇在他的整个前线前进了大约40公里。

3月22日，德军的最后一座桥头堡失守了，盟军的战线现在沿整个莱茵河巩固下来。希特勒拒绝撤出莱茵兰地区，使德军付出了大约25万人被俘的代价，被打死打伤的德军可能还有6万人。

>> 莱茵河上的头功之争

"我将是第一个渡过莱茵河的人！"这是巴顿早就许下的宏愿。

但是，看起来这个愿望是实现不了了，因为艾森豪威尔命令布莱德雷和巴顿给担任主攻的蒙哥马利进行穿插支援。

巴顿对于让自己在今后的战斗中又担当配角感到很不痛快。他认为，在战场上流血牺牲的大部分是美军士兵，美国人应理所当然地戴上取得最后胜利的光荣桂冠，况且自己的部队正处于最理想的主攻位置——前面的地形适合大规模的坦克作战。他为自己每次都只能得到一些残羹冷炙而不平，他再次向艾森豪威尔表示抗议，但仍然是无济于事。

根据艾森豪威尔的原计划，巴顿第3集团军要部署在摩泽尔河、索尔河和奥尔河一线，在2月6日发动进攻，一举摧垮从萨尔劳滕向北至圣维特之间的"西壁"防线。

但是就在巴顿枕戈待旦之际，情况有了变化。艾森豪威尔命令第3集团军不得采取任何行动，原地防守待命。原来，蒙哥马利即将在北面发动进攻，为了扩大进攻力量，要从第3集团军抽调好几个师，以便尽快控制下莱茵河地区。这样，在德军一旦崩溃时，就能够迅速地开进德国。同时，为保护蒙哥巴利指挥下的第9集团军的右翼，第1集团军要向科隆进攻，以切断莱茵河西岸敌人的退路。在这种情况下，为保证蒙哥马利获得更多的物资保障和右翼安全，巴顿的第3集团军不得不原地防守，处于停顿状态。

这一次，巴顿彻底地被激怒了，他高声大骂道："艾克，蒙哥马利，你们为什么老是抓住我不放，我宁愿与德国佬打仗，也不愿与你们这两个魔鬼纠缠。"

于是，巴顿决定违抗上级的命令，照自己的计划行事。他坦白地对部下说："让美军待在这里袖手旁观，这是一种愚蠢而又不光彩的结束战争的办法。先生们，我们是绝不会干愚蠢和不光彩的事情的。2月6日，第3集团军将按原计划准时发动进攻，希望大家在攻击发起前，对这一事件守口如瓶，严守秘密。我们要让北面的那些先生们只有从地图上看到我们的行进路线时，才明白我们所干的这一切。"

与巴顿有着相同处境的布莱德雷非常理解巴顿的心情，对于巴顿的"造次"，布莱德雷睁一只眼闭一只眼地默许了，只是提醒巴顿说："如果蒙哥马利觉察到这一行动并加以反对

∧ 盟军最高司令艾森豪威尔与其下属在一起。

★盟国远征军最高司令部

1944年2月在英国伦敦正式组建的负责指挥参加解放西欧战役的全部盟国部队的最高指挥机构。最高司令为艾森豪威尔。下辖海军司令部、空军司令部、人事部、情报部、作战部等13个部，主要陆军部队包括英国第21集团军群、美国第12集团军群和第6集团军群，主要空军部队包括英国皇家空军轰炸航空司令部、美国陆军驻欧洲战略航空兵司令部。盟军最高司令部在组织指挥解放西欧的历次重大战役中发挥着重要作用。1945年7月，该司令部被撤销。

的话，就说这一作战是'进攻性防御行动'。"

2月6日，艾佛尔战役打响了。第一天进攻部队进展十分顺利，第7军向基尔河渐渐逼近，第20军肃清了萨尔河与摩泽尔河三角地带的德军。2月12日，第8军顺利完成了对莱茵河以西地区德军的清剿任务。

艾佛尔战役结束后，巴顿指挥的部队被特里尔城挡住了去路。特里尔是德军在该地区的军事要地，守军力量雄厚，地形复杂，易守难攻。但是，巴顿却一心想吞掉这只拦路虎，作为艾佛尔战役的额外补充。要拿下特里尔，巴顿必须先解决两个问题：一是兵力不足；二是没有得到上级的批准。

巴顿的智慧终于派上了用场。2月14日，巴顿在科德曼上校的陪同下，前往巴黎，借休假的名义开始了他的斡旋之旅。

其实，巴顿的真实目的是争取得到进攻特里尔所需的装甲部队——第10装甲师。第10装甲师原先是隶属第3集团军第20军的，后来在阿登战役前按照艾森豪威尔的指令调归第8军指挥，阿登战役结束之后，第10装甲师就成为盟国远征军最高司令部★预备队的成员。

在巴黎期间，巴顿四处游说，宣传鼓动。在一次史密斯将军安排的打猎活动中，巴顿慷慨解囊，请大家开怀畅饮，与艾森豪威尔的作战部长布尔打得火热。并在大家似醉非醉之际，他大讲特讲第10装甲师的优缺点以及如何有效地运用这个师，给听众留下了深刻的印象。第二天，巴顿一回到自己的司令部，就给布尔打电话，提出借调第10装甲师。布尔十分痛快地答应了他的要求，他说："可以把第10装甲师交给你，但你只能用它进行一次战斗，即消除三角地带的敌军。"

在2月22日至25日这4天时间里，巴顿的部队就肃清了萨尔河—摩泽尔河三角地带的敌军，攻克了萨尔堡，在萨尔河对岸建立了一系列桥头堡阵地。

原先，巴顿得到的指示是第10装甲师只能用于清除三角地带的敌军，而这一任务一旦完成，就应立即将其归还给盟国远征军最高司令部作预备队。但是，巴顿并没有将第10装甲师归还最高司令部的意思，他要用它来攻打特里尔，这是巴顿预谋好了的。盟军最高司令部几次催促巴顿归还这支部队，巴顿都一拖再拖。最后，最高司令部下达了最后期限，限他在72小时之内归还第10装甲师，不得有误，否则就停止第3集团军的一切物资供给。

巴顿又得到了一个喘息的机会，他决定碰碰运气，使用这支力量对特里尔发动进攻，于是他就进行了一次争夺时间和空间的赛跑。

28日，巴顿命令部队中断与上级的所有通信联系，不顾一切地投入攻克特里尔的战斗中。此次赛跑，巴顿双管齐下，命令基尔河西岸第76师停止清剿，火速向特里尔挺进。同时，在第20军战区的第10装甲师以最快的速度向特里尔推进。3月1日，第10装甲师在第94师的增援下，上午攻到特里尔的城郊，下午攻入城内，当天夜里肃清残敌，攻克了特里尔城。

第二天早晨，巴顿接到两份来自盟国远征军最高司令部的特急电报。一份内容是：绕开特里尔，因为我们没有足够的兵力去攻占。另一份内容是：立即归还第10装甲师。

看罢电文，巴顿微笑着对部下们说："我们遵命，我们绕开特里尔，继续前进。"过了一会，巴顿口述了一份急电，由第12集团军群转送盟国远征军司令部。电文写道："用两个师攻克了特里尔。还要归还第10装甲师吗？请指示下一步行动！"

拿下特里尔之后，巴顿酝酿着继续攻下科布伦茨，以获得渡过莱茵河的桥头堡。这样,他不得不对下一场战役——法尔茨战役做好准备。

为了获得上级的批准和足够的兵力,巴顿不得不再次施展"计谋"。

3月9日,巴顿奉命到设在列日的布莱德雷司令部去参加艾森豪威尔将军也要参加的受勋仪式。在仪式上,巴顿向艾森豪威尔一再强调目前的战场形势对第3集团军如何有利,并在艾森豪威尔高兴之际,向他详细谈了法尔茨战役的计划,并明确表示,如果要想达到攻克科布伦茨的目的,第3集团军必须再增加1个步兵师和1个装甲师。听到巴顿的要求,艾森豪威尔的脸色有些阴沉,他摇头将巴顿提出的一切都否决了。

一计不成又生一计,巴顿在当天晚上给参谋长盖伊将军打了一个电话,要求盖伊向艾森豪威尔汇报说,第12军的第2快速机械化部队已夺取了摩泽尔河上的一座完好无损的桥梁,目前正在扩大战果,建立牢固的桥头阵地。乘艾森豪威尔为突破德军防线兴高采烈之际,巴顿提出了继续扩大战果的请求,并如愿以偿地得到第80师。

巴顿于当天晚上便发布了进行法尔茨战役的命令。同时,巴顿又故伎重施,命令部队在没有得到进一步指示之前中断与上级的通信联络;并命令埃迪尽可能地多架设桥梁,继续进攻。这样,就在第3集团军装聋作哑的一段时间里,埃迪的部队很快就在摩泽尔河上架起了3座桥梁,为进攻法尔茨地区做好了必要的准备。

但是,巴顿的进攻力量仍然还缺少一支装甲部队。3月16日,另一个偶然的机会帮了巴顿的大忙。当天上午,艾森豪威尔在史密斯的陪同下,前往第12集团军群司令部会见布莱德雷,由于飞机无法在那里降落,临时改在巴顿的机场着陆。巴顿认为这是上帝赐予他的千载难逢的良机,便在极短的时间内做了周密的安排。

艾森豪威尔一下飞机,就受到仪仗队和军乐队的隆重欢迎。接着,巴顿带艾克巡视了三角地带,最后来到特里尔。当天晚上,巴顿以丰盛的宴会招待了艾森豪威尔,并找来4

名迷人的红十字会女士作陪客。这种款待在前沿部队几乎是少见的，艾森豪威尔简直有些受宠若惊。当晚宴进行到高潮时，巴顿不失时机地问他："根据第3集团军的作战进展情况，能否再拨一个装甲师给我？"艾森豪威尔正在兴头上，便满口答应将帕奇将军的第7集团军中的第12装甲师调归巴顿指挥。

3月18日上午，第12装甲师便投入了战斗。这样，德军的两个集团军在巴顿的猛烈攻击下很快就溃不成军，巴顿的第3集团军不仅取得了法尔茨战役的胜利，夺取了科布伦茨，并且俘获德军8万人。

法尔茨战役后，巴顿认为与蒙哥马利竞赛的决胜时刻已经来临，便决定加快部队向莱茵河推进的速度，以保证在蒙哥马利之前渡过莱茵河。

而与此同时，蒙哥马利实施的莱茵兰战役已经结束，从内伊梅根到科隆之间，整个莱茵河西岸都已经在蒙哥马利部队的控制之下。但是，一向小心谨慎的蒙哥马利认为：如果要渡河，就必须做到确有把握，并且在渡河后要大踏步地向前推进，从北面直捣柏林。在将渡河时间确定为3月24日之后，蒙哥马利就开始紧锣密鼓地做着渡河准备，到进攻发起的前一天，蒙哥马利为渡河作战屯集了11.8万吨各种各样的供应物质、5000辆坦克、坦克运输车和3.2万辆其他车辆、36艘渡河用的登陆艇和3500门大炮，3000架战斗机和500架重型轰炸机也翘首等飞。

丘吉尔首相亲自来到莱茵河畔，慰问部队，检查渡河准备情况。对于渡河的准备，丘吉尔很满意，他给斯大林元帅发了一封热情洋溢的电报："我们正在准备发动强渡莱茵河的主攻，进攻部队将在3000门大炮和1个空降军的支援下向河对岸的敌军猛扑过去，一旦渡河成功，一支格外强大的装甲预备队将乘胜追击。"

为了抢在蒙哥马利之前，3月19日，巴顿命令未做任何休整的部队马不停蹄地向莱茵河边挺进，抢占要道和渡口。22日，第3集团军已经实现了对莱茵河以西德军的合围。这一天，巴顿部队共俘获德军1.1万人。这是一个创纪录的数字，它表明，德军已经处在土崩瓦解的前夕。

时间不多了，良机难得，巴顿决定在远离后续部队并且没有得到上级批准、没有空中掩护和地面炮火支援的情况下，抢在蒙哥马利行动之前，强渡莱茵河，实现他梦寐以求的成为第一个跨过莱茵河的盟军高级军官的愿望。

3月22日晚，就在蒙哥马利准备发动最后一场"大表演"的当口，巴顿发出了紧急攻渡莱茵河的命令。

晚11时，第5师的两个营兵力开始渡河。一直被蒙哥马利吹嘘为"欧洲最大的天堑"的莱茵河对岸，并没有出现德军的精锐部队，这一现象使第3集团军的将士们也感到惊诧，巴顿部队的渡河行动没有遇到什么麻烦。相反，当德军看到没有做充分渡河准备的第3集团军渡河时，都反而感到迷惑和惊慌失措。他们以为这是渡河侦察部队前来试探火力。拂晓，当德军尚未醒悟过来时，第3集团军已有6个营的兵力渡过了河，而其伤亡仅为34人。22日晚，巴顿的第5师已从美因茨以南几公里处毫无设防的地段全部渡过河去，并建立了第二个桥头堡阵地。

第5师成功的渡河行动，使巴顿大喜过望，他真想向全世界宣布这一喜讯。但由于此次渡河是没有得到盟国最高司令部明确命令的，因此他起初不愿声张出去，但还是无比兴奋地将此事告诉了布莱德雷。23日，布莱德雷刚喝完早餐的第二杯咖啡，便接到巴顿急切打来的电话。

"布雷德，我已经渡过了莱茵河，但先不要声张，"巴顿压低嗓门叫道，"昨天夜里，我让一个师偷偷地渡过了河，对岸的德军很少，他们还不知是怎么回事。所以，先保守秘密，然后再看看情况会如何发展。"

晚上，布莱德雷又接到电话，这次巴顿是用高嗓门嚷道："布雷德，快向全世界宣布，我们已渡过了莱茵河！今天德军企图摧毁我们的浮桥，让我们打死了33个。我要让全世界都知道，第3集团军在蒙哥马利尚未渡河之前就渡过去了。"

3月23日夜晚，蒙哥马利在北面也发动了强渡莱茵河的战斗。当夜，第51苏格兰师和第15苏格兰师在莱茵河的两处也成功地渡过了河。

3月24日早晨，巴顿一身戎装，精神饱满，在埃迪、科德曼的陪同下，以胜利者的姿态过了莱茵河。当走到浮桥中间时，他停住了脚步，朝河里吐了一口唾沫，自言自语地说："希特勒，我等着你在投降书上签字呢！而蒙哥马利，你这一次却又败在我的手下了。"

就在巴顿过河不久，发生了一件非常有趣的事情，丘吉尔首相在上次视察前线后就精心写好的祝贺蒙哥马利元帅发动的历史上第一次抢渡莱茵河战斗成功的演讲稿，在24日早晨被英国广播公司错误地播放了出来，而实际上第3集团军已经先于英军24小时渡过了莱茵河。这一事件后来便成了世人的笑柄。

在巴顿与蒙哥马利抢渡莱茵河的竞争中，尽管艾森豪威尔对巴顿的擅自行动有些不满，但对于结果他也非常高兴。这意味着纳粹德国在西线拥有的最后一道天然防线已经丧失了。现在，盟军同苏军一起，已经把德军压缩在莱茵河与奥得河之间仅有600公里宽的地带里了，希特勒的最后一线希望只能是死守德国的心脏——柏林了。

想到这里，艾森豪威尔的脸上露出了会心的微笑。

∧ 巴顿的坦克部队向前线迅猛推进。

∨ 美军坦克正通过浮桥渡过莱茵河。

第十一章

结束使命

1890-1969 艾森豪威尔

攻克柏林是反法西斯各国军队在欧洲战场最大的梦想，艾森豪威尔却把这个伟大的光荣送给了苏联红军，而实际上他的这个战略思想是理智而高明的，他要求德国人必须无条件地全面投降，绝不容许敌人的任何阴谋得逞，盟军总司令的任务完成了……

★《雅尔塔协定》

《雅尔塔协定》亦称"雅尔塔秘密协定"，全称为《苏美英三国关于远东问题的协定》。1945年2月11日，由斯大林、罗斯福、丘吉尔代表苏美英三国在雅尔塔会议上秘密签署。协定的主要内容是，在欧洲反法西斯战争结束后的两个月或三个月内，苏联将参加对日作战。美英两国同意苏联为参加对日作战而提出的一系列条件。《雅尔塔协定》的签署是确保苏联对日作战的重要因素，对第二次世界大战具有重大影响。同时，它也是一项带有大国政治和外交的国际协定，极大地损害了中国的主权。

∧ 英、美、苏三国首脑在雅尔塔会议期间合影。

>> 攻克柏林不是他的战略目标

1945年2月4日至11日，正当盟军为渡过莱茵河而激烈战斗之际，英、美、苏三国政府首脑在苏联克里木半岛的雅尔塔举行了会议。这是继德黑兰会议之后，三国首脑举行的又一次重要会议。此时的世界格局与一年前相比，早就已经发生了翻天覆地的变化。纳粹德国面临全面崩溃的命运，日本也处于日暮途穷的地步。第二次世界大战即将以反法西斯统一战线各国取得彻底胜利而结束的前景确定无疑了。在这个时刻举行雅尔塔会议，其中主要议题是讨论关于打败德国、铲除德国军国主义、对德占领、苏联对日作战及战后安排等问题。说白了，就是安排战后各国的势力范围。

除了艾森豪威尔，盟军最高司令部的其他将领可能谁也没有意识到《雅尔塔协定》★的签署，会对盟军渡过莱茵河之后的作战行动产生重要的影响。

此时，取得横渡莱茵河的成功之后，蒙哥马利踌躇满志。尽管他在首先渡河的竞赛中输给了巴顿，但是他有信心要比巴顿更早地攻下柏林。

3月27日，蒙哥马利宣布了下一步的作战计划，他命令部队最大量地使用装甲武器，大胆挺进，直指易北河。在给英国陆军参谋长布鲁克的电报中，蒙哥马利对他的计划作了更为详细地说明："我的目标是向易北河挺进……我的战术司令部移动的路线将是韦塞韦—明斯特—赫尔福德—汉诺威，从那里经过高速公路直捣柏林，我希望如此。"

275

仅那一天，蒙哥马利就投入了20个师和1500辆坦克，把在莱茵河对面的桥头堡发展到深40公里、宽50公里。与此同时，第21集团军群及辛普森的第9军已经与巴顿的部队会合，形成对鲁尔的全面包围。这样，他们就能进行期待已久的、对下萨克森平原地区的突破，把战线径直推向易北河和柏林。

然而，就在第二天夜间，蒙哥马利却收到了一封令他目瞪口呆的信。这封信是盟军最高统帅艾森豪威尔写给他的，信中要他一旦完成鲁尔地区的包围，就把辛普森的部队还给布莱德雷。同时，布莱德雷的部队将向莱比锡发起进攻，蒙哥马利今后的任务就仅仅是"保护布莱德雷的北翼"了。

把辛普森的部队归还布莱德雷指挥，这是早晚的事，因为此事在英美之间争吵了几个月。但使蒙哥马利大感不解的是，艾森豪威尔竟改变了让他攻占柏林的计划。

早在1944年9月，当英美联军即将挺进德国时，最高统帅部的参谋们就草拟了一份最后攻势的建议："我们的主要目标必须是及早攻克德国最重要的目标——柏林。"明确规定由蒙哥马利指挥的第21集团军群向鲁尔以北挺进，直取柏林，布莱德雷的第12集团军群担任支援任务。同时，在那份计划上，还明确表示，希特勒的首都作为德国残余力量的象征，在政治上和心理上是很重要的，指出："柏林显然是我们的首要目标。"

蒙哥马利对于这个时候取消他的攻势大感不解，"这个短见的美国佬！"蒙哥马利在心里痛骂艾森豪威尔，不得不暂时勒住了战马。但是，他心底仍希望能够通过英国政府的斡旋，继续这场战斗。

放弃对柏林的进攻，意味着把攻克柏林的荣誉拱手让给了东线的苏联人。不仅是蒙哥马利，很多人都对艾森豪威尔的决定感到大惑不解。

事实上，艾森豪威尔的这一决定，既有着军事上的考虑，也有着政治上的考虑，充分体现了他作为军事家，同时又是政治家的伟大潜能。

说明这一点，还要谈到雅尔塔会议。早在雅尔塔会议召开之前，1943年的晚些时候，由美、英、苏等诸方代表组成的"同盟国管制委员会"就已经在伦敦成立，以研究未来各自对德国的占领问题。艾森豪威尔曾经看到过最初的占领计划，并注意到苏联占领的地域大致是从捷克斯洛伐克的顶端向西沿奥托班至爱森纳赫，然后向北，包括马格德堡和维滕具尔格，但不包括汉堡和吕贝克。当时，艾森豪威尔就向罗斯福总统提出过，占领德国不应划分特定的国家占领地。如果真的要划分的话，盟军

∧ 1944年，艾森豪威尔与欧洲战场的美军将领们一起合影。

在西部战线将抵达一条比"同盟国管制委员会"所同意的更远的界线。但罗斯福总统已经决定遵守委员会划定的边界，并痛快地在《雅尔塔协定》签上了自己的名字。这样，艾森豪威尔心里很清楚，即便是盟军占领了柏林，最后也要按《雅尔塔协定》的划分，将所占领地区交还给苏联人。

另外，3月的最后几天里，就在盟军横渡莱茵河的时候，形势也已经出现了新的变化。1944年9月，当盟军最高统帅部确定作战计划的时候，盟军与苏军分别在西、东两条战线上与德国人僵持着，距离柏林的距离几乎一样远。但是现在，苏军在冬季进攻中取得了巨大的战果，已夺取了奥得河口离柏林50公里的卢宾桥头堡。同时，苏联人在这里集结了100多万军队，准备随时发动进攻。

苏联国内攻占柏林的情绪也在激昂着，苏联《真理报》报道说："六个首都，六个国家！但是我们正在考虑第七个……柏林的寿命不长了！"《生活》杂志在同一篇文章里报道了苏联人的情绪："在莫斯科，一夜接着一夜，人群有节奏的高呼：'柏林！柏林！攻向柏林！'并发射着2响、3响、5响的胜利礼炮。"

而此时，西方盟军把鲁尔口袋扎紧之后，分散的兵力仍主要位于距柏林400公里之外的莱茵河以西，抢在苏联人前面夺取柏林的前景看起来也十分令人怀疑。

此外，艾森豪威尔还需要弄清楚发起一场直抵柏林的全力以赴的进攻，会使美军遭受多大的伤亡。结果出乎他的意料，他原以为在包围柏林之前，德军不会有什么抵抗部队，但是布莱德雷却告诉他，至少要付出10万人的伤亡。"对于一个象征性目标来说，这是一个相当昂贵的代价了！"艾森豪威尔说道。

同时，最近几个星期盟军的情报部门报告说，纳粹打算在奥地利阿尔卑斯山建立起避难所，希特勒将在那里指挥游击战争。报告宣称："阿尔卑斯山由于其地形的性质本身，实际上是无法攻入的。这里有着天然的屏障，这里有着迄今为止所发明的最有效的秘密武器。在这里，军火在不怕轰炸的工厂中生产，粮食和装备储藏在奇大无比的地下洞穴，一支经过特别挑选的年轻部队将接受游击战争训练，这里足以装备和指挥整个地下军从占领国手中解放德国。"

尽管这份报告有夸大的成分，但是德军组织"民族堡垒"的可能性是存在的，因为有那么多的德国青年狂热地崇拜希特勒。艾森豪威尔担心，阿尔卑斯山易于防守，希特勒能够从他的山中据点，纠集在德、意的残余部队，把游击战斗无限期地坚持下去。

要想迅速、干脆、利索地结束战争，艾森豪威尔认为，盟国远征军必须占领阿尔卑斯山，这可能是一个比攻占柏林更重要的战略目标。

于是，艾森豪威尔做出了他的决定。除非接到别的指令，他将只进行一场反对希特勒的军事战争。无论柏林在将来的东西方关系上具有多大的政治意义，现在已经不再是一个重要的军事目标了。

艾森豪威尔的新作战计划引人注目。

在3月27日的记者招待会上，一名记者问他："你认为谁先进入柏林，是苏联人还是英美联军？"

艾森豪威尔回答："单从距离上看，你就知道是谁了。"

记者又问："这是否意味着改变了盟军于1944年9月挺进柏林的计划？"

艾森豪威尔仍然回答："单从距离上看，你就知道是了。"

"谢谢你，将军。"这位记者满意地坐下。

决心既定，艾森豪威尔于3月28日下午立即把这个新的军事计划送给了斯大林元帅，并写了一封致大元帅个人的信。艾森豪威尔对斯大林说，他决定把主攻方向指向柏林以南，而把进攻德国首都的机会让给苏联人。这样就可以把这个国家切成两半，使它失去作为一个整体来活动的可能性。

>> 平息丘吉尔和蒙哥马利的愤怒

艾森豪威尔给斯大林的私人电报，宛如一颗V－2导弹在英国战时内阁的官员中间炸开，随之又波及伦敦、华盛顿、莫斯科，可谓是反响强烈。

艾森豪威尔成了欧洲战场的焦点人物，得站在中心与四面八方的人对话。

英国的高级军事将领对此深感震惊。陆军参谋长布鲁克怒气冲冲地说:"首先,艾森豪威尔根本无权直接同斯大林交流。其次,他的电报是不可理解的,纯属信口开河,同我们事先一致同意的安排是完全矛盾的。"

之后,愤怒的军官们没有征求丘吉尔首相的意见,就给美军参谋部发去了一封长长的电报。他们说,艾森豪威尔直接给斯大林写信是越权。更糟糕的是,决定改变进攻方向是一个严重的政治和军事错误。他们还强调,英国情报界对关于所谓"民族堡垒"的谣传根本不感兴趣;在决定未来战略时,不应予以考虑。

正如那些军事首脑们一样,丘吉尔也觉得艾森豪威尔干了一件大蠢事。在战争的这几年中,尽管丘吉尔也像罗斯福一样迫不及待地要打垮希特勒,但是他同样担心苏联共产主义可能带来的威胁。因此,他曾不遗余力地推迟开辟第二战场的时间,积极要求取消"龙骑兵"作战行动等。从雅尔塔会晤之后,丘吉尔越来越坚信东方面临的问题预示着未来的危机,苏联"已成了自由世界的致命的危险……必须立即建立一个对付苏联日益增长的影响的阵线……"在欧洲,这个阵线应该尽可能地建立在东方。因此,柏林应是英美军队的首要目标。

这样,继他的三军参谋长的电报之后,丘吉尔也亲自打通了艾森豪威尔办公室的电话,向他提出抗议,并给艾森豪威尔发去一封长长的电文:

"我并不认为柏林现在已失去它的军事意义,更不认为它已经失去政治意义。柏林的陷落将对整个德国的抵抗在心理上产生深刻的震动,一旦柏林陷落,大多数德国人就会理所当然地认为应该放弃抵抗……依我看,只要柏林一天飘扬着德国旗帜,这个城市就仍然是德国最关键的地方。"

为了平息英国人的不满,艾森豪威尔在 3 月 30 日向联合参谋长委员会递送了一份关于他的计划的完整的摘要。令人觉得好笑的是,这个函件原先恰好是由盟军远征军最高统帅部的一名英国军官起草的。

"这是对你们来电的答复。

......

　　在卡塞尔地区的会合完成之后，只要对这次突击的决定性方向略加考察，就可以看出，在目前情况下，主攻方向应该指向莱比锡地区，这个地区集中了德国绝大部分的残存工业能力。据认为，德国政府的各个部也将迁往这个地区。我的计划并没有把蒙哥马利的英国部队和加拿大部队调到南面。你们将注意到，他的右翼将沿汉诺威—维滕堡这条总轴线向前推进。我只不过是遵照布鲁克陆军元帅一直强调的原则，决定把兵力集中在主要的突击方向上。我的计划只是，在从卡塞尔到莱比锡的中路推进这一作战地段中，把美军第9集团军拨归布莱德雷指挥。当然，我们应该在那个地区的西方一侧与苏军会师。此计划清楚地表明，在巩固这个阵地的同时，美军第9集团军将开去协同英国和加拿大军队以肃清整个海岸沿线至吕贝克以西一带的敌军。

　　我们认为，为此次行动准备好兵力以后，我们可以开始向东南推进，防止纳粹占领山区庇护所。

　　我愿意指出，柏林本身已不再是一个特别重要的目标了。它对德国人已没有多大价值了，甚至德国政府也正准备迁到另一个地区去。现在重要的问题是，要集中我们的兵力进行一路推进。与分散使用兵力相比，这样将更加迅速地攻陷柏林，解放挪威，获得海运设施和瑞典的港口。

　　我想要指出的另一点是，德国北部的所谓"好地形"在这个季节实际并不好。那个地区江河交错，交通不便，而且在这个季节十分潮湿，不如我正准备发动主要攻击的高原地区那样便于我们快速行动。

　　很自然，我的计划是灵活的，我必须保留行动自由，以应付变化不定的形式。最大的灵活性来自于在中路集中最大规模的兵力。"

　　但艾森豪威尔的意见，得到了以马歇尔为代表的美国参谋长联席会议的全面支持。马歇尔公开表示，艾森豪威尔与斯大林进行的联系的程序是出于作战的需要，最高统帅应该继续自由地与苏军总司令保持联系；而在德国境内的战役已经发展到应由战地司令来决定采取什么措施的时候了，有

∧ 1944年11月，艾森豪威尔与英国首相丘吉尔、英国陆军总参谋长布鲁克（左）等人在法国。

意识地不去打击敌人弱点的做法看来是不妥当的；盟军的唯一目标应该是迅速而彻底地夺取胜利。美国参谋长们认识到存在着一些与最高统帅不直接相关的因素，但是他们认为，最高统帅的战略构想是正确的，必须给予充分的支持。

当然，丘吉尔并不想放弃自己的观点，在与马歇尔和艾森豪威尔联系没有取得进展的时候，丘吉尔又想把目标转移到罗斯福总统身上。在给罗斯福总统的信中他写道，如果有人认为他希望损害最高统帅的威望，这种损害即使很轻微，他也会感到很忧伤。他在表示了他对艾森豪威尔将军的完全信任之后，重申了他的战略考虑。他强调，如果让苏联人夺取柏林，那么将会产生这么一个印象：苏联人是这场共同胜利的主要贡献者。这一虚幻的感觉可能对将来产生严峻的和难以克服的困难。

然而，这个时候的罗斯福已经生命垂危，他于4月12日逝世。当时的美国军政大权掌握在马歇尔手中，而马歇尔是完全支持艾森豪威尔的。因此，丘吉尔始终未能改变这位盟军总司令的决断。

∨ "二战"期间，马歇尔（左）、丘吉尔（中）、蒙哥马利（右）三人在交换意见。

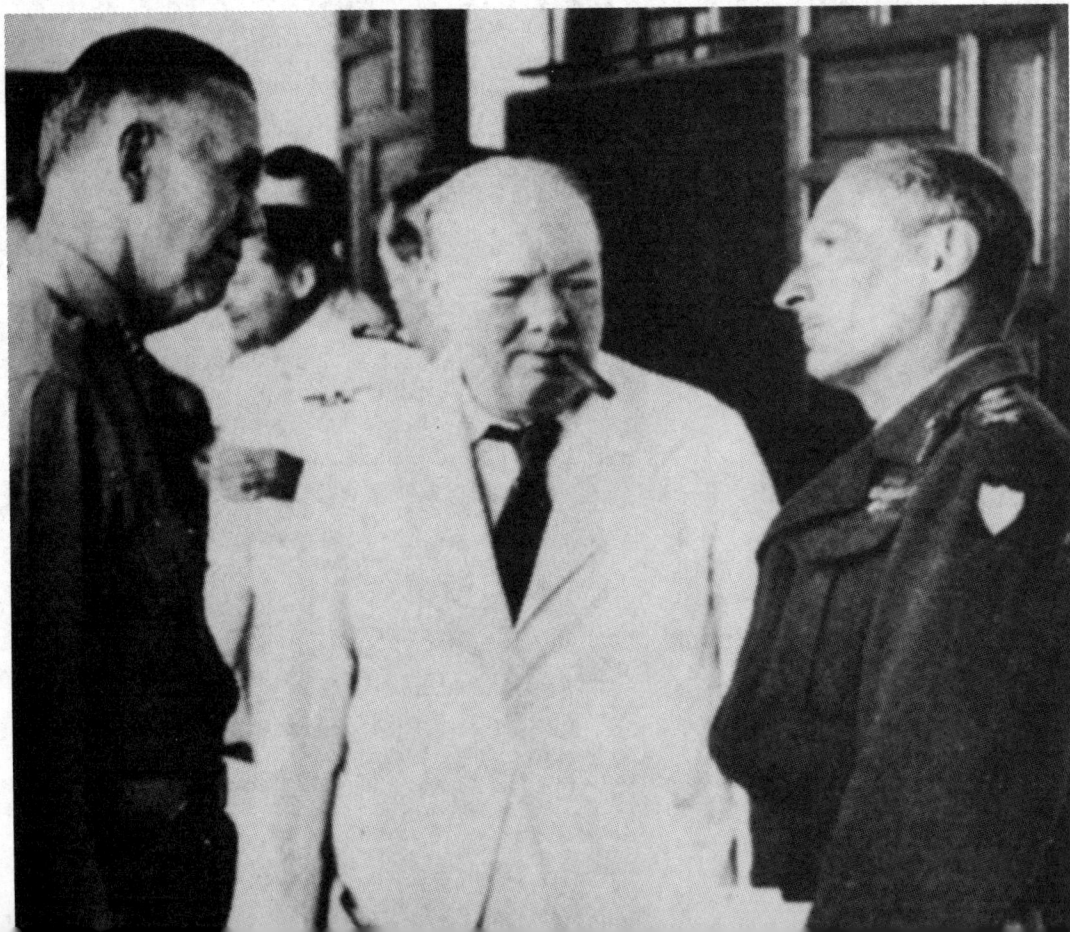

不过，艾森豪威尔对英国人的批评、抗议是十分反感的。他在《远征欧陆》★一书中写道：

　　"根据1月份所做的，并经联合参谋长会议同意的安排，我认为将这项计划通知斯大林大元帅完全是我职权范围内的事。但是，我们很快发现，丘吉尔首相强烈反对我的这个行动。他不同意这项计划，并坚持认为，由于目前战役已接近尾声，部队的调遣已具有政治意义，这就要求在发展广泛的作战计划方面应有政治领袖的过问。他显然认为，我与斯大林元帅的通信，已经越出了我只在单纯军事问题上与莫斯科联系的职权。他非常失望和不安，因为我的这项计划没有用能从美国部队中抽出来的所有兵力首先支持蒙哥马利向前挺进，以便不顾一切地试图在苏联人之前去占领柏林。丘吉尔先生把他的意见送给了华盛顿。

　　当然，首相知道，不管盟军往东能推进到什么程度，他和总统早已同意英国和美国的占领区在东面将限于柏林以西300公里的一条界线。他之所以极力坚持用我们的一切人力和物力来保证西方盟军先于苏军到达柏林，一定是基于这种想法，这个成就今后将会为西方盟国带来巨大的威望和影响。

　　我无法知道他的真正理由，但这个抗议立即开始了一系列的电报往来……"

★《远征欧陆》

《远征欧陆》是盟军欧洲战区总司令艾森豪威尔将军关于第二次世界大战经历的回忆录。该书于1948年出版。至1966年底，该书在美国销量达170万册，被译成了22种文字。书中记述了美国在第二次世界大战前的军备状况，盟军在北非、地中海区和欧洲大陆进行的几次重要战役情况，作者参与盟军重要战备计划的制订和战役的组织指挥工作经历，反映了作者当时的政治观点、军事战略思想及英美在战略计划方面的分歧等。

∧ 1944年，艾森豪威尔与蒙哥马利在法国境内。

EISENHOWER

不过，为了给丘吉尔保留点面子，艾森豪威尔也没有完全关死大门。六天之后，即1944年4月7日，艾森豪威尔在给联合参谋长委员会的报告中说："我非常同意进行战争是为了达到政治目的，如果联合参谋长委员会认为，盟军尽力占领柏林的意图超出本战场的军事考虑，我将欣然再调整我的计划。"然而，事实上，联合参谋长委员会并没有指示艾森豪威尔去占领柏林，也没有再改变自己的作战计划。

这场风波终于平静下来，因为双方都不想分裂。丘吉尔心里也很明白，在对德作战的盟国远征军中，英军只占1/4，主力是美军，并且美军一直在起主要作用，英国想要左右美国的战略是不可能的。丘吉尔很敏感地意识到，在战后的世界中需要英美团结，所以采取主动来平息这场纷争。4月5日，他再次致电罗斯福说：

"我愿把英王陛下政府对艾森豪威尔将军的完全信任，我们两国军队在他的指挥下的愉快心情，以及我们对他伟大和平凡的品质、性格的钦佩，记载下来……"

他表白说，他跟艾森豪威尔将军的关系是最好不过的了，他认为事情已经了结。最后，丘吉尔用一句拉丁成语收尾——"情人的争吵乃是爱情的一部分"。

一直在期待的蒙哥马利仍在坚持攻打柏林不松口，丘吉尔的妥协令他十分不快，他坚持要给艾森豪威尔打电报，说他个人认为柏林作为进攻目标肯定是有价值的，并要求派10个美军师协助他对柏林发动进攻。

艾森豪威尔毫不犹豫地拒绝了他，叫他死了这条心。

艾森豪威尔说："你现在的任务就是在布莱德雷向莱比锡进攻期间，保护他的北翼，而不是要他来保护你的右翼。至于柏林，如果可以不太费力就可以攻占的话，我一定会把它拿下来的。但是，就算有那样的机会，那也要让布莱德雷的第12集团军群，而不是蒙哥马利的第21集团军群来得到这个机会。"

至此，蒙哥马利才死了攻占柏林的心。

>> 扫荡西线的所有德军

4月初，盟军先头部队开始对已经崩溃的德军防线展开了最后的进攻。加拿大第1集团军正迫使在荷兰的德军H集团军群向艾瑟尔河退却。英军第2集团军正在埃姆斯河对岸不断地扩大桥头堡，并向西北挺进。美军第1和第9集团军的部分部队继续向东前进。美军第3集团军再次担任巴顿喜欢的虎口拔牙的任务，正向东逼近图林根森林。在更南面的地方，帕奇的美军第7集团军在实施了各处横渡莱茵河中最艰巨的渡河任务后，前进了120公里，抵达美因河上的维尔茨堡。德拉特的法军第1集团军奉命向南往卡尔斯鲁厄和巴登前进。

4月1日，美军第7军的先头部队第3装甲师，与第9集团军所属第19军的先头部队第

2装甲师，在利普施塔特最后会合了。至此，莫德尔拥有32.5万人的德军B集团军群完全被包围在鲁尔地区了。它的北面是美军第9集团军，南面和东面是美军第1集团军，莱茵河对岸是美军第15集团军。

艾森豪威尔对于达成鲁尔地区的合围非常高兴，随即发表了告德国军民书，敦促德军投降，但是被围的德军并没有立即响应。

确实，在鲁尔这个原有9000平方公里面积的地区内，莫德尔倘若能避免进行一场大规模的战斗，他的供给仍可维持3周左右。同时，希特勒已经命令他不准继续后撤，并要求他摧毁鲁尔的工业和交通设施。莫德尔决定忠实地执行元首守住防线的命令，但还是有意识地违背了希特勒的大规模毁灭的"焦土命令"。

鲁尔地区被合围后，德军西部防线已经基本瓦解，于是，艾森豪威尔开始推行他的新战略：兵分两路，一部分继续歼灭被围德军；另一部分，也是主要力量，转移到中央方向，在全线发起最后的进攻。主要兵力布势为：以第12集团军群在中央方向实施主要突击，直接向易北河中游推进；以第21集团军群为北翼向易北河下游进攻；南翼由第6集团军群攻入奥地利。

辛普森的第9集团军也于4月4日由蒙哥马利的第21集团军群，回到布莱德雷的第12集团军群，中央方向的突击力量得到进一步加强。

第12集团军群首先继续消灭鲁尔口袋里的德军。4月14日，第16军在北面，第18空降军在南面发动了一次壮观的攻击，并在鲁尔河以南的哈根胜利会师，从而把鲁尔口袋切为两半。四天后，即4月18日，德军在这个地区全部停止了抵抗。这是"二战"中最大的一次德军集团投降，共达31.7万人。

陆军元帅沃尔特·莫德尔没有投降，他自尽了。

第12集团军群在合围鲁尔地区德军的同时，继续由卡塞尔地区向东推进，一路上几乎没有遇到德军成规模的抵抗。4月16日，第12集团军在维滕贝格和马格德地域进抵易北河，

< 德国陆军元帅莫德尔。

∨ 向德国鲁尔地区挺进的美军部队。

∧ 艾森豪威尔在集中营视察。

19日攻占了莱比锡，尔后进入捷克斯洛伐克境内。

在视察易北河战区时，艾森豪威尔参观了埋藏在一个洞穴里的德军金库。金库在一个离地面几乎有1公里深的矿井里，是德军仓皇撤退时留在那里的。在一个地道里有大量油画和其他艺术珍品。这些东西有些用纸和粗麻布包着，另一些只不过像捆起的木材那样堆在一起。

在另一个地道里，艾森豪威尔看到了估计价值在2.5亿美元的金子，其中大部分是金条。这些金条装在袋子里，每袋装两条，每一条重25磅。此外，还有欧洲各国铸的大量金币，甚至还有好几百万枚美国的金币。此外，在其他的诸如手提皮箱、衣箱等容器里，塞满了从欧洲各地私人手里掠夺来的大量金盘、银盘和装饰品。

艾森豪威尔正对这种掠夺丑行感到厌恶、憎恨的时候，纳粹的集中营又一次使他感到震惊。这座集中营位于哥达城附近，这是艾森豪威尔第一次看到集中营。第一次目睹纳粹犯下的那些凶恶残暴、灭绝人性的罪行的时候，艾森豪威尔感到无法用语言来描绘他的感情反应，他在任何时候都没有如此震惊过。

艾森豪威尔视察了集中营的每个角落，觉得自己有责任用第一手的材料向世界宣示这些情形。视察完集中营后，艾森豪威尔回到巴顿的司令部，当晚就通知华盛顿和伦敦政府，要求他们火速派一批报社编辑、记者和国家立法机关代表团到德国参观、报道。艾森豪威尔觉得应该立即把证据公之于众。另外，他更坚定了进一步打击德军的决心。

在美军逼近易北河之后，艾森豪威尔开始集中力量向北和向南推进。4月21日，第12集团军群攻克了由临时拼凑起来的德第11集团军防守的哈茨山区，这又是一个相当大的口袋。25日，美第1集团军的部队在托尔高地域的易北河上与苏军乌克兰第一方面军会师，德国即被分割为南北两部分。巴顿的美国第3集团军则转向南面，接管了帕奇的第7集团军的部分地域，切断了阿尔卑斯山脉的"堡垒"，并突入奥地利。由于盟国在奥地利没有划分占领区，艾森豪威尔通知苏联人说，他打算往东推进到林茨——这碰巧是阿道夫·希特勒的出生地。

这个时候，蒙哥马利的第21集团军群也从北面抵达易北河。在强渡易北河★后继续向东推进，汉堡守军不战而降。5月初，英军在易北河以东与苏军会师。

　　在南翼，第6集团军群利用3月底夺占的奥彭海姆登陆场发起进攻后，迅速向东推进，于4月中旬占领纽伦堡地域，至5月初攻入奥地利西部。

★易北河
欧洲流经捷克斯洛伐克、德国的一条河流。全长1110公里，宽100~500米，流域面积14.5万平方公里。源于苏台德山脉，注入北海。第二次世界大战期间，易北河两岸曾经进行过多次重大战斗和其他军事行动。德国第12集团军就是在易北河东岸组建的，并且曾经驻防易北河一带。1945年4月25日，美苏两国军队在濒临易北河的托尔高会师，史称"易北河会师"。此后，英国第2集团军在易北河一带驻防，并在河岸建立了一座桥头堡。

∨　在易北河托尔高会师的美苏官兵。

∧ 美军强渡莱茵河。

至此，盟军已经肃清了荷兰、挪威和意大利境内的法西斯军队，残余的德军被压缩在柏林附近地域做垂死挣扎。

>> 德国人必须无条件投降

进入1945年以来，德军在东西两线的大举溃败，已经迫使希特勒接受了末日即将来临的现实。然而，1945年4月12日下午，美国总统罗斯福在佐治亚州温泉病逝。消息传到柏林以后，希特勒和他的宣传部长戈培尔等人一时欣喜若狂。纳粹头子们幻想历史的转折点已经到来，认为这是上帝要拯救第三帝国。于是，他们设想派代表去和美国新任总统杜鲁门谈判并幻想能够单独和美、英媾和。

希特勒认为，只有拖延战争，才可能获得与美、英单独媾和的条件。于是，他把59个

∧ 希特勒与爱娃在地下室。

师的兵力，用于西线同盟军作战，而把214个师又14个旅的兵力用于苏德战场，竭尽全力固守柏林，妄图以此达到拖延战争的目的。

4月16日清晨5时，柏林城里的人们突然被来自东方的隆隆炮声惊醒了。市民们惊恐万状，纷纷互相打电话，询问发生了什么事。

很快大家就明白了，可怕的噩运终于降临。奥德河畔，近万门大炮在黎明之前的齐声怒吼，向人们报告了苏军开始进攻柏林的消息。

4月30日，苏军攻到了国会大厦，希特勒自知末日已经来临。

当天，在柏林市的一个地下室里，阿道夫·希特勒同几个同伴一起，共进了一次似乎是平平常常的午餐。午餐后，希特勒对在场的一个人下达了一些指令，然后陪着他的长达12年的情妇但只当了一天新娘的爱娃·布劳恩走进了另一个房间。从此以后，再也没有人看见过活着的希特勒了。

同一天，卡尔·邓尼茨海军上将这个没有政治野心的海军军人接到通知，他被指定为希特勒的继承人——德国元首。

邓尼茨的就职演说非常清楚地表明了他的立场，"我的任务是拯救德国，使它不致遭受向我们进攻的布尔什维克敌人的破坏。正是为了这个目的，才要继续把军事斗争进行下去"。意思很明显，就是与苏联干到底，而对英、美妥协或投降。

与邓尼茨遥相呼应的是英国首相丘吉尔，他也认为世界上最可恶的敌人是苏联布尔什维克，苏联是"比希特勒德国更重要的敌人"。因此，当成千上万的德国人放下武器向盟军投降时，丘吉尔就发电报给蒙哥马利，吩咐"收藏好德国人的武器，一旦苏军的攻势继续下去，就可以很容易将武器重新分给同英国合作的德国士兵"。

对于丘吉尔单独与德国人谈判的要求，艾森豪威尔感到非常恼火，他立即口述回电，拒绝了丘吉尔的要求。这倒不是艾森豪威尔缺乏丘吉尔那样的"高瞻远瞩"，在日后艾森豪威尔当选总统后的事实，证明他也是一个不折不扣的反共分子。只是，艾森豪威尔更清醒地认识到，在刚刚取得反法西斯胜利的同时，建立与德国的联盟是不负责任的，是自取灭亡的。

邓尼茨并没有放弃，他向蒙哥马利暗示，他们不仅想让第21集团军群正面的德军向英军投降，而且想让在德国东北部与苏军作战的德军向英军投降。

艾森豪威尔很快就识破了德军的阴谋。他命令蒙哥马利拒绝这一建议。同时，艾森豪威尔要求德国方面，如果出现较为全面的投降，他将和在场的苏联代表一起，安排较为正式的受降仪式。

受到拒绝的邓尼茨还是没有死心。5月4日，邓尼茨派弗里德伯格海军上将来到艾森豪威尔位于兰斯的统帅部，要求与盟军商谈西线德军投降事宜。

艾森豪威尔没有会见弗里德伯格，他表示拒绝在无条件投降之前会见任何德国官员，并再次要求德国在东西两线全面投降。

无奈，弗里德伯格只好打电话向邓尼茨请示，邓尼茨又在5月6日派出了他的总参谋长约德尔，进行分裂盟国的最后一次努力。

约德尔告诉盟军，"邓尼茨将军命令在西线的所有德军残余部队停火，不管盟军最高司令部如何对待投降建议。德国愿意，而且非常迫切地希望尽快向西方投降，而不向红军投降"。

艾森豪威尔让助手警告约德尔，发出了最后通牒：德军部队无条件的投降将包括各个地方的所有的德军部队，并且向所有有关国家投降。同时，艾森豪威尔称，除非在投降书上签字，否则他打算封锁所有的盟军前线，用武力阻止更多的德国难民进入西方的战线。这将在四十八小时内生效，而不管投降协定是否签字。

约德尔只得将艾森豪威尔的警告转告给邓尼茨。"这纯粹是勒索。"邓尼茨气愤地将电报摔在地上，无可奈何地同意了。

1945年5月7日凌晨，在兰斯的职业技术学校二楼的文娱室，签字仪式开始了。

这栋红砖楼房，曾经是法国孩子们上课学习的地方。现在，约德尔以及他的那些助手们正走进来上他们应该上的课。

"约德尔说，德国新任领袖邓尼茨海军上将全权授命予他签署无条件投降书，但是，他要求再给他两天宽限时间。"参谋长史密斯向艾森豪威尔报告说。

"他究竟想干什么？"艾森豪威尔严厉地问道。

∧ 约德尔（中）代表德军统帅部在无条件投降书上签字。

"他说目前德国的通信系统已瘫痪，至少需要两天的时间才能将投降书命令通知到所有的德国部队。"

"不行！他们这是在拖延时间。"艾森豪威尔没有一点商量的余地。

"那么，怎样答复约德尔呢？"史密斯问道。

"告诉他，立即签署投降书。"艾森豪威尔说。

"如果约德尔同意立刻签署投降书的话，您下楼参加签字吗？"史密斯问道。

"不去！只有最后一名德国军官在投降书上签字，承认他们在这块土地上被彻底真正地打败了，我才会正眼看一看这些迈着正步走的狗崽子。"

1945年5月7日凌晨2时41分，约德尔代表德军统帅部在无条件投降书上签字。代表盟军签字的是盟军最高统帅部参谋长史密斯，代表苏军签字的是苏斯拉帕罗夫将军，法军萨维兹将军也作为见证人签了字。

约德尔签署了投降书后，把笔放下站起身来，出人意料地说道："我想说几句话。"

史密斯点了点头。

∧ 艾森豪威尔高举双手
欢庆胜利。

"字签完了，德国人民和德国军队的命运不管是凶是吉，已交付给胜利者了。在这个时刻我唯一能表示的，就是希望胜利者能够宽容地对待他们。"

说完，约德尔严肃地向在场的人鞠了一个躬。

接着，约德尔及其代表团全体成员，迈着失败者所特有的脚步，来到二楼，卑躬屈膝地排着队进了艾森豪威尔的办公室。

德国军官叩了一下脚跟，向艾森豪威尔行了军礼。艾森豪威尔没有回礼。

"你是否明白你刚刚签署的投降书的各项条款？"艾森豪威尔问道。

"完全明白。"约德尔回答。

"如果这份投降书中的条款遭到破坏的话，你要承担全部责任。"

这时，艾森豪威尔内心涌起一种难以掩饰的胜利感。自从被授予最高统帅头衔以来，他第一次感到无愧于这个荣誉。

"我的话完了。"艾森豪威尔郑重严厉地说。

约德尔和他的军官们立刻成立正姿势，再一次向艾森豪威尔行礼。他们举着手等待，但艾森豪威尔仍旧没有回礼。德国军官们一齐向后转，迈着整齐的步子走了出去。

突然间，严肃而庄重的气氛被打破了，欢呼声、叫喊声汇成一片，一下子迸发出来。那些彼此素昧平生的将军、记者们，高兴地互相拍着肩膀。

艾森豪威尔那独有的微笑立刻引起室内所有人的注目。镁光灯啪啪地闪着，在场的每一个人都恨不得跑上前去，和这位最高统帅拍一张具有伟大历史意义的照片。

"将军，这是两支签署投降书的金笔，你拿着这两支笔照张相。"史密斯对他说。

艾森豪威尔伸出手来接过笔，并且把它们摆成一个表示胜利的"V"字，问道："这样好吗？"

"好极了！好极了！"记者们拥挤着，纷纷抢拍这具有历史意义的镜头。

"请将军向新闻界发表一篇胜利讲话好吗？"史密斯要求道。

"对！对！"记者们马上簇拥上来，把艾森豪威尔团团围住。

"刚才，在这栋楼里，德国军队无条件投降了，德国已经彻底失败了。"艾森豪威尔说。

人们等待着艾森豪威尔说出光辉精彩的词句，等待着他讲出一段可以给历史长卷增光添彩的话来。但是，他们没有等到。

"就这些吗？"一位记者忍不住地问道。

"这已经足够了。"艾森豪威尔说道。

于是人们尽情地狂欢起来。这是一个值得欢呼的时刻。这场使欧洲蒙受了最大破坏的最为恐怖的战争，在艾森豪威尔典型的、具有美国语言风格的总结中结束了。

当欢庆的人群散开以后，艾森豪威尔亲自向盟国联合参谋部口授了一份电报：

盟军的任务已在1945年5月7日当地时间2时41分完成。

艾森豪威尔知道，他将面临新的生活选择了。

第十二章
攀登政治权力的顶峰

1890-1969 艾森豪威尔

伟大的军事家同时必然具备政治家的潜在素质，盟军总司令的巨大光环自然是他攀登美国政治权力顶峰的扶梯，而谋略能力则更是他的所长，艾森豪威尔不但成为美国总统，并且连任成功。他处处得意，却最终回归于平凡……

> 1945 年时的艾森豪威尔。

>> 战争结束后的最初日子里

反法西斯战争的胜利使德怀特·艾森豪威尔从一名普通的参谋军官，跃升为美国赫赫有名的五星上将，成为世界风云人物。他为打败德、意法西斯做出了自己重要的贡献。

欧洲战争结束后，艾森豪威尔留在德国任美国占领军总司令。1945 年 11 月，他又被任命为美国陆军参谋长。

艾森豪威尔后来曾经拥有许多世界名牌大学的名誉学位和称号，但是周围的人，特别是他本人十分清楚，他获得这些学术上的荣誉，并不是因为他对某一门科学的发展做出了贡献，而是出于对他在第二次世界大战年代军事贡献的尊敬。

不过出乎人们意料的是，就连他自己怎么也没有想到过，他竟会真正当一回大学校长。1947 年 6 月，艾森豪威尔正式出任美国著名的哥伦比亚大学校长。

在哥伦比亚任职期间，艾森豪威尔一面主持校务，一面撰写回忆录。1948 年，他的《远征欧陆》第二版问世。这部书引起了巨大反响，也给他赚得了不小的收入。征税机关考虑到他不是专业作家，向他提供了特殊的征税优惠，他的纯收入达 476250 美元。到 1966 年底，《远征欧陆》一书在美国销售量达 170 万册，还被译成了 22 种文字。

许多关于他的传记的作者都肯定，艾森豪威尔离开军队到哥伦比亚大学任职，只是他要入主白宫的一个跳板。他们指出，按照美国的传统，国家总统必须具备一定的文职工作经验，而他缺少的正是这个。

艾森豪威尔出任哥伦比亚大学校长一职后，几乎把全身心都投入了这项他自认为非常新鲜而富有挑战的工作中，可惜他在校长位子上待的时间并不长。正当他已完全适应和习惯了哥伦比亚大学的工作与生活时,西方帝国主义集团对社会主义国家发动的"冷战"开始了。这场冷战涉及经济、意识形态、政治、外交、军事等各个领域。

1949年4月,一个冷战的新产儿——北大西洋公约组织★成立了。根据参加国首脑们的一致意见,艾森豪威尔将军是领导这个组织的最合适的人选。

1950年12月18日,艾森豪威尔和他的妻子一起正前往哥伦比亚大学的一个分院,在火车上,接到了杜鲁门总统的电话通知。杜鲁门将北约成员国首脑们的一致意见告诉了艾森豪威尔,他后来回忆说:"这一通知让我感到非常失望,我必须重新改变自己已经走上正轨的生活习惯,动身去欧洲。"但是,他又肯定地说:"我对北约的观点是深信无疑的。在我看来,西方文明的前途有赖于它的成功。"

就这样,艾森豪威尔开始走上一条冷战之路,而且成了一名冷战的旗手。

1951年1月7日,艾森豪威尔来到巴黎,他的责任是领导西方大国——北约成员国的陆、海、空军队。他为建立这个政治军事集团的武装部队,倾注了大量心血。艾森豪威尔聘请蒙哥马利元帅担任最高司令官的副职,这是一项准备战争期间英美进行政治军事合作的交易。在北约组织者们看来,聘请蒙哥马利担任这个集团武装部队最高司令官的副职,为的是突出英美在新的政治军事同盟中的团结。艾森豪威尔又聘请了艾尔弗雷德·格伦瑟中将担任他的参谋长,五角大楼对格伦瑟的评价是:他既是一位优秀计划专家,又是一个全军最好的桥牌手。尽管艾森豪威尔为压缩编制尽了最大努力,在巴黎的北约司令部驻地,仍聚集了来自12个国家穿着40种军装的200名军官。

北约的创建者想尽量采用第二次世界大战的战斗传统,使这个"冷战"的畸形儿仪表堂堂。艾森豪威尔当选美国总统之后,仍把所谓大西洋团结,全面加强在美国庇护下的北约参加国集团的原则,作为所有外交活动的基础。像北约所有战略家一样,艾森豪威尔不断重复一个观点:只有西方的政治军事统一,才能使资本主义世界免遭"共产主义威胁"。

↓

★北大西洋公约组织

北大西洋公约组织简称北约组织或北约,是第二次世界大战后,西方资本主义国家所建立的最大的国际军事组织,同时也是全世界两大军事集团之一。1948年3月22日至4月1日,美国、加拿大、英国代表在华盛顿举行会谈,决定缔结北大西洋区域安全公约。1948年7月,通过了《华盛顿文件》。1949年4月4日,美、加、英等12国在华盛顿举行了《北大西洋公约》签字仪式,北约正式宣告成立,其总部设在比利时首都布鲁塞尔。同年8月24日,公约开始生效。

∧ 1951年，就任北约武装部队总司令的艾森豪威尔。

∧ 1953年，艾森豪威尔与其继任者格伦瑟将军等合影。

在苏联制成原子武器之后，他宣称："现在美国人在本国历史上第一次被迫生活在受到完全毁灭危险的条件下。"

"苏联威胁"这个可怕的词组，当时已被用来混淆西方国家的舆论视听，并成为帝国主义集团奉行侵略的对外政策的借口。

艾森豪威尔之所以叫嚷"共产主义威胁"，主要是在政治上和西方右翼集团保持一致。这些反动集团正企图联合主要帝国主义国家的力量，阻挠世界民族革命运动的发展。欧洲地区在美国对外政策中的地位过去和当时都异常重要。世界社会主义体系的建立，改变了欧洲大陆的整个面貌。欧洲已成为两种体系斗争的中心，它在很多方面决定着整个国际生活的发展。

在北约成立之后，两种对立的社会经济体系的利益冲突，在地球上的这个地区就特别激烈了。艾森豪威尔作为北约武装部队的最高司令官，积极推行美国侵略性的对外政策，而在这个政策中，欧洲的地位又至关重要。在这种情况下，身居北约武装部队最高司令官要职的艾森豪威尔是怎样理解自己的任务呢？

艾森豪威尔的私人通信很好地回答了这个问题。

1953年3月8日，这位北约武装部队司令官写信对国会议员沃尔特·周以德说："我作为不分党派的所有美国人的战士和公仆，在欧洲这里的主要职责是，保护和加强美国在大西洋和地中海地区的投资。"

艾森豪威尔本人也清楚，股票持有人的利益和广大人民群众的利益根本不是一回事。就连普通美国人也经常提醒他这一点。在他的个人档案中，保存着不少美国士兵和军官、普通老百姓写给他的信。信中很坦率地指出，美国人民强烈谴责孕育着新军事冒险的侵略政策。一个美国普通军人于1951年8月在写给艾森豪威尔的一封信中说："士兵们经常喝着啤酒议论世界大事和个人的前途，情绪忧郁。他们得出结论，在未来的战争中他们有两种命运，一种是杀人，另一种是被杀。杀人的想法使他们厌恶，被杀的前景使他们感到恐惧。"写信的人代表自己的伙伴质问艾森豪威尔："我们这一代人真有必要成为职业杀人者，就像大家称呼朝鲜战场上的老兵一样吗？"

艾森豪威尔给这名军人回了信。他搬用冷战理论家和实践家创造的一切论据，在信中写道，在他看来，只是因为"共产党实行无神论，才迫使美国武装起来"。艾森豪威尔清楚地感到这些道理不能令人信服，他在信中最后便老实地说："我知道，您和您的伙伴不会把这封信看作是对强烈引起你们不安的问题给予了准确的或者是稍令你们满意的答复。"

真是不打自招了！

德怀特·艾森豪威尔应聘就任北约武装部队最高司令官，这是他政治生涯中的重要阶段。这时期的活动巩固了他在美国右翼政治集团中的地位。北约武装部队最高司令官，这是政治上可靠的高标准。美国政客们确信，这样的职务能为艾森豪威尔轻而易举地开辟通向白宫之路。

艾森豪威尔虽然领导北约的时间不长，但是就在这有限的时期内，他已表现出自己是妄想统治世界的美国垄断集团意志的一个出色执行者。对华盛顿实现侵略性对外政策的路途坎坷，他的心中是有数的。可能从未来的政治前途考虑，艾森豪威尔不是口头上，而是行动上表现出了他利用自己全部威望和才能，去实现美国统治集团提出的侵略性对外政策目的的决心。

>> 投身竞选美国总统的政治大战

当艾森豪威尔在巴黎忙于北约事务时，美国国内狂热的政治活动正紧锣密鼓地进行。1952年的竞选运动看来将要达到少有的激烈程度。在华盛顿政治交易所里，对杜鲁门总统的评价不高。在1952年竞选运动开始前，杜鲁门实际上是个政治破产者。经济已转入和平轨道，却不裁减军备，因而恢复平时生产进行得相当吃力。1948年至1949年经济危机的伤疤也还没有痊愈。在朝鲜，美国被迫承担侵略战争的主要负担，战争虽然打着联合国的旗号，但没有因此受到普通美国人的欢迎，美国的盟友在这场军事冒险中只是出了最小的力。共和党向民主党展开了大规模的攻击，声称美国的对内和对外政策的困难，是由于杜鲁门领导无能和民主党的总的政治方针所造成的。

许多政治领袖认为，艾森豪威尔的时刻已经到来。要执行新的政治方针，必须有新的领袖。民主党也好，共和党也好，都同样希望艾森豪威尔上台。而要搞清楚他属于哪个党派，是不可能的。他一生中没有投过票，从没有公开发表过言论对两党中的一党表示好感或反感，尽管他的父亲一贯投票赞成共和党的总统候选人。还有一个与提名将军为总统候选人有关的麻烦问题，北约参加国领导人担心，一旦他辞去这个集团武装部队最高司令官的职务，将发生这个同盟是否还存在的严重问题。例如，蒙哥马利就把战争时期同艾森豪威尔的争吵置之脑后，对他宣称："如果你要回国竞选总统，我也要去你们那里进行反竞选。"

提名艾森豪威尔作为总统候选人的运动日益展开。堪萨斯城的出版人罗伊·罗维尔特斯肯定地说，他还在30年前就知道，艾克是"堪萨斯的优秀共和党人"。参议员约翰·斯巴克曼在亚拉巴马宣称，他将争取让艾森豪威尔作为民主党候选人。但是艾森豪威尔，从自己的政治生涯一开始，就表现了一种"善于控制自己的重要品质"，从不轻易表态。

杜鲁门总统两次派遣原驻苏联大使戴维斯去见艾森豪威尔，这位外交官肩负着一个难以完成的使命：说服艾森豪威尔以民主党候选人竞选总统。尽管杜鲁门向他保证，在未来的选举中将全力支持他，艾森豪威

∧ 艾森豪威尔与美国总统杜鲁门在一起。

尔仍然回答说："我不能接受以民主党候选人参加竞选的建议，因为我好像是共和党人的成分比民主党人的成分多。"

僵局打开了，艾森豪威尔第一次相当肯定地暗示，他打算竞选总统。

1951年11月4日，共和党有威望的领袖之一、参议员亨利·凯波特·洛奇飞抵巴黎。这位从战争年代以来的老友告诉他，在美国有很多组织在发动提名他为总统候选人的运动。艾森豪威尔说："您在政界享有盛名，为什么您自己不参加竞选呢？"洛奇毫不踌躇地回答说："因为我不可能当选。"在交谈中洛奇强调："您是唯一能被共和党选作总统候选人的人，您必须同意在即将到来的预选中利用您的声望。"

艾森豪威尔答应他，将"认真考虑这件事"。

艾森豪威尔本人对自己在选民中的威望，只是看了在纽约拍摄的15000名选民集会，支持他竞选总统场面的影片之后才深信不疑。2月11日，为了推动艾森豪威尔参加竞选，金融家洛伊德·奥德伦的妻子杰奎琳·科克伦，带了一部长达两小时的影片飞往巴黎。片中记录了麦迪逊广场花园的一场拳击比赛后，在午夜举行的拥护艾森豪威尔集会的实况。这部影片是由艾森豪威尔的朋友们和"拥护艾森豪威尔公民协会"精心导演的。据科克伦说，尽管完全得不到这个城市的官员合作，还是大约有15000人参加。影片显示了人群一边齐声高喊："我们要艾克！我们要艾克！"一边挥动着"我喜欢艾克"的标语牌的场景。艾森豪威尔和梅蜜在他们的起居室中观看这部影片，深深受到感动。

影片结束后，艾森豪威尔给科克伦斟上一杯酒。当他们举起酒杯时，梅蜜不觉脱口而出："为总统干杯！"她后来回忆当时情况说："我是第一个对他这样说的人，而他突然哭起来……泪水从他眼中涌出，他太激动了……"艾森豪威尔接着开始谈起他的母亲、他的父亲和他的家庭，但主要是他的母亲。谈了一个小时之后，科克伦对艾森豪威尔说，他应表明自己的态度，回到美国去。"就像我坐在这里，看着你一样地肯定，假如你不表明你的态度，塔夫脱会得到提名。"

艾森豪威尔沉思了一会儿，最后表态说："你回去可以告诉朋友们，我准备参加竞选。"

到了该做出最后决定的时候了。1952年4月11日，艾森豪威尔得到了白宫同意，从1952年5月1日起，解除他北约武装部队最高司令官职务，从军队退役。在北约主要成员国首都进行告别拜会之后，艾森豪威尔于1952年6月1日返回美国，以共和国总统候选人身份参加总统竞选。

采取这样的一个步骤，显然是从实际出发考虑的。一般说来，美国大多数选民都把自己看作民主党人，但对这位有名望的将军同样也会给予广泛支持的。以共和党候选人竞选，能保证他得到有势力的垄断资本集团的帮助，垄断资本集团对共和党的倾向大大超过民主党。

这就是他竞选策略的总轮廓。

艾森豪威尔在竞选运动过程中面临严重考验。按照计划，为了竞选，他将乘飞机和火车

★朝鲜战争

日本无条件投降后，美国于1948年策动朝鲜南部成立"大韩民国"，朝鲜北方则宣布成立朝鲜民主主义人民共和国，致使朝鲜半岛形成南北对峙局面。1950年6月25日，朝鲜内战爆发。7月7日，美国又操纵联合国安理会通过决议，联合英国、法国等15个国家的军队，组建由美国指挥的"联合国军"侵朝。由于中国安全受到严重威胁，10月19日中国派遣中国人民志愿军赴朝作战。1953年7月27日，美国签署停战协定。此次战争是"二战"结束初期爆发的一场大规模局部战争。

行驶80000公里，还不包括乘汽车的路程，这相当于绕地球两圈以上。按照计划，他将访问45个州的232个居民区。会见、演说、答记者问、谈话和数千次握手，所到之处，日程都排得满满的。

6月4日，他在阿比伦首次向全国发表电视政治演说。总的来说是不热闹的。天下着雨，大看台上一半是空的，他穿着平民的雨衣，看起来有点奇特，他无表情又口齿不清地念着事先准备好的稿子；他的话来回重复，是人们所熟悉的。但是他所得到的效果比他出现在电视机前更重要，因为他使共和党的保守派放心了。他说，他是通货膨胀的敌人，是高税收、政府集权、欺骗和腐败等的死敌，尤其是他对雅尔塔秘密协定和"丢失"中国表示痛惜。虽然他也确实谴责了"任何孤立政策之毫无益处"，但是他强调雅尔塔和中国，正是那些没有表态的代表们想听的。

这篇演说也为他以后的竞选定下了调子。

第二天，艾森豪威尔举行了一次记者招待会。记者们一致认为，他与事先准备好的演说相比，对即席问题的回答是非常精彩的。詹姆斯·赖斯顿认为，艾森豪威尔是自罗斯福总统以来举行记者招待会的大师。赖斯顿写道："他说话直截了当，平易近人，不使性子，不挖苦讽刺。同样重要的是，在回答某些问题时，他好像比他实际上更为坦率。他说话简洁，不像知识分子那样绕弯子。"

在具体问题上，艾森豪威尔说，他没有结束朝鲜战争★的秘密方法，指出轰炸鸭绿江对岸的危险性。艾森豪威尔表示愿意为"体面的停战协定"而努力。他拥护公民权利，但是艾森豪威尔认为这是各个州的责任，因此反对公平就业委员会。他要使经济摆脱"人为的直接立法手段的控制"，而依靠自由市场。对于麦卡锡的挑战，艾森豪威尔提高声调说，他比任何人更坚决地"要把任何共产党、颠覆或赤色影响从我们政府的负责岗位上彻底清除掉"。

对外政策问题在艾森豪威尔的竞选运动中占有特殊重要位置。在争夺入主白宫的过程中，就国际局势他也发表了一些清醒的见解。艾森豪威尔反对打第三次世界大战。他说：

305

∧ 艾森豪威尔与尼克松
在竞选活动中合影。

"俄罗斯、西伯利亚和中国是不可能占领的。即使共产党撤退，让出了地盘，美国也无法去填补这些真空地带。"对于一旦发生战争，西欧是否能给美国以有效的军事援助，艾森豪威尔也非常怀疑，他明确表示："在现代战争中，取胜的唯一途径便是制止发生战争。"

艾森豪威尔明白，扩大朝鲜冲突的方针，孕育着外交连续反应的危险。因此，进攻中华人民共和国将是一次对外政策的冒险，它给美国带来的严重后果是显而易见的。朝鲜战争证明，靠武力解决亚洲争端的道路是走不通的，而且它已使美国的对外政策在亚洲人民的心目中名声扫地。不仅需要寻找解决朝鲜问题的办法，还要制定美国新殖民主义政策的长期方针。1952年10月1日，艾森豪威尔宣称，朝鲜战争的主要担子应当由韩国人自己承担，而不是美国人。这位未来的美国总统说："我们不想让亚洲把西方的白种人看成是自己的敌人。假如那里必须进行战争，就让它是亚洲人打亚洲人的战争，而我们要支持的是捍卫自由事业的一方。"

竞选运动接近尾声。艾森豪威尔考虑到现实的政治局势，便花费了很大的精力去注意亿万选民感到最迫切的难题。经过调查和考虑，艾森豪威尔明确地意识到，朝鲜战争的和平解决势在必行。10月29日，这位总统候选人宣称，美国不应永远陷在朝鲜的陷阱里，在这个国家的土地上，美国只是在同真正敌人的辅助部队作战。11月3日，艾森豪威尔进一步强调："和平事业是自由人民眼中的瑰宝，新政府的第一个任务便是结束这场涉及美国千家万户、孕育着第三次世界大战危险的悲剧冲突。"

为了争取更多的选票，在以后的几个星期中，艾森豪威尔小心地降低了评论民主党腐败的调子，而和其他共和党人加强了对政府中共产党同情者的攻击。此外，艾森豪威尔还向美国人民许诺，如果他当选，他将给他们带来和平与繁荣，平衡的预算，联邦政府机构的精简，白宫的尊严，并结束在华盛顿的共产主义和腐败现象。

艾森豪威尔认定这是美国人民所最需要的。

< 发表竞选演说后，艾森豪威尔夫妇与尼克松夫妇留影。

11月4日，选举的结果是艾森豪威尔赢了，他获得442张选举人的选票，而史蒂文森仅获得89张选票。艾森豪威尔在共和党候选人名单中到处领先，尤其使他高兴的是，他在威斯康星州比麦卡锡多得10万张选票。这样，他就设法使共和党在国会中占了多数。

艾森豪威尔击败了民主党人，顺利地登上了美国总统的宝座。

>> 开始白宫主人的新生活

1953年1月20日，一个阳光明媚的日子。这天是德怀特·艾森豪威尔举行总统就职典礼的日子。

这天上午，艾森豪威尔夫妇在36位亲属和大约140位即将参加政府的成员陪同下，在全国长老会教堂做了一次礼拜。然后，艾森豪威尔决定乘车前往白宫会一会就要把宝座让给他的杜鲁门。在白宫的门廊边，新总统拒绝了老总统邀请喝杯咖啡的建议，以表示彼此之间的对立。艾森豪威尔坐在汽车内等杜鲁门出来，他们在冷冰冰的气氛下一起乘车去国会。艾森豪威尔打破沉默说："1948年，我没有参加您的就职典礼，是出于为您的考虑，因为我如果出席的话，别人会忽视了您。"杜鲁门反唇相讥："艾克，要是您在那里的话，我绝不会请您参加！"

艾森豪威尔和杜鲁门来到国会东面，在那里专门为新总统就职仪式建造了一个平台。一大群人喜气洋洋，这是美国历史上参加总统就职典礼人数最多的一次。共和党人以毫不掩饰的喜悦心情，前来出席庆祝活动。艾森豪威尔这天穿着一件深蓝色双排扣大衣，颈上围了一条白色围巾，十分引人注目。

12时32分，艾森豪威尔开始发表就职演说，他把手高举过头，作了一个"V"字形的胜利手势。人群的欢呼声达到了高潮，然后便迅速静了下来，他们已经迫不及待地要听听新总统的就职演说了。

"让我在这里首先请求全能的上帝，使我们能全心全意为在场的人和全国各地同胞服务。"艾森豪威尔的讲话一开始就摆正了自己的位置，以表示他并没有忘记民主党人，没有忘记那些与他一起参加竞选的人。接

> 艾森豪威尔在发表讲话。

∧ 艾森豪威尔与爱妻梅
蜜合影。

∧ 艾森豪威尔振臂欢庆胜利。

着，艾森豪威尔又说道："但愿我们能合作……从而大家都能为我们亲爱的祖国的利益工作，为上帝的光荣效劳……"

"全世界和我们已经度过一个挑战的世纪的一半。"演说中，艾森豪威尔特别强调了战争的危险和所谓的共产主义威胁问题。他说："我们目前不得不面临的挑战是，战争的危险和共产主义。"在专门谈到外交政策时，艾森豪威尔表示他的政府"既不会妥协，也不会厌烦，更不会停止去寻求世界范围的体面和平"。但是，人民必须认识到，"善与恶的力量已经罕见地集结、武装和对立起来"。在演说中，艾森豪威尔强调要加强与盟国之间的团结和协作。在谈到外援和对外贸易时，他表示，在经济上闭关自守是没有安全的。美国需要市场，要得到原料。此外，艾森豪威尔还谈到了生产率问题，希望大家不管政治派别如何，都应该为振兴国家的经济而努力。在这篇演说中，艾森豪威尔没有谴责雅尔塔协定，没有对减税或保持预算平衡做出承诺。

他的讲话，受到大部分在场人士的欢迎。

艾森豪威尔进入白宫后，事务千头万绪，但生活很有规律。大约在6时左右，他悄悄地起来，以免惊醒梅蜜。吃过早点后，开始读早报。他读报非常快，能很快了解报纸上的主要新闻。他通常看华盛顿出版的报纸，如《纽约时报》和《先驱论坛报》。他还经常阅读新闻杂志。他和杜鲁门不一样，从不给报纸的编辑寄去表示愤怒的信件，但是他会给报社捎去几句表扬某一篇文章或某一栏目的话。要是他不满意某一栏目或报道，他就告诉他的亲密朋友，或者一声不响。他不反对批评他的政策和行动，但对批评他的私人生活却很反感，而这也只不过是对他的亲人们发发牢骚而已。

艾森豪威尔非常遵守工作时间。他以军人的纪律要求自己。8点准时来到办公室，一直工作到下午1点，中间不休息。他吃午饭时，大部分时间也谈工作。接着埋头一直工作到下午6时，甚至更晚些。有许多各种各样的问题要他做出决定。他尽量听取各方面的意见，然后作决定。他使自己接触各种观点，这要求他阅读大量材料，认真听取口头汇报并提出许多深刻的问题。在办公室工作一天后，他会喝杯鸡尾

< 艾森豪威尔总统一家在戴维营留影。

酒轻松一下。他严格限制自己饮酒。他通常的限量是在就餐前喝一杯掺了苏打水的威士忌或白兰地。除了他自己做的饭菜外，对吃些什么，他都没有多大兴趣。

使梅蜜一直苦恼的是，不管什么东西摆在他面前，他都是囫囵吞下。当了总统后，开始另外一种吃饭方式，一面看电视晚间新闻，一面吃饭。晚饭后，如果没有演讲或其他约会，他就研究文件、报告、建议，直到深夜11点，然后在上床前画一个小时的画。他的床头读物是一些西部故事。在这些小说中没有复杂曲折的情节，结局是一目了然的，因为这些故事都是根据容易回答的是或非的问题来写的。读这类小说，艾森豪威尔用不着动脑筋而进入幻想世界，只会使他得到必要的休息。梅蜜说，这些小说对于艾森豪威尔是最好的催眠药。

艾森豪威尔和梅蜜是幸福的。除了艾森豪威尔担任欧洲远征军总司令时期以外，他们一直生活在一起。1946年在迈耶堡，梅蜜专门定做了一张很大的双人床。1948年，这张床从华盛顿搬到纽约。现在梅蜜又把这张床摆在白宫内。梅蜜说，她喜欢在半夜翻身："我想随时拍拍艾克的光头。"这张床是梅蜜的指挥基地，她喜欢躺在床上，起码一直躺到中午，有时一整天。她在床上写回信，指挥管理家务，接待来访的人。

在艾森豪威尔出任总统后，她克服她原来的羞怯心理，而成为他的事业中举足轻重的人物。她虽然不参与艾森豪威尔的工作，但是在公开和私下场合都给他重要帮助。她款待他的有钱有势的朋友们和他们的妻子，她还出席或主持许多大型的社会活动。她仔细地答复每封来信。她还记住给艾森豪威尔工作班子的助手、顾问、秘书们以及他们的孩子，在他们生日和圣诞节时送礼物。在公共场合，她站在艾森豪威尔身旁，穿着得体人时，显得快活。总之，她做到了艾森豪威尔要求妻子所要做到的一切。

艾森豪威尔是在美国困难时刻开始执政的。在过去的岁月中，美国经历了人类历史上最惨重的流血大战。在西方国家发动的"冷战"厮杀声中，这位著名的将军成了白宫的主人。共和党执政当局遇到了棘手的国内问题，而这些问题又与其对外政策问题紧密相关。尤其是侵朝战争，已成了艾森豪威尔面临的第一大难题。

>> 促成朝鲜战争的最终停战

1950年6月25日，朝鲜战争爆发了。6月27日，美国正式参战并以武力霸占中国领土台湾。7月7日，美国盗用联合国的旗帜，纠集15国拼凑了所谓的联合国军，大举进犯朝鲜。朝鲜人民军奋起反击，至8月中旬把美韩军驱至釜山一隅。9月15日，美军在仁川登陆，悍然北犯，战争规模进一步升级，并不断轰炸扫射中国东北，严重威胁中国安全。中国人民为抗美援朝，保家卫国，组成中国人民志愿军，于1950年10月25日跨过鸭绿江，与朝鲜人民军并肩作战。朝中部队连续进行了五次战役，把美、韩军从鸭绿江边逐回三八线附近，迫使美国于1951年7月接受停战谈判。

当艾森豪威尔进入白宫的时候，这场陷入僵局的战争已经进行了2年6个月零26天。当时他面前摆着两条路。一条是他的党内最强硬的分子所赞成的，那就是扩大战争，进行大规模的海空攻势，以"击败共产党中国，然后粉碎鸭绿江以南的全部共产党军队，从而统一朝鲜"，这同麦克阿瑟于1951年致参谋长联席会议的著名的备忘录有某些共同之处。另一条路是为了获得一种光荣的和平，即在杜鲁门政府时期所确定的范围内，继续进行板门店谈判，求得"体面解决"。

艾森豪威尔担任总统后，最先做出的重大决策之一，就是选择后一条道路，在分裂的朝鲜的敌对双方军队之间寻求停战。他要使美国力量"不再消耗在这种外围战争上去，这种战争对于同共产主义作斗争来说，没有产生决定性作用的希望"，他相信结束这场战争是美国人民最迫切的要求。1953年3月，艾森豪威尔在内阁会议上说："在朝鲜对共军发动一次大规模的地面攻势，需要付出大量的人力和金钱的代价。"而且，作为一名军人，艾森豪威尔完全懂得，对中国发动进攻的后果严重而又难以预测。他说："这一进攻如果终于发动了的话，就很可能不得不在得不到我们主要盟国的支持的情况下进行，因为他们对于任何这种冒险都是反对的……因此，我认为，我们在朝鲜打仗，没有机会打赢这场战争，因为打过鸭绿江就会冒犯国际舆论。"

为了尽早地结束这场"令人伤脑筋"的战争，就职典礼前，艾森豪威尔就在杜勒斯★和太平洋舰队司令阿瑟·雷德福海军上将的陪同下，前往朝鲜考察。他们得到的印象是，"美国在亚洲只采取了杂乱的不协调的守势，而并没有一个真正有效的长期、全面的战略计划"。

艾森豪威尔采取各种步骤，逐步解决朝鲜问题。

4月11日，在板门店达成了关于交换病伤战俘的协议。

5月22日起，国务卿杜勒斯访问印度，同尼赫鲁会谈了三天。杜勒斯希望他的话能通过外交途径传到中国人的耳朵里去，他告诉尼赫鲁说，美国"愿意光荣地结束战争"。

5月29日，美国内阁中再度提出了朝鲜问题。副国务卿史密斯回顾了停战谈判最近进行的情况，并提到了他从俄亥俄州参议员、共和党人布克·希肯鲁伯那里听到的一个消息，那就是"单独干"的情绪在国会中正在增长。史密斯对内阁说，他相信"这是由于国会对于要是美国在亚洲单独行动对付共产主义就将落在美国身上的严重义务，认识不足"。他说，从国会对停战谈判的抨击，可以看出某些国会议员担心，无论如何"停战会使共产党中国被接纳入联合国"。

6月6日，艾森豪威尔写信给李承晚，扼要说明了美国的立场，他在信中说："现在已经

▽ 1953年，艾森豪威尔远赴朝鲜视察美军。

到了这样的时刻,我们必须决定到底是继续以战争来进行统一朝鲜的斗争呢,还是以政治和其他方法来追求此项目标……我深信,在这种情况下,联合国和大韩民国有必要接受停战。我们没有理由为了希望以武力达成朝鲜的统一而使这一苦难丛生的战争拖延下去。"艾森豪威尔还答应:"美国政府,在取得必要的国会拨款的条件下,准备继续给予大韩民国以经济援助,这将使它得以在和平状况下恢复它的饱受摧残的国土。"

然而,李承晚拒绝停战的条款,说:"按照目前的条款,停战对我们意味着死亡。我们一贯要求应该把中国共产党军队赶出我们的国土,即使在这样做时,我们不得不单独作战也在所不惜。"与此同时,韩国国民议会表决"一致反对停战条款",同时汉城和其他韩国城市到处爆发了所谓"反对停战的示威"。

在这种情况下,美国助理国务卿罗伯逊奉命于6月26日会见了李承晚,耐心地向他说明美国的立场,并许诺战后美国帮助韩国重新建设,并使李承晚明白,"在任何情况下美国都要实行停战"。经过两周的会谈和施加压力,李承晚让步了,并且书面答应使他的军队处于"联合国军的指挥之下"。

1953年7月26日21时38分(美国时间),白宫接到板门店关于朝鲜停战协议签字的消息。艾森豪威尔准备在十点钟发表广播讲话。他坐在广播室内维多利亚女王赠给白宫的那张雕花橡木大写字台前等候广播的时候,一个摄影记者问道:"您有些什么感想?"

艾森豪威尔微笑着答道:"战争过去了,我希望我的儿子不久就能回家来(艾森豪威尔的儿子曾赴朝参战)。"

他对美国听众的演说并不长,他表示对战斗和伤亡的结束非常高兴。然而,他仍认为有必要提醒美国人民,"我们仅在一个战场上赢得了停战——而不是世界和平。我们现在不能放松警惕,也不能停止我们对和平的追求。"他引用林肯的话来结束他这次低调的演说,"不与人交恶,而与人为善。"

对此,美国政治评论家约瑟夫·格登指出:"朝鲜战争,它是第二次世界大战后美国军事和外交战略的转折点,它标

∧ 艾森豪威尔与国务卿杜勒斯在一起。

志美国第一次试图通过诉诸武力来阻止共产主义军事扩张的冒险行动,而且是这类冒险行动的漫长路上的第一步。果不其然,就在朝鲜战争刚开始两个月,美国就给在印度支那的法国人送去了第二批军事援助,以资助其与当地的起义者作战,后来这场起义演变成了越南战争。无论结果如何,美国在以后的十年中,把国家的资源,加上声望名誉,越来越多地投到东南亚、欧洲、非洲和拉丁美洲。为了保持这种力量,即使在'和平年代'里,也要消耗美国联邦政府年度预算的一半,并使美国的无数儿子在世界最遥远的地方枕戈待旦。"

"在美国不甚愉快的经历中,朝鲜战争算是其中的一个,"约瑟夫·格登进一步写道,"当它结束之后,大多数美国人都急于把它从记忆的缝隙中轻轻抹掉。出于某一原因,朝鲜战争是美国第一次没有凯旋班师的战争。美国使朝鲜处于南北僵持状态,同共产党中国这个庞大而落后的亚洲国家打成了平手。尽管美国使用了除原子弹以外的所有武器,中国则以人海战术和对国际政治巧妙的纵横捭阖,制服了美国现代化的军事力量。"

1956年12月6日,在新一届总统选举中,艾森豪威尔以1000万张选票的绝对优势,又一次战胜了他的民主党老对手史蒂文森后,实现了他连任总统的梦想。

∧ 1960 年艾森豪威尔
与新当选总统的肯尼迪
在一起。

>> 伟大最终回归于平凡

1960年11月8日，年仅43岁的民主党候选人肯尼迪当选为美国第35任总统。

尽管艾森豪威尔已经干了8年的总统，尽管他也十分想回到农场去过一种悠闲的田园生活，但一想到要离开白宫，他的心中仍然不是滋味。

1960年圣诞节后的那天，艾森豪威尔在给他的几个亲朋好友的信中写道："在我整个一生中，直到我从第二次世界大战作为一名'重要人物'归国为止，我的同代人都叫我'艾克'。现在我要求，作为我的权利，你们从1961年1月21日起，一律用'艾克'称呼我。"

1月20日早晨，天下起大雪，新总统的就职典礼就在这一天举行了。艾森豪威尔在上午的大部分时间里，靠着空空的保险柜，与安·怀特曼回忆往事。仆人们排成一行，艾森豪威尔和梅蜜从他们面前走过，向他们一一道别。许多人的脸上挂着泪水。肯尼迪一家、约翰逊一家以及民主党一小批陪同人员来做简短的拜会。仪式举行过后，当人们全部注意力都集中在肯尼迪夫妇身上时，艾森豪威尔夫妇通过边门悄悄地退下。

1961年1月底，艾森豪威尔沿着他们非常熟悉的道路，举家回到了他的葛底斯堡农场安度晚年。

艾森豪威尔和梅蜜都很喜欢他在葛底斯堡的那座农场和那个地区。除了冬季，当地气候温和宜人，位置也很理想。他们住在乡间，但离华盛顿和纽约都很近，可以不时上那儿去玩，朋友们周末来访也很方便。农场位于古战场的边缘，增强了使人成为美国历史延续的一部分的感觉，还使艾森豪威尔得以对葛底斯堡战役当时如果变更打法的结局，作无休止的假想。

由于农场所处的位置，艾森豪威尔不得不应付众多的旅游者——每位来凭吊古战场的人，似乎也都想看一下艾森豪威尔的农场，他们中间大多数人都想一睹这位前总统在自己的农场里闲步的风采，并摄影留念。这证明他未被人们遗忘，艾森豪威尔为此感到欣慰。他到城里去时，人们总是给他拍照，请他签名，使他确信他们投过他的票。尽管艾森豪威尔嘴上曾为此而诉苦，但之后他总是马上又说："假如人们不喜欢我们，那就糟糕了，不是吗？"

农场占地246英亩，此外艾森豪威尔还租了305英亩土地。之所以买下部分的土地，因为艾森豪威尔一直有在他的祖先们18世纪安家落户的地方居住的想法。艾森豪威尔很高兴能有机会使那里的土地恢复昔日的富饶肥沃，为此他轮种庄稼和牧草，种植草料，种玉米、燕麦、大麦、大豆和高粱。艾森豪威尔用这些草料在冬季饲养百把头良种安古斯牛，这是艾森豪威尔主要的现金收入。除此之外，他还养马给孙儿们驰骋，养狗给他们逗乐，还饲养了14头荷尔斯泰因乳牛来喂他的安古斯牛犊。但是，艾森豪威尔把大多数长大的安古斯牛都屠宰掉，而不是作为种牛出售。艾森豪威尔认为，他投放到市场上的任何一头公、母种牛都能卖出大价钱，但一想到产下可能被人称作"艾森豪威尔安古斯"的劣种牛崽，他就受不了。因而，只有其中最优良的才作为种牛出售，大多数都卖给屠宰场。

他的宅第从外表看是移民时代的式样，但内部设备却完全是现代化的。玻璃走廊是阅读和作画的最佳场所。室内的陈设精美，都是从多年来各国首脑和美国百万富翁们赠送的礼物中挑选出来的。

当旧友来访时，便由艾森豪威尔掌勺做菜，因为梅蜜除了烤牛肉加焙土豆外，只会做奶油软糖。"我年轻时，家里人从不允许我下厨房。"她解释道。除此之外，她是个好妻子。

艾森豪威尔的儿子约翰、儿媳巴巴拉及他们的孩子们住在与农场相隔2公里的一幢独立小房子里，他们给晚年的艾森豪威尔夫妇带来了无穷的乐趣。

随着年岁的增长，艾森豪威尔的身体越来越不济了。在他70岁生日那天，陆军参谋长威斯特摩兰前来探望。艾森豪威尔祝贺威斯特摩兰的擢升，并敦促他要照顾好陆军。当天下午，陆军军乐队在艾森豪威尔的房间外面，为他演奏了一首小夜曲。艾森豪威尔坐着轮椅到窗边，以微笑和挥动一面小小的五星旗表示答谢。很明显，他的身体极度虚弱，每个人见了都热泪盈眶。然而，艾森豪威尔很平静，也很愉快。他对儿子约翰说，他放心了，因为议会已经通过了为前总统遗孀提供终生特工服务的法律。"今年8月，"他说，"在我可能去见上帝时，我唯一放心不下的就是梅蜜。至少这项法律使我在这方面放心了。"

当死亡日益临近时，他越来越想着家里人。1968年的感恩节，梅蜜做了安排，要家里每个人和他一起共进火鸡宴。儿媳巴巴拉看他的样子感到凶多吉少，她说："当时艾克盖着陆军军用单被，形容枯槁。死灰般的脸上，蓝色的眼睛使人吃惊。"

1969年3月24日，艾森豪威尔心脏病严重发作。他的心脏在衰竭下去，医生开始为他的鼻孔插管输送氧气。他意识到自己的生命行将结束，嘱咐约翰"要好好照料妈妈"。

∧ 赋闲在家作画的艾森豪威尔。

∧ 晚年的艾森豪威尔在垂钓。

3月28日，艾森豪威尔的病情进一步恶化，他已经到了弥留之际。窗外的光线透过百叶窗照到艾森豪威尔苍白的脸上，他轻声地叫喊着："请把百叶窗拉上！"

百叶窗拉上了，房内几乎是一片黑暗。

艾森豪威尔深情地注视着梅蜜和约翰。他用尽了生命最后的力气，紧紧握着梅蜜的手，轻轻地说着："亲爱的，我们就要分手了，上帝要召我去了。"

艾森豪威尔的心脏在梅蜜悄悄滑落的泪水中，渐渐地停止了跳动，一个传奇的生命就这样静静地结束了。

09 retrieval

美军攻占菲律宾

1944年6月，美军攻占马里亚纳群岛后，开始准备攻占菲律宾。同年10月，庞大的美国海军舰群载着美国陆军冲向菲律宾。10月17日，美军在莱特岛登陆，随后，美日两国庞大的舰队在莱特湾展开了第二次世界大战中规模最大的海战，美国海军大获全胜。1945年2月底，美军攻入马尼拉市，菲律宾自治政府也随之恢复。美军重返菲律宾，给已经陷入困境的日本帝国主义以沉重的打击。

斯大林与丘吉尔秘密协议

1944年10月初，英国首相丘吉尔访问苏联。丘吉尔在莫斯科与苏联领导人斯大林举行了会议，美国驻苏大使哈里曼作为观察员出席了会议。此间，英苏两国领导人达成了巴尔干"百分比"的秘密口头协议，即希腊为英国的势力范围；保加利亚、罗马尼亚为苏联的势力范围；南斯拉夫和匈牙利一半为英国的势力范围，一半为苏联的势力范围。这一协议反映出明显的强权政治和秘密外交的色彩。

英美秘密召开"三叉戟"会议

1943年5月12日至25日，英国首相丘吉尔率英国三军参谋长访问华盛顿期间，与美国总统罗斯福及其三军参谋长进行了代号为"三叉戟"的秘密军事会议，以确定两国"进行战争的全面战略思想"。这次会议确定了"与太平洋其他国家合作，对日本施加持续压力，以迫使其最终投降等重要战略问题"。会议还解决了美英双方共同关心的其他一些问题。此次会议的召开，对世界大战的战局产生了重要影响。

斯洛伐克军队反德事件

1944年8月28日，曾参加《反共产国际协定》并追随轴心国方面作战的斯洛伐克政府的军队士兵在马古杀死了22名德国军官，德军方面立即派兵进入斯洛伐克中部的班斯卡—比斯特里察。次日，德军采取突然行动准备将防守在斯洛伐克东部的斯洛伐克第1军及第1、2师解除武装，遂引起斯洛伐克军队士兵的武装反抗。经过激战，2.2万斯洛伐克官兵被德军俘虏，2000人投奔到游击队抵抗运动方面。

莱茵空降事件

1945年3月24日，盟国空降第18军的两个师为配合盟军第21集团军群夺取和扩大莱茵河右岸的登陆场实施空降，共出动1595架运输机和1347架滑翔机，并由889架战斗机担任空中警戒和掩护。盟军空降第18军在空降后迅速集结展开攻势，夺取了莱茵河以东距离莱茵河8～15公里的一处前进基地和伊塞尔河上的5座桥梁，并与渡过莱茵河的英军第2集团军会合。

戴高乐广播演说

德国签署无条件投降书后，法国将领、抵抗运动领袖戴高乐于1945年5月8日在法国巴黎发表广播演说。戴高乐在广播演说中向为国捐躯的烈士和参加抵抗运动的战士致以深深的敬意，同时向反法西斯同盟国致以"兄弟般的敬礼"。他还指出，"永恒的荣耀归功于我们的军队和我们的将领。荣耀归功于我们的国家……荣耀归功于各同盟国。他们曾和我们同洒热血，同甘共苦，今天又和我们共享胜利的欢乐。"

∧ 在莱茵地区实施空降的美军伞兵。

< 准备在菲律宾莱特湾登陆的美军。
< 盟军解放巴黎后，戴高乐等在凯旋门前留影。

10

雅尔塔会议秘密文件

1955年3月17日，美国政府把苏、美、英在雅尔塔首脑会议的若干秘密文件公布于众，这批40万字的文件是在美国共和党人的要求下公布的。此事件在美国国内和国际社会上引起很大反响。根据所公布的文件，苏、美、英三国首脑斯大林、罗斯福、丘吉尔在雅尔塔会议上曾在战后处理德国问题、远东问题、波兰问题和其他问题上发生过一系列分歧。文件公布时，三巨头中仅有丘吉尔一人仍健在，他对文件中的某些细节进行了否定。

11

> 准备实施登陆的美军舰艇。

敦巴顿橡树园会议问题

1944年8月21日，中国、苏联、美国、英国在华盛顿附近的乔治城的敦巴顿橡树园大厦内为筹建联合国而召开的会议。会议根据1943年10月中、美、英、苏四国在苏联首都莫斯科所发表的关于普遍安全的宣言的精神，通过了《关于建立普遍性国际组织的建议案》，并建议将该组织定名为"联合国"。建议案就一系列有关的基本问题做出了规定，该建议案后来成为《联合国宪章》的基础。该会议对"大国一致原则"的问题未达成妥协。

庆良间列岛登陆

1945年3月26日，美国军队在冲绳战役发起前在冲绳岛以西约25海里的日本庆良间列岛登陆。为即将发动的冲绳登陆战做好准备，美国陆军第10集团军第77步兵师开始在日本冲绳岛以西的庆良间列岛及其附近的一些小岛实施登陆。3月28日，美军已控制了庆良间列岛10个小岛中的8个。占领该列岛对以后美军在冲绳战役中取得胜利起到了重要作用。

< 美军舰炮向日军飞机射击。
> 准备执行"人弹"攻击任务的日军飞行员与官长诀别。

美军击落首批"樱花"飞弹战斗

1945 年 3 月 21 日，日军发现在九州以南的美国海军舰队，当即出动海军航空兵 18 架 "一式陆攻"轰炸机，挂有 16 枚"樱花"载人自杀飞弹，并由 30 余架战斗机护航，向 美国舰队发动攻击。但是飞至距离美军舰队 60 海里时，遭到美国 50 余架战斗机的拦截 攻击。经过 10 分钟空战，日军的 18 架轰炸机及外挂的乘人自杀飞弹，均被击落坠海。 此次战斗是美军攻击日军自杀性飞弹的战斗之一。

艾森豪威尔—斯大林电话会谈

1945 年 3 月 28 日，盟军总司令艾森豪威尔将军与苏联最高领导人斯大林进行电话会谈。 在电话会谈中，艾森豪威尔将军向斯大林通报了盟军的近期作战计划，即向易北河上游 推进，到达爱尔福特—莱比锡一线，并在此"等候苏联军队的到来"。艾森豪威尔还向 斯大林表示其部队将以主力攻占德军"阿尔卑斯山要塞"。斯大林也通过电话向艾森豪 威尔通报了苏军在德国作战的进展情况。